RELAÇÕES DE TRABALHO
NA SOCIEDADE CONTEMPORÂNEA

FLÁVIA MOREIRA GUIMARÃES PESSOA

Juíza do Trabalho no TRT da 20ª Região, Professora Adjunta da Universidade Federal de Sergipe, Coordenadora e Professora da Pós-Graduação em Direito Processual do Trabalho da UFS/TRT 20, Diretora da Escola da Magistratura do Trabalho da 20ª Região — EMATRA XX, Diretora Cultural da Associação dos Magistrados da Justiça do Trabalho da 20ª Região — AMATRA XX, Coordenadora da Escola Judicial da Magistratura do Trabalho da 20ª Região — EMAT XX, Doutora em Direito Público pela UFBA, Mestre em Direito, Estado e Cidadania pela UGF, Especialista em Direito Processual pela UFSC, Graduada em Direito pela UFS.

RELAÇÕES DE TRABALHO NA SOCIEDADE CONTEMPORÂNEA

Dados Internacionais de Catalogação na Publicação (CIP)
(Câmara Brasileira do Livro, SP, Brasil)

Pessoa, Flávia Moreira Guimarães
  Relações de trabalho na sociedade contemporânea / Flávia Moreira Guimarães Pessoa. — São Paulo : LTr, 2009.

  Bibliografia.
  ISBN 978-85-361-1395-1

  1. Direito do trabalho 2. Direito do trabalho — Brasil 3. Relações industriais 4. Relações industriais — Brasil I. Título.

09-05135   CDU-34:331

Índice para catálogo sistemático:
1. Relações de trabalho : Direito do trabalho
34:331

© Todos os direitos reservados

EDITORA LTDA.

Rua Apa, 165 — CEP 01201-904 — Fone (11) 3826-2788 — Fax (11) 3826-9180
São Paulo, SP — Brasil — www.ltr.com.br

LTr 3823.1   Julho, 2009

A meu esposo Alessandro, pelo amor, dedicação e paciência.
À minha filha Fernanda, nova razão da minha existência.
A meus pais Nélio e Adélia, pelo apoio constante.
Ao Prof. Dr. Rodolfo Pamplona Filho,
pela amizade e ajuda inestimável na época do Doutorado.

SUMÁRIO

Nota da autora 11

Prefácio 13

1. O DIREITO DO TRABALHO CONTEMPORÂNEO

1.1. Evolução histórica do direito do trabalho 15

1.2. Evolução do direito do trabalho no Brasil 20

1.3. O direito do trabalho frente ao novo paradigma da sociedade pós--industrial 22

1.4. O trabalho humano: conteúdo e significado 27

1.5. O relatório Supiot 30

1.6. As transformações no mundo do trabalho 32

1.7. A discrepância entre os países 37

1.8. Problemas e soluções apontadas para o direito do trabalho na atualidade 40

    1.8.1. A atuação dos sindicatos e do Fórum Nacional do Trabalho 41

    1.8.2. A ampliação da competência da Justiça do Trabalho 44

    1.8.3. A flexissegurança 48

    1.8.4. As cooperativas de trabalho 50

    1.8.5. Relação de emprego, relação de trabalho e subordinação jurídica 53

        1.8.5.1. A crise do critério da subordinação jurídica 58

        1.8.5.2. Da subordinação jurídica à dependência sem adjetivos 61

1.9. O panorama do direito do trabalho no mundo atual e o tratamento jurídico dos trabalhadores em sentido amplo 66

2. AS RELAÇÕES DE TRABALHO NA SOCIEDADE PÓS-INDUSTRIAL: UMA ANÁLISE DO TRATAMENTO JURÍDICO DAS RELAÇÕES NÃO EMPREGATÍCIAS EM PORTUGAL, ESPANHA, ITÁLIA E ALEMANHA

2.1. Relações de trabalho não empregatícias: tratamento no direito estrangeiro 68

    2.1.1. O direito espanhol e a figura do trabalhador autônomo economicamente dependente 69

    2.1.2. O direito italiano: da parassubordinação ao contrato de trabalho a projeto 77

    2.1.3. O tratamento jurídico na Alemanha: os quase-empregados 88

    2.1.4. A dependência econômica como critério para aplicação de princípios do Código do Trabalho em Portugal 92

2.2. O direito estrangeiro enquanto fonte de inspiração para o tratamento jurídico do trabalhador autônomo economicamente dependente 99

3. A PROPOSTA DE REGULAMENTAÇÃO DO REGIME JURÍDICO DOS TRABALHADORES AUTÔNOMOS ECONOMICAMENTE DEPENDENTES

3.1. Projetos de lei em tramitação no Congresso Nacional 101

3.2. A proposta do estatuto do trabalhador autônomo economicamente dependente 104

    3.2.1. Dos destinatários da lei 105

    3.2.2. Do regime profissional do trabalhador autônomo economicamente dependente 108

        3.2.2.1. Dos direitos do trabalhador autônomo economicamente dependente 108

        3.2.2.2. Dos deveres do trabalhador autônomo economicamente dependente 114

        3.2.2.3. Da formalização do contrato 115

        3.2.2.4. Da contraprestação pecuniária 117

        3.2.2.5. Da jornada de trabalho e descansos remunerados 118

        3.2.2.6. Da rescisão do contrato 122

        3.2.2.7. Da interrupção e suspensão do contrato 126

3.2.3. Do privilégio dos créditos do trabalhador autônomo economicamente dependente 129

3.2.4. Do fomento público às iniciativas profissionais autônomas 130

3.2.5. Das disposições finais 131

Considerações finais 135

Referências bibliográficas 149

NOTA DA AUTORA

O presente livro tem por objetivo proceder à análise das relações de trabalho na atualidade e avaliar o regime jurídico aplicável ao trabalhador autônomo economicamente dependente, formulando uma nova proposta de regulação da estrutura jurídica dessa categoria de trabalhadores.

Durante muito tempo, no direito do trabalho, predominou a ideia genérica segundo a qual a proteção jurídica trabalhista era concedida àqueles trabalhadores que se inserissem na previsão legislativa da relação de emprego. Essa relação se caracterizava, primordialmente, pela existência de subordinação jurídica entre empregado e empregador.

Contudo, observa-se que as mudanças ocorridas na sociedade pós-industrial estão a reclamar um novo tratamento jurídico para as novas formas de relação de trabalho. Nessa perspectiva, o presente estudo procede a uma análise pormenorizada do tratamento jurídico dos trabalhadores autônomos economicamente dependentes no direito estrangeiro, especificamente em Portugal, Espanha, Itália e Alemanha.

O livro procura resolver a seguinte questão: como tratar, no contexto do capitalismo pós-industrial e a partir do sistema jurídico constitucional brasileiro, as relações trabalhistas não empregatícias?

Tradicionalmente, os direitos trabalhistas eram destinados apenas aos empregados subordinados juridicamente, não abrangendo os trabalhadores em sentido amplo. Contudo, a revolução tecnológica e a evolução da economia na sociedade pós-industrial mudaram as relações de trabalho. Como, então, estabelecer o regime jurídico a que estão sujeitos tais trabalhadores? A partir da perspectiva dos direitos fundamentais e buscando subsídios no direito estrangeiro, este estudo apresenta um anteprojeto de fixação do estatuto do trabalhador autônomo economicamente dependente.

Fica, aqui, o convite à leitura.

Aracaju, 18 de fevereiro de 2009

Flávia Moreira Guimarães Pessoa

PREFÁCIO

O presente livro tem tudo para tornar-se um referencial na literatura jurídica brasileira.

Com efeito, trata-se de uma obra que é fruto direto de uma Tese de Doutorado, defendida, com brilho, perante banca examinadora realizada sob minha Presidência, na condição de Professor Orientador, em julgamento realizado pelos ilustres professores doutores *Luiz de Pinho Pedreira da Silva, Saulo José Casali Bahia, Edivaldo Machado Boaventura* e *Carlos Henrique Bezerra Leite*, obtendo a nota máxima, com distinção e indicação de publicação.

Tal trabalho entrou, mesmo contra a vontade da autora (que sempre primou pela modéstia e discrição), para a história da Universidade Federal da Bahia, pois, mesmo sendo membro da segunda turma aberta no programa, foi a primeira doutoranda a terminar e defender publicamente a sua tese, no final de março de 2008.

Vale registrar, inclusive, que a pesquisa empreendida pela Prof. *Flávia Pessoa* foi tão substanciosa e complexa que, em vez de publicar a íntegra do texto, decidiu a autora — sabiamente, no entender deste subscritor — publicar o texto com adaptações, de forma parcelada, permitindo um despertar maior de interesse em cada uma das multifacetadas dimensões do seu pensamento.

Este livro, portanto, foi construído com o "esquartejamento" de sua tese, pois é composto dos principais capítulos da tese original, dividindo-se em grupos perfeitamente concatenados e vinculados ao objetivo a que se propõe.

De fato, é sua proposta declarada analisar as relações de trabalho na atualidade, avaliando o regime jurídico aplicável ao trabalhador autônomo economicamente dependente, figura jurídica com destaque no direito espanhol, mas perfeitamente aplicável ao Brasil, de maneira a formular uma proposta de regulação da sua estrutura jurídica.

O tema foi escolhido levando-se em consideração dois motivos principais: a ausência, na doutrina nacional, de sistematização abrangente e atual sobre o regime jurídico do trabalhador autônomo economicamente dependente; e a possibilidade de utilização do estudo como mecanismo para reacender o debate sobre o regime trabalhista aplicável a certas categorias de trabalhadores não tutelados pelo manto da relação de emprego.

Para se atingir o objetivo proposto, a autora dividiu o trabalho em três partes, sendo, ao final, formuladas algumas conclusões.

Na primeira, procede à análise do direito do trabalho no mundo, dentro do contexto de uma sociedade globalizada. Nesse sentido, é apresentado um panorama da sua crise atual e das sugestões de solução formuladas pelos estudiosos do direito do trabalho.

A segunda parte faz um estudo do direito estrangeiro, a partir da verificação das características gerais que diferenciam os países de tradição romano-germânica. Para melhor contextualizar esse estudo, analisa a regulação jurídica dos trabalhadores autônomos economicamente dependentes em Portugal, Espanha, Itália e Alemanha.

No derradeiro capítulo, apresenta uma proposta de alteração legislativa e criação do Estatuto do Trabalhador Autônomo Economicamente Dependente no Brasil. Esse anteprojeto de Estatuto, elaborado pela autora, merece ser analisado pelos representantes do Poder Legislativo federal como uma alternativa para um problema de enorme monta na atualidade. Além do anteprojeto, são apresentados diversos anexos com o inteiro teor de normas de direito estrangeiro, bem como de tratados internacionais, disponível em: <www.ltr.com.br>.

Um trabalho de fôlego, sem dúvida.

Por isso, recomendamos a leitura deste novo texto da Prof. *Flávia Moreira Guimarães Pessoa*, uma inteligência que honrou o compromisso de excelência do Programa de Pós-Graduação em Direito da Universidade Federal da Bahia (UFBA).

Salvador, 25 de fevereiro de 2009.

Rodolfo Pamplona Filho
Juiz Titular da 1ª Vara do Trabalho de Salvador/BA (Tribunal Regional do Trabalho da Quinta Região). Professor Titular de Direito Civil e Direito Processual do Trabalho da Universidade Salvador — UNIFACS. Professor Adjunto da Graduação e Pós-Graduação em Direito (Mestrado e Doutorado) da Faculdade de Direito da Universidade Federal da Bahia (UFBA). Coordenador do Curso de Especialização em Direito e Processo do Trabalho do JusPodivm/BA. Mestre e Doutor em Direito do Trabalho pela Pontifícia Universidade Católica de São Paulo (PUC). Especialista em Direito Civil pela Fundação Faculdade de Direito da Bahia. Membro da Academia Nacional de Direito do Trabalho e da Academia de Letras Jurídicas da Bahia.

1

O DIREITO DO TRABALHO CONTEMPORÂNEO

Esta primeira parte do livro busca traçar um panorama do direito do trabalho na sociedade contemporânea, pontuando suas características e a crise atual. Para atingir o objetivo proposto, o texto inicia cuidando da evolução histórica do direito do trabalho, passando pela evolução do direito do trabalho no Brasil e pela situação desse ramo do direito diante do novo paradigma da pós-modernidade. Procede-se, outrossim, à análise do conteúdo e significado do trabalho humano, ao tempo em que se analisam as soluções encontradas para o mundo do trabalho na sociedade pós-industrial, de forma específica: por um lado, as propostas flexibilizadoras e; por outro, os patamares mínimos do direito do trabalho e o chamado direito do trabalho sem adjetivos.

1.1. Evolução histórica do direito do trabalho

É importante assinalar a evolução histórica que levou ao surgimento do direito do trabalho. Embora o trabalho[1] humano tenha sido uma constante na evolução histórica das civilizações, o reconhecimento do trabalho nos moldes da relação de emprego é fenômeno relativamente recente.

Segundo *Moraes Filho* (1978, p. 48), a história do direito do trabalho começa somente depois da Revolução Francesa[2], no século XIX.

---

(1) Do ponto de vista etimológico, a origem da palavra "trabalho" constitui questão ainda não pacificada. Mas pode-se afirmar, de acordo com *Oliveira* (1997, p. 30), que o vocábulo provém do neutro latino *tripalium*, designativo de instrumento feito de três paus aguçados, algumas vezes até munidos de pontas de ferro, no qual os agricultores batiam as espigas de trigo ou de milho e também o linho, para debulhar as espigas, rasgar ou esfiar o linho. Segundo menciona o autor, *tripalium* teria variado, posteriormente, para *trepalium*. É possível que se tenha desenvolvido, em latim vulgar, o infinitivo *tripaliare*, depois *trapaliare*, superando, em uso, *laborare* e *operare*.

(2) Ressalta *Carvalho* (2004, p. 16) que a Revolução Francesa significou a ascensão ao poder da classe burguesa, que tinha franco domínio sobre as finanças, comércio e indústria, animando o capitalismo. Assim, a burguesia, investida de poder econômico, já não queria conviver com a estrutura feudal da propriedade e da produção, com os tributos e a servidão. A par disso, grave crise financeira enfraquecia o Antigo Regime Absolutista de Luís XVI. A Revolução Francesa pregava o liberalismo, que significava uma reação contra o absolutismo monárquico e a origem divina do poder,

Nesse mesmo sentido, *Augusto César Leite de Carvalho* (2004, p. 4-5) ressalta o surgimento do trabalho humano produtivo, livre e por conta alheia[3] como a realidade social diferenciada que fez nascer o direito do trabalho.

Consoante assinala *Moraes Filho* (1978, p. 43), o direito do trabalho é um produto típico do século XIX, pois somente a partir daí surgiram as condições sociais que tornaram possível o aparecimento do direito do trabalho, como um ramo novo da ciência jurídica, com características próprias e autonomia doutrinária. Mas quais foram essas condições que ensejaram o surgimento do direito do trabalho? A pergunta envolve a análise de diversos fatores de ordem econômica, social e ideológica. Dentre os inúmeros fatores, *Carvalho* (2004, p. 15) menciona que o surgimento e a evolução do direito laboral têm relação mediata com a chamada Revolução Industrial[4].

Portanto, a origem primeira do direito do trabalho remete à realidade de exploração vivenciada, ao final do século XVIII, pelos trabalhadores da Europa Ocidental, que deu margem a uma série de conflitos e insurreições. *Moraes Filho* (1978, p. 45) ressalta, nesse contexto, o império das máquinas. Com o uso desses novos instrumentos, puderam os industriais concentrar grandes massas humanas em grandes locais de trabalho, nascendo a grande indústria e o poder econômico nela concentrado. Surgem, assim, a coletivização do trabalho e a feudalização industrial.

Em relação à Revolução Industrial, *José Augusto Rodrigues Pinto* (1998, p. 22) afirma que se trata de um divisor de duas grandes vertentes da civilização: a desenvolvida a partir do classicismo greco-romano

---

pelo qual se entendia que o papel do Estado deveria ser passivo, de mero espectador da luta pela vida em sociedade. No lado econômico, a revolução pregava a subordinação ao *laissez-faire, laissez-passer*.

(3) Trabalho humano, porque as relações jurídicas de direito privado têm, em geral, a pessoa como sujeito, regra geral, ou seja, o direito do trabalho cuida exclusivamente do trabalho prestado pelo homem, não lhe interessando o serviço realizado por pessoa jurídica ou ideal. Trabalho produtivo, porque o homem usa seu esforço tendo a finalidade de obter os meios materiais, os bens econômicos de que necessita para subsistir. Trabalho por conta alheia porque, na empresa que surgiu após a abolição das corporações de arte e ofício, a novidade estava não apenas na divisão e técnica de trabalho, mas no fato de que ao trabalhador já não cabia o fruto de seu labor, que era agora atribuído ao titular da empresa, recebendo o obreiro, por seu turno, apenas a remuneração acertada. Trabalho livre porque o trabalhador era livre de coação absoluta para escolher entre prestar ou não trabalho, embora não estivesse investido de igual liberdade no tocante ao tempo, lugar e modo de executar essa prestação laboral (CARVALHO, 2004, p. 4-6).

(4) *Carvalho* (2004, p. 9) esclarece que a Revolução Industrial iniciou com a mecanização do setor têxtil, a partir da invenção, dentre outras, da máquina de fiar, do tear hidráulico e do tear mecânico. Já a Segunda Revolução Industrial teve início na última metade do século XIX, quando se descobriu a eletricidade e se obteve a transformação do ferro em aço. Segundo ele, há autores que se referem a uma Terceira Revolução Industrial em vista do atual processo de informatização da indústria, da rapidez dos atuais meios de comunicação e da globalização dos mercados.

e a que inaugurou a modernidade industrial. Esclarece o autor que a partir da utilização da máquina como fator concorrente da mão de obra no processo produtivo de riqueza, todo o complexo de relações humanas sofreu alteração. Acrescenta que a Revolução Industrial é um processo contínuo de transformação, podendo-se, portanto, fazer referência a três revoluções industriais[5].

Ainda como condições que ensejaram o surgimento do direito do trabalho, há que se frisar também as lutas sociais que se desenrolaram durante o século XIX. Nesse contexto, *Moraes Filho* (1978, p. 45) ressalta os ludistas e os cartistas, na Inglaterra; as revoluções de 1848 e 1871, na França; a revolução de 1848, na Alemanha. Em meio a essas agitações, eram firmadas espécies de acordos ou convenções coletivas de trabalho, que surgiam espontaneamente, fora da legislação do Estado. *Carvalho* (2004, p. 13-20) menciona que os alemães sofriam influência do Manifesto Comunista e das ideias de *Ferdinand Lassale*[6].

Também como condição ensejadora do direito do trabalho, destaca *Moraes Filho* (1978, p. 46) a Encíclica *Rerum Novarum*, do Papa Leão XIII, de 15 de maio de 1891. Nela, a Igreja apontava a injustiça social, acabando por aceitar e recomendar a intervenção estatal na economia como único meio capaz de conter os abusos do regime.

Finalmente, aponta *Moraes Filho* (1978, p. 47) a primeira grande guerra (1914-1918) como um dos fatores preponderantes na formação do moderno direito do trabalho. As consequências econômicas e sociais da Guerra Mundial provocaram uma aceleração na marcha e, possivelmente, uma revisão nos próprios princípios da legislação social.

---

(5) *Pinto* (1998, p. 23) afirma que a primeira Revolução Industrial foi irradiada da Inglaterra para o continente europeu no primeiro quartel do século XVIII, sendo caracterizada pela transição da ferramenta de operação manual para a máquina-ferramenta. A segunda ocorreu no final do século XIX e início do século XX, sendo caracterizada pela transição da máquina-ferramenta para a mecanização proporcionada pela máquina semiautomática. Finalmente, a terceira, verificou-se no pós-guerra de 1945, caracterizada como um sistema de máquinas autorreguladas, capaz de substituir não só a mão humana, mas até mesmo o seu cérebro.

(6) Nascido em Breslau, em 1825, Lassale foi um precursor da socialdemocracia alemã. Dedicou-se a atividades intelectuais e políticas, consagrando-se como sindicalista e propagandista dos ideais democráticos. Foi contemporâneo de Karl Marx, com quem esteve junto na Revolução Prussiana de 1848. Entre suas obras, podem ser destacadas *A Essência da Constituição*, que é uma contribuição ao pensamento jurídico clássico que o consagrou nos domínios do direito constitucional e o *Programa dos Operários*, obra fundamentalmente voltada para o estudo de problemas e indicações de alternativas para o sindicalismo, especialmente alemão-prussiano, da época. Segundo *Aurélio Wander Bastos* (2001, p. xii), Lassale é precursor da sociologia jurídica, enquanto teoria crítica da ordem jurídica. Para ele, a obra *A Essência da Constituição* "é um dos únicos trabalhos constitucionais ou sobre a sociologia das constituições de alcance acadêmico e popular, que estuda os fundamentos, não formais, mas como ele denomina, essenciais — sociais e políticos — de uma constituição". *Silva Neto* (2006, p. 26), por seu turno, além de afirmar que Ferdinand Lassale se tornou o maior expoente do "sociologismo" no campo constitucional, destaca, ainda, que seu pensamento é essencialista, "tendo em vista a sequiosa busca pela essência da constituição".

O Estado interveio diretamente na questão do trabalho, até mesmo por necessidade de sobrevivência. Por outro lado, despertou a classe trabalhadora para os seus direitos, aumentando o número, o poder e o prestígio de todo o movimento trabalhista.

A conjunção de todos esses fatores levou, como ressalta *Orlando Gomes* (1955, p. 36), à estruturação das relações do trabalho em um novo plano, "desrespeitando a igualdade civil para assegurar a igualdade social".

É importante assinalar, também, nesse contexto, o surgimento do assim chamado "constitucionalismo social", como decorrência dos já citados movimentos sociais. Com efeito, amparado no pressuposto de que não haveria razão para intervir nos negócios individuais, o Estado Liberal, do constitucionalismo clássico, era absenteísta. Esse modelo de Estado assistiu, contudo, à eclosão de inúmeros movimentos sociais que contribuíram para o surgimento do constitucionalismo social, com a modificação da postura do Estado em face dos indivíduos. Amparado no princípio da não neutralidade, o Estado, no constitucionalismo social, passou a intervir no domínio econômico em ordem à consecução de sociedade menos desigual.

Segundo *Silva Neto* (2006, p. 41), os direitos sociais são "direitos públicos subjetivos dirigidos contra o Estado, a determinar a exigibilidade de prestação no que se refere à educação, saúde, trabalho, lazer, segurança e previdência social". Diferem, assim, dos direitos e garantias individuais, na medida em que impõem um comando programático positivo para ser cumprido pelo Estado, enquanto os primeiros impõem ao Estado um não fazer.

Para o citado autor, o fenômeno da positivação constitucional dos elementos socioideológicos sociais tem, como causa eficiente, a própria questão social, que surgiu do regime de concentração dos meios de produção e da realidade do trabalho encarado como mercadoria. Assim, segundo esclarece, o constitucionalismo social tem fundamentos de ordem sociológica, política e jurídica. Sob o prisma sociológico, ressaltam-se os movimentos sociais contestadores da estrutura vigente. O aspecto político é o resultado da decisão levada pelas forças políticas predominantes à época da manifestação constituinte. Finalmente, o fundamento jurídico conduz à constatação da necessidade de introduzir, na norma maior do sistema, os elementos sociais como forma de expressar mais marcantemente o compromisso do Estado com a questão social, bem assim de impedir ou dificultar sua retirada pelo legislador ordinário (SILVA NETO, 2006, p. 44-45).

Para *Silva Neto* (2006, p. 47), a importância prática da colocação de normas de natureza social na constituição deriva do fato de produzirem contígua alteração no sistema normativo trabalhista, de sinalizarem para um possível estado de inconstitucionalidade do legislador — na hipótese de omissão legislativa inconstitucional — e, ainda, de vincularem a atuação de acordo com o programa constituinte.

As Constituições do século XVIII, de maneira geral, consagraram o liberal-individualismo e não dedicaram qualquer atenção aos direitos sociais, que somente viriam a integrar as declarações de direitos posteriores à primeira década do século XX. A carta mexicana é a primeira constituição político-social do mundo que traz no seu bojo a dívida social e o compromisso quanto ao seu resgate. Menciona *Silva Neto* (2006, p. 47), ainda, a Constituição de Weimar, na Alemanha, com artigos que dispõem sobre a constitucionalização de normas de direito social, bem como a influência dessa Constituição na história do constitucionalismo mundial e da teoria política. Ressalta, por fim, no contexto da inserção pioneira dos direitos sociais, a Constituição da Itália de 1947.

Há que se assinalar, para concluir a análise do contexto histórico de evolução do direito do trabalho, a importância do surgimento do direito coletivo do trabalho. Nesse ponto, segundo destaca *Carvalho* (2004, p. 25), não há como dissociar o sindicato, o direito de greve e a convenção coletiva do trabalho, institutos que são a melhor expressão do sindicalismo. Para ele, o sindicalismo nasceu como um movimento espontâneo dos trabalhadores que estavam concentrados em torno das cidades industriais. Movidos pelo instinto gregário, perceberam que a sua união os fortalecia na luta contra as condições desumanas de trabalho que lhes estavam sendo impostas. O sindicato foi, portanto, a forma associativa que se constituiu no sistema capitalista de produção, visando à defesa dos interesses coletivos dos trabalhadores[7].

Como consequência de todas as circunstâncias apontadas, surge o ambiente propício para a criação e o desenvolvimento do direito do trabalho em escala mundial Seu surgimento serviu de modelo para um modo de produção próprio que se desenvolveu após a Revolução Industrial, mas que hoje sofre para resistir às mudanças ensejadas pela sociedade pós-industrial, consoante se verá nos itens seguintes.

Antes, porém, convém analisar a evolução do direito do trabalho no Brasil, com o objetivo de precisar as peculiaridades desta em nosso país, o que se efetiva no tópico que se segue.

---

(7) *Carvalho* (2004, p. 28) ressalta, porém, que o sindicalismo não teria trajetória exitosa, caso tivesse prescindido da greve, como meio de pressão para novas conquistas obreiras, e não houvesse instituído as convenções coletivas de trabalho, em detrimento do monopólio estatal na produção normativa. Esses três institutos (sindicato, direito de greve e convenção coletiva) percorreram a mesma estrada, sendo inicialmente proscritos, em seguida tolerados e, afinal, reconhecidos pela ordem jurídica.

1.2. Evolução do direito do trabalho no Brasil

A evolução do direito do trabalho no Brasil não começa com o descobrimento. Com efeito, Carvalho (2004, p. 20) afirma que a atividade econômica que se desenvolvia no Brasil-Colônia era restrita ao extrativismo e usava, em larga escala, a mão de obra indígena. A partir do século XVIII, houve alguma tentativa de iniciar a atividade de comércio e de indústria no Brasil. Todavia, em 1785, o "Alvará de Dona Maria" ordenou a extinção de todas as fábricas e manufaturas existentes na colônia, para que não fossem prejudicadas a agricultura e a mineração.

Em 1808, com a vinda da Família Real para o Brasil, restabeleceu-se a liberdade industrial por meio do Alvará de 1º de abril de 1808. Começaram a funcionar, já em 1810, as primeiras indústrias têxteis no Rio de Janeiro e na Bahia, além de siderurgias em Minas Gerais e São Paulo. Logo após a proclamação da Independência, já em 1824, foi outorgada a Constituição do Império, que aboliu as corporações de ofício. Sob influência do ideário liberal preceituado pela Revolução Francesa, surgiram as primeiras leis esparsas que viriam regular os contratos escritos sobre prestação de serviços (CARVALHO, 2004, p. 21).

Analisando as forças criadoras do direito do trabalho no Brasil, Süssekind et al. (2005, p. 50) enfatiza que os movimentos sociais no país foram descendentes, ao contrário de países como Inglaterra, França e México, que assistiram a movimentos ascendentes. Explicando a característica de tais movimentos, os autores indicam que os movimentos ascendentes se caracterizam pela sua coexistência com uma história social marcada pela luta de classes, com trabalhadores fortemente apoiados em suas organizações profissionais. Já os movimentos descendentes se caracterizam pela inexistência de luta, pela falta de associações profissionais de representação expressiva, pelo caráter inorgânico dos grupos sociais e pela ausência de atividades econômicas que necessitem de massas proletárias densas.

Segundo Oliveira (1997, p. 75-81), no Brasil, a história jurídica do trabalho pode ser dividida em três fases. A primeira vai da independência à abolição da escravatura (1888), quando o trabalho escravo frustrava o desenvolvimento da legislação específica. A segunda fase vai da abolição da escravatura até a Revolução de 1930. A terceira começa com a Revolução de 1930 e prossegue até os nossos dias. Até então, era tímida a produção legislativa em nosso país no âmbito trabalhista, além de precária a incidência dos seus preceitos, inclusive pela inexistência de fiscalização adequada.

Dentro da terceira fase, merece destaque o momento político da promulgação da Consolidação das Leis do Trabalho. Com efeito, promulgada em 1º de maio de 1943, a CLT só foi publicada no Diário Oficial de 9 de agosto do mesmo ano, para entrar em vigor apenas em 10 de novembro de 1943. Embora tivesse o caráter de consolidação, a CLT fez complementações e alterações em relação à legislação preexistente. Justificando as alterações empreendidas, *Süssekind et al.* (2005, p. 61) esclarece que, para ordenar sistematicamente leis trabalhistas de diferentes momentos políticos, tornou-se necessário promover algumas modificações, desfazer antagonismos e, principalmente, preencher vazios legislativos com disposições que poderiam ordenar o sistema.

Há que se assinalar que a CLT excluía do âmbito de sua proteção os trabalhadores domésticos e os rurais. Essas categorias só tiveram seus estatutos próprios aprovados na década de 70. Assim, a Lei n. 5.859/72 dispôs sobre a profissão de empregado doméstico, e a Lei n. 5.889/73 estatuiu as normas reguladoras do trabalho rural.

Dentro do contexto histórico, *Silva Neto* (2006, p. 52-58) destaca a evolução do constitucionalismo social no Brasil. Segundo o autor, no Brasil, a gênese da história constitucional brasileira não se confunde com a origem do constitucionalismo social. É que a Constituição de 1824 espelhou a ideologia liberal dominante, enquanto a Constituição de 1891 não trouxe qualquer avanço. Porém, a reforma constitucional de 1926[8] inseriu o art. 34 na Constituição, conferindo competência ao Congresso Nacional para legislar a respeito. Assinala *Silva Neto* (2006, p. 55) que a Constituição de 1934 é um marco na evolução histórica de nosso direito constitucional, garantindo e inscrevendo os direitos sociais, incorporando o sentido social do direito e ampliando os horizontes do direito social à família, à educação e à saúde. A Constituição de 1937 não diminuiu as normas constitucionais trabalhistas, mas houve diferença de tratamento, em especial em relação ao direito coletivo do trabalho. A Constituição de 1946 caracterizou-se pela diversidade e pluralismo no tocante à assembleia constituinte e prescreveu a organização do Estado de acordo com o postulado da justiça social, promovendo a conciliação, a um só tempo, da livre iniciativa com a valorização do trabalho humano. A Constituição de 1967, embora inserida no contexto do golpe militar, não deixou de contemplar os direitos sociais. Sob a vigência da Emenda Constitucional de 1969, os direitos sociais passaram a ser subordinados à ordem econômica. Por fim, a Constituição de 1988 representa um grande avanço, ampliando o tratamento dos direitos sociais.

---

(8) A reforma constitucional de 1926, além de conferir competência ao Congresso Nacional para legislar a respeito de direito do trabalho, também, dentre outras reformas relevantes, restringiu o *habeas corpus* aos casos de prisão ou constrangimento ilegal na liberdade de locomoção, estendeu, expressamente, à Justiça dos Estados as garantias asseguradas à magistratura federal e regulou os casos e condições em que se podia efetivar a intervenção federal nos Estados.

A Constituição de 1988, sem dúvida, ampliou os direitos dos empregados. Por outro lado, a carta estabeleceu a igualdade entre empregados urbanos e rurais, bem como entre empregados e trabalhadores avulsos.

Todavia, a nova constituição passou ao largo de qualquer discussão a respeito do trabalhador autônomo economicamente dependente. Em sua redação originária, atribuía à Justiça do Trabalho apenas a competência para processar e julgar as relações entre trabalhadores e empregadores e, na forma da lei, outras controvérsias decorrentes da relação de trabalho. Na redação do seu art. 114, fazia depender da legislação infraconstitucional a possibilidade de ampliação de competência da Justiça do Trabalho para abranger as relações de trabalho em sentido amplo.

Estabelecia o art. 643 da CLT que à Justiça do Trabalho competia processar e julgar os dissídios, oriundos das relações entre empregados e empregadores, bem como de trabalhadores avulsos e seus tomadores de serviços. O § 3º do citado dispositivo estabelecia a competência da Justiça do Trabalho para processar e julgar as ações entre trabalhadores portuários e os operadores portuários ou o Órgão Gestor de Mão de Obra (OGMO) decorrentes da relação de trabalho. Já no inciso III da alínea A do art. 652, a CLT atribuía competência à Justiça do Trabalho para conciliar e julgar os dissídios resultantes de contrato de empreitada em que o empreiteiro fosse operário ou artífice.

Tal panorama, contudo, foi bastante modificado pela Emenda Constitucional n. 45, a qual será analisada mais adiante. A emenda promoveu uma ampla modificação na competência da Justiça do Trabalho, como forma de responder às necessidades do mundo do trabalho atual. O tema, contudo, será objeto de análise no final do capítulo, sendo precedido das análises relativas ao direito do trabalho frente ao paradigma da pós-modernidade, que será abordado a seguir.

1.3. O direito do trabalho frente ao novo paradigma da sociedade pós-industrial

Esse tópico busca situar o direito do trabalho frente ao novo paradigma da pós-modernidade. A primeira pergunta que surge, então, é saber em que consiste exatamente esse novo paradigma da sociedade pós-industrial.

Para chegar a uma resposta, é mister salientar o que se entende por sociedade industrial, bem como expor a passagem à chamada sociedade pós-industrial. Aliada a essa transição, surge também a noção de modernidade e pós-modernidade[9]. Sobre a sociedade industrial, pode-se enumerar, na esteira de *Domenico de Masi* (2003, p. 19), uma série de características essenciais. Dentre elas, o autor ressalta a concentração de grandes massas de trabalhadores assalariados nas fábricas, ou seja, o predomínio numérico dos trabalhadores no setor secundário. Menciona ainda o predomínio da contribuição prestada pela indústria à formação da renda nacional, bem como a aplicação das descobertas científicas ao processo produtivo na indústria. Há que frisar, também, a racionalização progressiva e a aplicação da ciência na organização do trabalho, bem como a divisão social do trabalho e sua fragmentação técnica cada vez mais capilar e programada.

Saliente-se, no contexto da virada da sociedade industrial para a sociedade pós-industrial, que a evolução histórica está intimamente associada ao desenvolvimento tecnológico[10]. Nesse aspecto, *Galbraith* (2007, p. 68) menciona que tecnologia significa a aplicação de conhecimento científico ou outro conhecimento organizado a tarefas práticas. Assim, sua consequência mais importante, no que tange à ordem econômica, está em forçar a divisão e subdivisão de qualquer tarefa em suas partes componentes. O autor, nesse tópico, identifica o dinamismo tecnológico, o emprego maciço de capital e a organização eficiente como características de um novo estado industrial.

---

(9) *Boaventura de Souza Santos* (2001, p. 139) destaca que o paradigma da modernidade fica associado ao desenvolvimento do capitalismo, que seria dividido em três períodos: o primeiro, do capitalismo liberal, cobre todo o século XIX, sendo suas últimas três décadas de transição. O segundo, do capitalismo organizado, começa nos finais do século XIX e atinge o desenvolvimento máximo no período entre as duas grandes guerras e nas duas primeiras décadas do pós-guerra; finalmente, o terceiro período, do capitalismo desorganizado, começa no final dos anos 60 do século XX e continua até hoje. O autor analisa os três períodos para concluir que o primeiro período já mostra que o projeto sociocultural da modernidade é demasiado ambicioso e internamente contraditório. O segundo cumpre algumas promessas da modernidade e deixa outras por cumprir, ao tempo em que trata de esconder seus fracassos. O terceiro é caracterizado por três pontos: as conquistas não são irreversíveis; os fracassos não serão solucionados e esse *déficit*, além de ser irreversível, é muito maior do que se pensava. No terceiro período do capitalismo, o citado autor ressalta a crise do direito regulatório, que revela, segundo o autor, que quando posto a serviço das exigências regulatórias do Estado constitucional liberal e do capitalismo hegemônico, o direito moderno — reduzido a um direito estatal científico — foi eliminando a tensão entre regulação e emancipação que originalmente lhe era constitutiva. Assim, no primeiro período, a emancipação foi sacrificada às exigências regulatórias dos Estados e confinada quase só a movimentos antissistêmicos. No segundo, a regulação estatal nos países centrais tentou integrar esses projetos emancipatórios antissistêmicos, desde que fossem compatíveis com a produção e reprodução social capitalista. No terceiro período, esta falsa síntese evoluiu para a mútua desintegração da regulação e da emancipação (SANTOS, 2001, p. 164).
(10) Segundo *Araújo* (2003, p. 30), o desenvolvimento tecnológico induziu o desenvolvimento de "duas razões paralelas": uma instrumental, voltada para o domínio técnico sobre a natureza; outra comunicativa, voltada para o aperfeiçoamento da competência internacional do gênero humano, e fonte potencial de um projeto de autoemancipação.

Daniel Bell (1977, p. 35) aponta dimensões que permitem definir a passagem da fase industrial à pós-industrial. Assim, no setor econômico, destaca-se a passagem de uma economia produtora de bens para uma economia de serviço. Na distribuição de ocupação, verifica a importância da classe de profissionais qualificados e técnicos. Constata-se, também, o caráter central do conhecimento teórico como fonte de inovações e formulação de políticas para a sociedade. Ademais, o autor ressalta a perspectiva de controle e valorização da tecnologia.

Manuel Castells (2007, p. 266) observa que a teoria clássica do pós-industrialismo se funda em três premissas principais: a) a fonte de produtividade e crescimento reside na geração de conhecimentos, estendidos a todas as esferas da atividade econômica mediante o processamento da informação; b) quanto mais avançada a economia, mais seu mercado de trabalho e sua produção serão concentrados em serviços; c) a nova economia aumenta a importância das profissões com grande conteúdo de informação e conhecimentos em suas atividades. O autor ressalva, porém, que tais premissas não devem ser admitidas de forma acrítica, demonstrando que as três características apontadas não se unem para criar um modelo único de sociedade informacional.

Verifica-se, nesse contexto, que o paradigma do mundo do trabalho na sociedade atual está premido pela evolução tecnológica empreendida nas últimas décadas. Com efeito, o desenvolvimento econômico baseado na introdução de novas forças produtivas foi uma constante desde a Revolução Industrial no século XVIII. A partir dos eventos desencadeados pela crise do petróleo de 1973, deu-se a articulação de uma série de tecnologias que vinham sendo desenvolvidas de forma isolada. O uso combinado da informatização, automação e biotecnologia resultou na destruição progressiva das estruturas de produção tayloristas-fordistas[11] que marcaram o desenvolvimento industrial até o terceiro quartel do século XX.

---

(11) *Otávio Pinto e Silva* (2004, p. 35) destaca que a teoria da administração científica formulada por Frederick Winslow Taylor afirmava que a disciplina do trabalho não evitava desperdícios de tempo e consequentes atrasos na produção, de forma que a administração científica por ele proposta consistia na divisão do processo produtivo em operações elementares, correspondentes a movimentos mecânicos, rápidos e repetitivos, executados pelo trabalhador com a utilização de máquinas padronizadas. Dessa forma, as tarefas de cada trabalhador seriam minuciosamente controladas, com a fixação de metas para eliminar quaisquer desperdícios de tempo. Cabia ao administrador o trabalho intelectual, com a escolha do método de produção e o planejamento das tarefas; ao trabalhador, não se exigia que tomasse decisões, pois bastava executar o trabalho manual. Tais princípios tayloristas foram consagrados por Henry-Ford na produção em série de automóveis, o que tornou comum a referência a um método de organização do trabalho chamado de "fordismo-taylorismo" e caracterizado pelas formas de produção em massa, pela expansão da economia de escala e pelo amplo uso de métodos científicos nos processos produtivos.

A divisão do trabalho e a cooperação no plano da produção foram substituídos pela cooperação competitiva no plano da criação ininterrupta de novos produtos. Como consequência, criou-se uma situação paradoxal: até então, a ocorrência de crises de emprego estava circunscrita às situações recessivas ou de superprodução. Depois, quanto mais as novas tecnologias passaram a aumentar a produtividade e a riqueza global, mais postos de trabalho passaram a destruir. O desemprego já não é apenas conjuntural[12], mas, sim, estrutural[13] (ARAÚJO, 2003, p. 33).

A respeito do desemprego estrutural, *Mauricio Godinho Delgado* (2007, p. 70) alerta que há uma forte conexão entre o tipo de política pública seguida, hegemonicamente, pela maioria dos países capitalistas ocidentais e o desprestígio do trabalho e do emprego. Isso porque se trata de uma política pública de devastação do emprego. Para o autor, o desemprego não tem o caráter estrutural, mas, sim, conjuntural, porque é o produto de diretrizes políticas dirigidas para tal objetivo.

Na sociedade atual, a disputa intercapitalista não se define mais pela preponderância do fator preço, mas pela inovação. A capacidade para produzir inovações no setor de bens de consumo determinou a vitória do modelo industrial ocidental sobre o modelo soviético. Ao contrário de uma estrutura burocrática, o modelo aberto de mercado conseguiu mobilizar muito melhor a criatividade individual. Por fim, a radicalização dessa premissa levou à construção de um Estado Neoliberal, mais preocupado com sua "eficiência gerencial" do que com o bem-estar dos seus cidadãos (ARAÚJO, 2003, p. 35-36).

Outro importante ponto a destacar no cenário contemporâneo é que, com a revolução tecnológica e a produção de um desemprego

---

(12) Segundo *Moura* (1998, p. 94), existem quatro formas gerais de desemprego: desemprego conjuntural; desemprego cíclico; desemprego estrutural; desemprego induzido. Desemprego conjuntural é o tipo mais comum; ocorre quando um ou mais fatores circunstanciais concorrem para alguém perder o seu emprego, ocorrendo a perda do vínculo empregatício, mas não a extinção do posto de trabalho. Desemprego cíclico corresponde a determinadas fases de menor procura de mão de obra em determinados setores, como, por exemplo, o desemprego em períodos de entressafra na área rural. No desemprego estrutural, é a própria história da economia que passa a ser desempregadora e sem perspectiva de voltar a ser empregadora; trata-se não propriamente da perda, mas da extinção dos postos de trabalho. O desemprego induzido é fruto da política governamental ou da ação coordenada de certas forças de mercado (MOURA, 1998, p. 95-96).

(13) *Araújo* (2003, p. 42) explica que na velha sociedade industrial, o desemprego estava associado a períodos de "crise econômica", de desajustes macroeconômicos, de superprodução. As novas tecnologias, não obstante propiciassem um aumento contínuo na produtividade do trabalho, continuavam a fazê-lo a partir de uma exploração de natureza "quantitativa", produzindo-se mais em um menor tempo, mas incorporando, progressivamente, mais operários pelo mundo afora. Mas agora as coisas se passam de forma diferente. Ao contrário do que ocorria na sociedade industrial, na nova sociedade pós-industrial, o desemprego não é mais expressão de uma crise, mas da própria vitalidade do sistema.

estrutural[14], o conceito de "periferia" não se restringe mais a um lugar geográfico específico. Conforme destaca *Araújo* (2003, p. 38), o próprio "centro" passa a produzir a sua própria periferia. O desemprego crescente nos países centrais, há muito, vem projetando uma onda de inquietação em torno do renascimento de sentimentos de intolerância, xenofobia e racismo. A concentração de renda aprofunda-se e a pobreza aumenta sem parar em todo o planeta.

Moura (1998, p. 27) afirma que um dos grandes debates do final do século XX foi o desvirtuamento da economia e os perigos da idolatria do mercado e suas consequências[15]. Isso ocorreu quando uma espécie de terceira Revolução Industrial parecia alterar o estado do mundo e da sociedade[16]. Um dos paradoxos apontados pelo autor é o fato de que o mundo se tornou mais rico e, não obstante, a pobreza[17] e a exclusão social aumentaram[18] (MOURA, 1998, p. 33). Por outro lado, dentro desse

---

(14) Dessa situação de desemprego estrutural, *Araújo* (2003, p. 48) termina por negar o fundamento à visão ortodoxa tradicional que, em nome de uma suposta retomada do crescimento econômico, possa aumentar os lucros das empresas e, por meio deles, os investimentos que trarão de volta os empregos que se foram. Exatamente por ser estrutural, o desemprego contemporâneo não será reduzido com o incremento do crescimento econômico. O mais provável é que ocorra exatamente o seu aprofundamento.

(15) Essa situação caótica levaria à necessidade de reorientação, visualizada por *Moura* (1998, p. 35-36), de uma maneira tal, que leva ao reconhecimento de que o desenvolvimento não está garantido por nenhum "fatalismo histórico", podendo ser obtido à custa de muito esforço. Além disso, demonstra o autor que o modelo básico está esgotado em suas capacidades. Assim, o papel do Estado terá que ser revisto, uma vez que sua função básica não seria ser "omisso", mas um "regulador social". Afirma, ainda, que a globalização e a competitividade internacional exigem uma modernização urgente e que as diferenças entre classes e regiões terão que ser, pelo menos, minimizadas, bem como que a economia terá que viver sob bases mais realistas, tornando-se autossustentável e com controle sobre o tradicional déficit público. Por fim, aduz que a educação será a principal meta estratégica, pois é um condicionante do êxito de todos os demais processos e fatores.

(16) Em síntese, *Moura* (1998, p. 87-88) destaca os seguintes fatos e tendências: a) o processo de globalização é um fato econômico-social, que tende a expandir-se por muito tempo; b) a globalização não exerce apenas o impacto econômico; c) no campo da produtividade, a modernização de todos os setores passa a ser uma condição de sobrevivência e de competitividade; d) no campo político e ideológico, a tendência é gerar muitas disputas e, possivelmente, alguns conflitos graves; e) no ponto de vista institucional, o desafio da sociedade é transformar a globalização em um processo mais aberto, que democratize não apenas o direito à opinião, mas também o direito e o dever de efetivamente participar nas decisões que afetam a vida das respectivas nações; f) finalmente, no campo específico do trabalho/emprego, cada Estado deverá ser hábil para impor limites máximos nos efeitos do desemprego e, ao mesmo tempo, mobilizar o talento, inclusive das empresas transnacionais, para ajudar na geração de novos empregos e em formas inovadoras de absorver a mão de obra excedente.

(17) Menciona *Moura* (1998, p. 61) que a pobreza não é só falta de renda, mas também a negação de oportunidades para o desenvolvimento humano, sendo, portanto, uma construção política e um instrumento de manutenção do poder.

(18) A exclusão social significa o estado do indivíduo ao qual é vedado participar das condições gerais que a sociedade propicia aos seus cidadãos. A exclusão social está correlacionada ao emprego ou desemprego e à globalização, embora esse processo possa assumir formas variadas e sutis, conforme cada caso. A exclusão social realiza-se por graus, uma vez que ninguém fica totalmente excluído ou incluído, até porque não é causada somente pela pobreza, mas também pela cor, sexo, educação etc.

contexto, o Brasil é reconhecidamente uma das sociedades mais complexas e mais cheias de contrastes do mundo[19].

O mundo do trabalho está, assim, sendo profundamente alterado. Nesse sentido, afirma *Moura* (1998, p. 41) que, tradicionalmente, trabalho é sinônimo de emprego remunerado. Muitas atividades que se qualificariam como trabalho na definição mais ampla são descritas e vivenciadas como algo que não tem a conotação usual de trabalho. Essa realidade, contudo, vem sofrendo importantes alterações. A forma como a sociedade trabalha define a própria forma de existência dessa mesma sociedade. Por essa razão, no tópico seguinte, será analisado o conteúdo filosófico do trabalho humano, por ser pressuposto do desenvolvimento do trabalho.

1.4. O trabalho humano: conteúdo e significado

Ao longo da história da humanidade, variando com o nível cultural e com o estágio evolutivo de cada sociedade, o trabalho tem sido percebido de forma diferenciada. No começo da civilização, o trabalho era exercido como luta constante para sobreviver. A necessidade de comer, de abrigar-se, etc. era que determinava a necessidade de trabalhar. O avanço da agricultura, de seus instrumentos e ferramentas trouxe progressos ao trabalho. Posteriormente, passou a haver o trabalho escravo, o trabalho livre, o trabalho de artesões e o embrião do trabalho dos profissionais liberais. Não havia, contudo, a relação de emprego. Mais tarde, a Revolução Industrial viria afetar não só o valor e as formas de trabalho, mas também a sua organização e até o aparecimento de políticas sociais (MOURA, 1998, p. 43).

Porém, há três grandes dimensões que, segundo *Moura* (1998, p. 45-46), precisam ser consideradas em uma visão menos economicista do trabalho humano: a) o trabalho é a fonte de sustentação econômica;

---

(19) *Moura* (1998, p. 49) destaca que o trabalho deveria ser um poderoso instrumento social para eliminar ou minimizar as desigualdades. Mas, na maioria dos casos, apenas reflete essas desigualdades, quando não as acentua. No Brasil, há muitos anos se mantêm e até se agravam certos fatores que fazem com que uma pequena camada social — da ordem de 10 a 15% — possa viver dignamente, confortavelmente e de acordo com os padrões ocidentais mais desejáveis. Enquanto isso, grande parcela da sociedade fica como que condenada a viver sob padrões de estrita limitação, lutando para escapar da linha da pobreza e da indigência. Atualmente, esse dualismo se revela em uma perversa distribuição e concentração de renda e em certos fatos que dizem respeito mais de perto ao trabalho: a) emprego/desemprego; b) crescimento da participação feminina na força de trabalho; c) crescimento do mercado informal e ou de tempo parcial; d) crescimento das desigualdades salariais, por ocupação, por qualificação e por regiões. Em verdade, segundo o autor, o dualismo básico da sociedade brasileira é fenômeno antigo, com múltiplas causas e efeitos variados. Dessa forma, o sonho de um Brasil moderno, produtivo, competitivo, politicamente estável e socialmente equilibrado fica bloqueado pelas condições sociais perversas, que agravam o quadro do subemprego e do desemprego.

b) o trabalho é instrumento de afirmação e crescimento pessoal; c) o trabalho é fonte de validação e ajustamento social. Portanto, o trabalho tem três dimensões: econômica, psicológica e sociológica[20]. Nenhuma das três, sozinha, garante uma boa compreensão do sentido do trabalho.

Ives Gandra da Silva Martins Filho (1999, p. 1) afirma que, sob o prisma meramente econômico, diferentes teorias divergiram sobre a importância do trabalho. Dentre elas, destaca os fisiocratas, o liberalismo econômico, a doutrina clássica, o comunismo e os marginalistas. Segundo seus esclarecimentos, para os fisiocratas, capitaneados por *François Quesnay*, somente a terra seria fator de riqueza, sendo produtivo apenas o trabalho agrícola, estéril o trabalho industrial e ocioso o ganho dos meros detentores do capital.

Já para o liberalismo econômico, que tem em *Adam Smith* um de seus maiores expoentes, originariamente toda a riqueza provém do trabalho. Porém, os frutos deste, quando não consumidos integralmente, mas investidos parcialmente, geram o capital, que merece ser remunerado por meio dos lucros, como gerador dos instrumentos que potencializam a produção.

Martins Filho (1999, p. 1) enfatiza, ainda, que a doutrina clássica, como a defendida por *David Ricardo*, é pautada na lei da oferta e da procura. Nesse sentido, a tendência seria a de pagar ao trabalhador um salário de subsistência, uma vez que salário inferior geraria aumento da mortalidade nas famílias, diminuindo a oferta de mão de obra. Por outro lado, o pagamento de salários mais elevados aumentaria as taxas de sobrevivência, aumentando a oferta de mão de obra, com a consequente redução dos salários. Já para o comunismo, segundo o autor, o único fator real de valor seria o trabalho, uma vez que todos os demais fatores produtivos (terra e capital) seriam uma alienação daquilo que é devido ao trabalhador.

Aponta ainda *Martins Filho* (1999, p. 1) a doutrina marginalista, segundo a qual o valor dos bens seria medido não pelo esforço humano

---

(20) Segundo *Moura* (1998, p. 127), a questão do trabalho e de sua vertente emprego/desemprego, vista pelo prisma existencial, mostra o quanto é significativo e profundo para o ser humano sua identificação com o trabalho, pois este significa o instrumento básico, no plano material, e, ao mesmo tempo, identifica-se com a própria personalidade. É um referencial da dignidade, do valor e da participação social do ser humano, sob condições normais. Acontece que, conforme ressalta, diante do novo contexto, a tendência é no sentido de quase acabar com o "emprego", pelo menos no sentido com que hoje utilizamos esta palavra. A sociedade deverá guardar um certo número de posições e funções imprescindíveis, que se manterão no regime de emprego atual. Os demais talvez venham a trabalhar "por conta própria", de forma "terceirizada", ou por "cooperativas de trabalho" ou "prestações de serviço". Mas, consoante destaca *Moura* (1998, p. 140), as pessoas ainda reagem muito à ideia da desvinculação contratual com a percepção de que isto representaria uma forma de rejeição social, de negação do valor individual.

empregado em produzi-lo, mas pela sua utilidade marginal, ou seja, pela quantidade de unidades desse bem necessárias para chegar-se à saciedade na sua utilização. Destaca, por fim, a doutrina social cristã, ou seja, o conjunto de ensinamentos da Igreja Católica, retirado do Evangelho, sobre a denominada "Questão Social"[21], do embate entre o capital e o trabalho. Segundo tal doutrina, o trabalho é visto como um dos valores humanos fundamentais, sendo algo natural ao homem.

Convém ressaltar ainda, nessa análise sobre o conteúdo e o significado do trabalho humano, as relações entre trabalho e máquina. Segundo *Melhado* (2006, p. 119-120), até a consolidação do capitalismo como modo de produção hegemônico, o trabalhador era capaz de controlar o ritmo de operação dos seus instrumentos de trabalho, uma vez que as máquinas nos sistemas pré-capitalistas não exerciam outro papel senão o de potenciar a força de trabalho. Nessa fase, o trabalho dominava a técnica. Já no capitalismo, segundo o citado autor, o princípio básico da vantagem mecânica é submetido a uma autêntica metamorfose. A máquina e a divisão do trabalho capitalista passam a exercer o controle sobre os movimentos operativos do trabalhador. Posta em funcionamento, a máquina tem sua cadência autônoma. O operário já não controla seu instrumento de trabalho, mas por ele é controlado.

O capitalismo informacional, por seu turno, mantém a aliança entre o princípio da vantagem mecânica e o uso político-instrumental da técnica, chegando mesmo a extrair dela um rendimento exponencialmente maior. Quanto à revolução microeletrônica e à automação por ela viabilizada no mundo atual, tais inovações, segundo *Melhado* (2006, p. 121), não chegam a transformar a natureza do controle da máquina sobre o trabalho. Todavia, maximizam ao extremo tanto a produtividade do trabalho como o poder exercido pelo capital mediante o processo de subsunção material.

Melhado (2006, p. 161) destaca, porém, o uso instrumental da informática como sistema de controle sobre o trabalho, justificando que os seres humanos estão agora muito mais sujeitos à dinâmica de vigiar e controlar. O uso das novas tecnologias no aprimoramento dos sistemas de controle e vigilância radicaliza o desequilíbrio de poder nas relações entre capital e trabalho e aprofunda o estado de sujeição do trabalhador. Nessa marcha, uma nova sujeição ultrapassa a dimensão profissional do trabalho: alcança-o em sua personalidade.

Formulada essa breve análise do conteúdo e significado do trabalho humano, volta-se à verificação das transformações no mundo do

---

(21) A expressão "questão social", quando relacionada à Igreja Católica, refere-se à encíclica *Rerum Novarum*, do Papa Leão XIII, em 1891, que manifestava preocupações sociais.

trabalho, o que se empreende, no tópico seguinte, pela análise específica do relatório Supiot.

1.5. O relatório Supiot

O famoso relatório Supiot é fruto de uma pesquisa multidisciplinar no âmbito da comunidade europeia, levada a efeito no final do século XX, com o objetivo de demonstrar as transformações no mundo do trabalho e as alterações no direito do trabalho na Europa.

Nesse estudo, *Supiot et al.* (1999, p. 301) demonstram que o direito do trabalho é enraizado em um modelo industrial que atualmente vem passando por várias mudanças. Com efeito, o direito do trabalho é baseado em um conceito de relacionamento hierárquico e coletivo no emprego. Dentro dessa estrutura, o contrato de trabalho era concebido, primeiramente, dentro de termos de relacionamento de subordinação que se estabelece entre o trabalhador e a pessoa que usa seus serviços.

Ao mesmo tempo, a empresa é entendida como uma comunidade em que os trabalhadores permanecem em torno de uma atividade econômica comum e sob a gerência de um único empregador. Esse conceito é conhecido como o modelo taylorista-fordista, no qual as grandes empresas industriais investem na produção maciça baseada na especialização das tarefas e das habilidades em uma organização piramidal do trabalho.

Porém, assinalam *Supiot et al.* (1999, p. 303) que esse padrão está dando rapidamente lugar a outros modelos da organização do trabalho que desenvolveram a partir de três fatores: a) o aumento dos níveis de habilidade e autonomia ocupacional; b) a pressão crescente da competição em mercados cada vez mais abertos; c) o ritmo veloz do progresso tecnológico, especialmente nos campos da informação e da comunicação. A dificuldade maior enfrentada atualmente é que a situação econômica e social não pode ser qualificada em um único modelo de relacionamentos do emprego. Pelo contrário, apresenta uma variedade de ambientes da produção. Isso explica a variedade crescente de tipos do contrato de emprego.

Segundo *Supiot et al.* (1999, p. 52), entre trabalhadores realmente subordinados e empreendedores genuinamente independentes uma terceira categoria está emergindo: a dos trabalhadores que são legalmente independentes, mas economicamente dependentes. Assim, embora os trabalhadores nessa posição não sejam ainda uma parte substancial da força de trabalho, seu número tende a crescer.

O relatório Supiot demonstra que tal situação vem gerando diversas consequências. A primeira delas é uma maior insegurança para os trabalhadores. A segunda é a expansão da área cinzenta entre o emprego assalariado e o autônomo. Por um lado, alguns autônomos dependem unicamente ou majoritariamente de uma única empresa e, por outro, alguns assalariados estão tornando-se cada vez mais autônomos na prática. A última e terceira consequência apontada é que os relacionamentos do emprego necessitam ser vistos dentro do contexto de uma rede das empresas, devendo ser particularmente considerada a responsabilidade do contratante principal com a segurança e a saúde de trabalhadores de um subcontratante, ou a responsabilidade comum de empresas interligadas.

O relatório Supiot, nesse aspecto, ressalta dois princípios. O primeiro é o princípio fundamental por meio do qual a determinação da natureza legal de uma relação de emprego não é deixada à discricionariedade dos contratantes. O segundo princípio é que o espaço da lei trabalhista deve ser alargado para incluir os trabalhadores autônomos. Significa que deveria haver uma lei trabalhista comum, com diferentes tratamentos que poderiam ser adaptados para lidar com a variedade de situações de emprego para evitar o abismo entre os trabalhadores protegidos e os não protegidos.

Supiot et al. (1999, p. 91) salientam que, ao contrário do modelo fordista, que confiou na organização estável, os novos modelos articulam-se nos processos de coordenação que envolvem indivíduos móveis. Do antigo biônomo segurança-subordinação passa-se a um novo *status* ocupacional baseado em um conceito detalhado do trabalho que necessita reconciliar os requisitos da liberdade, segurança e responsabilidade.

Em relação ao poder estatal, o relatório destaca as limitações da tendência difundida de contrastar o papel do Estado no modelo minimalista e o Estado Protetor (Estado do Bem-Estar Social). Nesse aspecto, demonstra que todos os membros da União Europeia adotam uma combinação desses dois modelos, os quais não seriam, necessariamente, contraditórios. Assim, a raiz do debate não se encontra no dilema entre a intervenção e o *laissez-faire*, mas na capacidade de o Estado manter a coesão social no mundo de hoje (SUPIOT *et al.*, 1999, p. 235-242). Isso porque o Estado sofre uma crise com o aumento do custo dos serviços públicos, havendo, ao mesmo tempo, uma tendência geral de deslocamento de um Estado gerente a um Estado garantidor. Com essas considerações, o relatório Supiot conclui que é preciso ser encontrado um novo modo de intervenção do Estado, especialmente na esfera socioeconômica.

Esse novo modelo deve estar ligado a uma noção ampliada dos direitos sociais baseados na solidariedade. Isso, contudo, não deve ser entendido como o deslocamento do Estado do Bem-Estar Social para o Estado da caridade. A proposta, na verdade, seria uma forma de solidariedade que assegure a segurança individual e coletiva nas contingências que podem se levantar em qualquer tempo, em qualquer lugar, por causa do aumento da incerteza. Para proteger-se contra a incerteza, o Estado deve fornecer dois tipos de garantias: a) garantias processuais de representação política, com uma grande gama de mecanismos apropriados para a representação e consulta popular; b) garantias substantivas, pois o Estado deve garantir direitos sociais fundamentais, particularmente a Comunidade Europeia.

1.6. As transformações no mundo do trabalho

Feitas algumas considerações sobre o conteúdo filosófico do trabalho humano e o contexto europeu do mundo do trabalho evidenciado no relatório Supiot, volta-se ao contexto da análise das transformações no mundo do trabalho. Tais transformações trilham por muitos caminhos, de forma que a evolução social e a evolução da tecnologia vão criando novas formas e assumindo novas ênfases[22].

Castells (2007, p. 272-273) estabelece dois períodos básicos para análise das alterações na estrutura do mundo do trabalho nos países membros do G-8[23], dividindo, historicamente, sua análise nos anos 1920-1970 e 1970-1990. Para ele, a principal distinção analítica entre os dois

---

(22) No final do século passado, cerca de 40% dos trabalhadores alemães (um dos primeiros países industrializados) trabalhavam essencialmente no setor primário, e apenas 35% no setor secundário. Hoje, menos de 5% permanecem no setor primário, surgindo o chamado setor terciário ou de serviços, que emprega mais de 50% da ocupação total e que parece ser a tendência dominante em todos os países, com a possível exceção do Japão e da Coreia do Sul. Os serviços dominam todos os setores de produção econômica e, cada vez, mais são dependentes de pesquisa e tecnologia, controle de qualidade, financiamentos seletivos, qualidade dos serviços, distribuição eficiente, enfim da qualidade da mão de obra refletida na qualidade total dos serviços. Sem isto, perde-se a competitividade. Se o emprego diminui na indústria, aumenta no setor de serviços. Outra modalidade de trabalho que vem assistindo a um grande crescimento ao longo dos últimos anos é a do teletrabalho, ou o trabalho realizado fora do escritório, por muitos conhecido também como "empresa virtual". Embora apresente ainda alguns problemas, tais como dificuldades de enquadramento no plano de cargos e nos esquemas de promoção, o teletrabalho tende a aumentar como nova modalidade de emprego. Pelo lado do trabalhador, apresenta vantagens de economia do tempo gasto em locomoção da residência para o escritório ou fábrica (problema crítico nos grandes centros urbanos), além de poder realizar suas atividades em casa, administrando o tempo disponível em conjunto com as atividades domésticas. Pelo lado da empresa, representa economia de instalações e material de consumo (MOURA, 1998, p. 44).
(23) O grupo reúne os representantes dos sete países mais industrializados do mundo: Estados Unidos, Canadá, Japão, Alemanha, França, Reino Unido e Itália. Em 1998, a Rússia, graças à sua importância estratégica, passou a integrar o grupo, formando assim o G-8 (TERRA; COELHO, 2005, p. 97).

períodos se origina do fato de que, durante o primeiro, as sociedades analisadas tornaram-se pós-rurais, enquanto que, no segundo, tornaram-se pós-industriais. No primeiro período, o declínio do emprego rural foi compensado pelo aumento do emprego industrial. Já no segundo, houve uma redução do emprego industrial em todos os países e o aumento do emprego em serviços[24].

Segundo *Melhado* (2006, p. 30), o mais característico fenômeno da fase atual do capitalismo é a internacionalização da economia, seja no que diz respeito ao processo produtivo em si mesmo, à circulação da mercadoria e às relações de consumo, seja quanto ao comércio exterior, ao investimento externo direto ou ao sistema financeiro e ao fluxo geral de capitais de nível planetário. Segundo o autor, também corresponde a esse cenário um novo modelo de Estado e uma nova ideologia, que pode ser designada como a era da mundialização. Nela, o capital internacionaliza-se até alcançar limites nunca antes suspeitados e sedimenta-se como poder realmente absoluto diante do desvanecimento da ficção jurídica do Estado burguês. Simultaneamente, o trabalho, como seu duplo negativo, pulveriza-se.

O mundo do trabalho busca adaptar-se à nova realidade advinda do impacto conjunto da revolução tecnológica e da globalização[25] da economia[26]. Esse novo quadro pôs em xeque as bases em que se

---

(24) *Castells* (2007, p. 279) detalha como se deu esse crescimento no setor de serviços no período 70-90, também conhecido como pós-industrial. Destaca que houve um padrão geral de deslocamento do emprego industrial em dois caminhos diferentes: o primeiro, chamado pelo autor de modelo "anglo-saxão", seguido pela maioria dos países. Significam uma rápida diminuição do emprego na indústria, aliada a uma grande expansão do emprego em serviços relacionados à produção (em percentual) e em serviços sociais (em volume), enquanto outras atividades de serviços ainda eram mantidas como fonte de emprego. O segundo caminho, seguido por Japão e Alemanha, liga mais diretamente os serviços industriais e os relacionados à produção, aumenta com mais cautela o nível de emprego em serviços sociais e mantém os serviços de distribuição. A França, segundo o autor, estaria em uma posição intermediária, tendendo para o modelo anglo-saxão.
(25) Segundo *Moura* (1998 p. 81-82), a globalização leva por terra os limites tradicionais e demais formas de demarcação de áreas de interesse. Operacionalmente, permite uma grande agilidade na administração. Não apenas a matéria-prima, mas até os manufaturados são importados de qualquer parte do mundo, onde quer que o custo seja mais baixo. Por outro lado, a força das empresas transnacionais é cada vez mais surpreendente, pois lideram o progresso tecnológico, comandam os processos de pesquisa e desenvolvimento, determinam o limite do acesso público às informações e capacidade de consumo (MOURA, 1998, p. 82). Segundo o autor, a globalização prejudica, muitas vezes, a sobrevivência da indústria nacional, que fica à mercê da competição desigual com certos países produtores. Por fim, destaca que a globalização onera fortemente os trabalhadores, tirando-lhes ou reduzindo-lhes empregos e salários, criando o paradoxo da produção cada vez mais abundante de bens e serviços, a preços cada vez mais competitivos, mas tendo como resultado a drástica diminuição de empregos e o rebaixamento dos salários (MOURA, 1998, p. 83-84).
(26) *Castells* (2007, p. 142) enfatiza que a economia global é uma nova realidade histórica, diferente da economia mundial. A economia mundial é aquela em que a acumulação de capital avança pelo mundo, enquanto a economia global é aquela com capacidade de funcionar como uma unidade em tempo real, em uma escala planetária. Assim, como tendência histórica, as funções e

assentavam as relações do trabalho assalariado, tanto na dimensão institucional quanto nas abordagens científicas, nos campos da administração, da economia, da sociologia e, até, da psicologia.

Conforme ressalta *Pamplona Filho* (2002, p. 1) a globalização não é novidade nem se limita à ocidentalização. Pelo contrário, ao longo dos anos, ela vem se manifestando por meio de fenômenos culturais, como a disseminação do conhecimento e da compreensão, e também por aspectos sociológicos, como as grandes migrações, e econômicos, como as expansões empresariais transnacionais. Consoante adverte o autor, as influências da globalização fizeram-se sentir em diversas direções. No final do século passado, a direção desse movimento era prioritariamente do Ocidente para o resto do mundo. Porém, na Idade Média, a Europa absorvia a ciência e a tecnologia chinesas e a matemática árabe e a indiana. Isso demonstra, conforme destaca o autor, uma herança mundial de interação, confirmada pelas tendências contemporâneas.

A globalização está longe de esgotar-se como tema de debates[27], não obstante tudo o que já se escreveu sobre a nossa "aldeia global"[28]. A chamada globalização econômica acarretou, segundo *Melhado* (2006, p. 32), duas consequências fundamentais para as relações de trabalho. De um lado, o fenômeno da descentralização dos ciclos produtivos fez

---

os processos dominantes na era da informação estão cada vez organizados em torno de redes. Embora esse sistema tenha existido em todos os tempos e espaços, o novo paradigma da tecnologia da informação fornece a base material para sua expansão penetrante em toda a estrutura social (CASTELLS, 2007, p. 565). Ao tratar do poder da identidade, o autor destaca que este não mais se concentra nas instituições, estando difundido em redes globais de riqueza, poder, informações e imagens que circulam e passam por transmutações em um sistema de geometria variável e desmaterializada (CASTELLS, 2006, p. 423).

(27) Segundo *Godoy* (2005, p. 170), em sua evolução futura, o que hoje chamamos de globalização poderá chegar à elevação do Estado nacional a uma federação de nações livres ou, ainda, a uma única sociedade mundial, em vez de a um sistema global de sociedades regionais. Enfim, apesar das reais limitações à margem de manobra no âmbito nacional atribuíveis à globalização, é indispensável que cada país leve em conta as regras e práticas adotadas pelos demais atores globais, sob pena de ver sua população condenada à marginalidade e à frustração terceiro-mundistas. Por outro lado, para *Melhado* (2006, p. 43-44), a globalização é ainda um processo inacabado, pelo menos, em dois aspectos distintos. De um lado, nos limites de cada fronteira estatal; de outro, na maneira como se desenha no conjunto do mapa-mundi. Ela ainda enfrenta obstáculos de índole institucional: as roupagens políticas do sistema funcionam como uma camisa de força aos ímpetos centrífugos do capital. De outro lado, a mundialização ainda é um processo inacabado porque exclui do seu âmbito países, regiões e zonas de dimensões continentais.

(28) A afirmação de uma identidade global ativa até mesmo consumidores que nada consomem além de imagens e ancora-se em determinados processos reais. Nesse sentido, três estruturas vêm sendo determinantes para a percepção de uma realidade baseada na ideia de uma aldeia global. Segundo *Araújo* (2003, p. 36-37), o primeiro deles radica-se na própria estrutura produtiva. De fato, nos últimos anos, a vitória do neoliberalismo impôs uma formidável abertura de mercados. Como consequência, as grandes corporações industriais e financeiras acabaram por se apoderar de boa parte das empresas públicas e privadas nacionais. Noutro plano, segundo o autor, deu-se a explosão de uma "indústria cultural" capaz de atuar ao mesmo tempo em nível mundial. Por fim, ocorreu a consolidação de uma "economia virtual", possibilitada pela revolução tecnológica, sobretudo pelas redes informacionais.

nascer sistemas de interconexão de atividades empresariais baseados em pequenas e microempresas e até mesmo no trabalho independente de profissionais ou consultores. A outra consequência apontada por *Melhado* (2006, p. 33) é a mundialização dos processos produtivos. Na esteira da revolução da informática e da potenciação dos meios de comunicação e transporte, as empresas transnacionais escolhem em que país produzir cada fração dos seus produtos, mediante a contratação da mão de obra mais barata.

A ideia em torno do achatamento do mundo vem ganhando páginas de *bestseller*. Com efeito, em obra mundialmente conhecida, *Thomas Friedman* desenvolve a teoria de que "o mundo é plano". Segundo o autor, assiste-se hoje à criação de um campo de jogo global, mediado pela *web*, que viabiliza diversas modalidades de colaboração em tempo real, com compartilhamento de conhecimento e trabalho (FRIEDMAN, 2005, p. 205). Ao mesmo tempo, esse achatamento do mundo causa a concorrência global, de forma que a competição por mercados não se estabelece mais localmente. Ao contrário, a força dos países asiáticos empurra a concorrência a patamares antes nunca pensados.

Analisando as consequências da globalização no direito do trabalho, *Pamplona Filho* (2002, p. 1) ressalta que, nessa nova sociedade mundial, o espaço destinado ao direito do trabalho não mais se restringe a questões de tutela individual de trabalhadores. Estende-se a um sentido mais profundo de proteção, em que o destinatário final da norma não é somente o empregado, mas, sim, a própria comunidade laboral em um prisma amplo.

Dessa forma, segundo o autor, novos problemas demandam tratamento mais minudente, como, por exemplo, o estabelecimento de uma política social supraestatal, que permita a efetiva diminuição das desigualdades nas regiões cujas fronteiras se tornaram mais tênues. Outro ponto salientado por *Pamplona Filho* (2002, p. 1) é que, com a formação de blocos continentais, a livre circulação de trabalhadores subordinados torna-se um problema a ser enfrentado, seja pelo fortalecimento da seguridade social correspondente, seja pela justa imposição da paridade de tratamento e de condições de trabalho entre estrangeiros. Por fim, destaca o autor que a necessidade de harmonização das legislações estatais em termos de direito do trabalho, principalmente em matéria de participação dos trabalhadores na gestão e nos lucros da empresa, é outra medida que se impõe para a reflexão do novo direito do trabalho.

Respeitada a enorme diversidade de situações particulares que caracterizam o mundo atual, é preciso lembrar a tendência da flexibilização. O mercado de trabalho da sociedade pós-industrial parece deslocar-se dos modelos formais baseados nas relações de assalariamento que marcaram o mundo industrial. A superação da sociedade baseada nas linhas de montagem pela sociedade baseada nas redes de trabalho ou *network's* aponta para o declínio do assalariamento[29] como forma jurídica elementar de organização do processo de cooperação produtiva.

Luiz de Pinho Pedreira da Silva (1997, p. 36) esclarece que o direito do trabalho se debate atualmente entre a proteção e a flexibilidade, uma vez que a crise econômica da década de 70 pôs termo à chamada "idade de ouro" do direito do trabalho e do estado do bem estar social.

Conforme ressalta *Godoy* (2005, p. 80), existe a crença de que a diminuição dos controles legais sobre os contratos constitui um elemento fundamental para aumentar a flexibilidade do mercado de trabalho e, portanto, reduzir o desemprego[30]. As modalidades mais largamente utilizadas são os contratos atípicos e a liberdade de rescisão dos contratos de trabalho por iniciativa do empregador. Os contratos atípicos resultam nos empregos flexíveis, também denominados eventuais ou precários, embora haja diferenças na caracterização de cada tipo.

Ao mesmo tempo, segundo *Godoy* (2005, p. 83), aparece a "flexibilização" da jornada de trabalho. Na atualidade, o sistema tradicional de trabalho por tempo completo vai sendo substituído por regimes

---

(29) *Araújo* (2003, p. 50-52) destaca que o assalariamento corresponde à forma jurídica que tornou possível a institucionalização do mecanismo clássico da mais-valia, pelo qual o trabalhador vende ao empresário, que assume os riscos da atividade econômica, o seu tempo de trabalho, ficando à sua disposição. Explorar é comprar tempo de trabalho e organizar os meios de produção, de forma a fazer o trabalho gerar mais produtos e serviços dentro de um determinado lapso de tempo. Por isso, afirma-se que a geração de valor no âmbito da sociedade industrial se afere por uma perspectiva "quantitativa". Todavia, na sociedade pós-industrial, na qual o valor não se liga mais de forma essencial ao fator preço e, portanto, ao tempo de produção, mas ao elemento "inovação", "diferenciação", não se trata mais de ter uma massa de trabalhadores à sua disposição. Trata-se da formação de grupos de trabalho para projetos específicos, parcerias cambiantes definidas e redesenhadas circunstancialmente, aproveitando-se cada vez mais da possibilidade de se integrarem parceiros ligados não mais por um meio físico, mas pelo espaço virtual ou *ciberspace*. Progressivamente, a compra de simples "força de trabalho" deverá ser substituída pela aquisição de "capacidade criativa". Com isso, tende a minguar a forma hegemônica de organização do trabalho no mundo industrial: o trabalho assalariado, subordinado ou coordenado, em que o empregado simplesmente está à disposição do empregador. Ocorre que, com as mudanças estruturais ocorridas no interior do modo de produção capitalista nas últimas décadas, a relação de emprego tende a ser substituída por outras relações de trabalho, mais adequadas às novas formas de geração de valor desenvolvidas pela sociedade pós-industrial.

(30) Segundo *Moura* (1998, p. 64) nos tempos atuais, nenhuma medida, pública ou privada, nenhum sindicato, nenhuma empresa, nenhum governo pode assegurar a manutenção dos empregos. A melhor defesa contra o desemprego, segundo o autor, é o efetivo preparo dos trabalhadores, já que estamos na "sociedade do conhecimento", onde prevalece a necessidade de educação. Assim, segundo *Moura* (1998, p. 65) a complexidade da vida moderna, em particular as novas condições de trabalho, exige uma educação renovada, em uma autêntica revolução pedagógica.

flexíveis, nos mais diversos setores, que incluem desde a anualização do tempo de trabalho até a variação de horários, jornadas e períodos de férias. As causas das mudanças variam, como a diminuição ou eliminação de horas extras ou a negociação de jornadas mais curtas. Porém, o principal é a busca de flexibilidade da gestão, com vista a capacitar a empresa para adaptar-se às flutuações da demanda.

Destaca-se, ainda, a flexibilidade da remuneração que, segundo *Godoy* (2005, p. 85) tem sido direcionada para relacioná-la com as variações da produtividade individual e coletiva e com as pressões competitivas dos mercados. Assim, tem-se buscado relacionar a remuneração com as efetivas contribuições dos assalariados ao esforço da empresa, como a crescente utilização dos mecanismos de participação nos lucros, participação nos resultados e vinculação da remuneração à aquisição de novas habilidades ou conhecimentos profissionais.

Vários fatores têm contribuído para um aumento da flexibilidade na organização do trabalho, no sentido de abandonar os métodos taylorista e fordista para adotar práticas que levem a uma maior adaptabilidade às variações do mercado e a uma crescente contribuição dos empregados à competitividade da empresa. Estabelecem-se, assim, mudanças na organização do trabalho, incluindo a redução dos níveis hierárquicos, introduzindo a rotação e ampliando as funções em cada nível, bem como estimulando a cooperação e o trabalho em equipe (GODOY, 2005, p. 86).

É importante assinalar, porém, como faz *Silva* (1997, p. 37), que só de maneira muito relativizada pode-se admitir a flexibilidade, máxime na América Latina, onde as condições de trabalho e salário são muito baixas. Nesse contexto, é necessário destacar o quadro de discrepância entre os países, o que será formulado no item seguinte.

1.7. A discrepância entre os países

A análise do fenômeno da concorrência mundial traz em seu bojo a necessidade de se verificar a discrepância entre os países. Conforme destaca *Pastore* (2006, p. 13), os quinze países que constituíam a União Europeia até 1º de maio de 2004 já eram bastante diferentes em matéria trabalhista. Com a incorporação de dez novos, sendo oito ex-comunistas, a heterogeneidade ampliou-se. A República Checa, Hungria, Polônia, Eslovênia, Eslováquia, Lituânia, Letônia, Estônia, Chipre e Malta são realidades muito contrastantes quando comparadas aos quinze integrantes originais da União Europeia. Dessa forma, existe um desafio bilateral, pois as diferentes "Europas" terão de fazer um grande esforço para chegarem a um ambiente trabalhista que seja suficientemente homogêneo para justificar a existência de uma "comunidade europeia".

Além disso, a União Europeia deve concorrer com a China e a Índia. Com efeito, desde o final da década de 70 a China vem apresentando grande crescimento econômico, com a efetivação de medidas ligadas à economia socialista de mercado. Essas medidas incluem um processo de reestruturação econômica, modernização dos setores econômicos, melhoria tecnológica etc. (TERRA; COELHO, 2005, p. 108).

Pastore (2006, p. 29), baseado no Censo do Trabalho na China, demonstra o abismo salarial em relação aos demais países ocidentais, o que interfere nos custos de produção e no preço dos produtos. As indústrias chinesas de confecções, calçados, aparelhos elétricos e eletrônicos, materiais plásticos e outros conseguem produzir bens de consumo que chegam a ser 50% mais baratos do que os fabricados nos outros países, o que levou muitas empresas norte-americanas a fecharem suas plantas nos Estados Unidos e a se mudarem para a China.

A organização *Labour Action China*, por seu turno, empreende estudos sobre as condições de trabalho na China, em especial no tocante à saúde e à higiene do trabalho. Em sua análise, constatou que o desenvolvimento chinês, resultante dos investimentos estrangeiros, está concentrado nas atividades de trabalho intenso e com baixa qualificação, justamente para aproveitar a abundante mão de obra barata daquele país. Ao lado das grandes empresas de capital internacional, também o capital nacional vem se desenvolvendo com base na exploração de mão de obra, mesmo nos níveis das pequenas empresas.

O rápido e desregulado crescimento da mão de obra cria um desafio nacional relativo à saúde no ambiente de trabalho. Segundo a citada organização, os dados de 2004 relativos à saúde no trabalho na China são os seguintes: 14.702 acidentes de trabalho nas empresas industriais, 3.639 nas minas de carvão e 2.582 no ramo da construção civil. Ainda segundo a instituição, os dados de 2004 apontam que o país tem 580.000 casos acumulados de pneumonia, doença que tem o crescimento alarmante de 10.000 casos por ano. Relata, ainda, que mais de 14.000 chineses morreram de silicose no país desde 1949 (LAC, 2006).

Além das condições de trabalho desfavoráveis que fazem crescer o número de acidentes e doença do trabalho, os trabalhadores chineses não contam com uma adequada possibilidade de busca de indenizações decorrentes do meio ambiente do trabalho. Essa constatação é feita pela *Labour Action China* a partir de diversos fatores, entre os quais são ressaltados o longo período de duração dos processos, o curto prazo prescricional de sessenta dias após a comprovação da doença do trabalho pelos órgãos oficiais, a necessidade de ampla documentação relativa ao histórico de sua situação e condições de trabalho no emprego, o que é dificultado pelo fato de existir grande mobilidade dos trabalhadores entre as empresas (LAC, 2006).

A exploração de mão de obra na China gera reflexos em todo o mundo. A penetração dos produtos chineses a baixo preço e quantidade crescente provoca desemprego nos países que não têm possibilidade de competir. Medidas protecionistas começam a ser tomadas para deter as exportações de tecidos, confecções, calçados, eletrônicos e vários outros itens de consumo de massa vendidos pela China. Porém, alerta *Pastore* (2006, p. 31) que as medidas punitivas, o sistema de cotas e as negociações na Organização Mundial do Comércio terão pouca eficiência para reverter as vantagens comparativas da China no campo do trabalho, pois elas perdurarão por muitas décadas.

Pastore (2006, p. 34) observa também que as massas de desempregados nas grandes cidades chinesas continuam enormes. As estimativas variam entre 7% e 20%, que incidem sobre uma força de trabalho urbana de aproximadamente trezentos milhões de pessoas. Ao transformar-se em um grande produtor e exportador de produtos eletrônicos, máquinas, equipamentos, tecidos, confecções, calçados etc. com base em um baixo custo do trabalho e quase sem benefícios[31], a China provocou um efeito indireto de expansão da oferta da mão de obra mundial.

Nos últimos anos, também a Índia vem se transformando em um dos polos de atração para a terceirização devido à abundância de pessoal qualificado, ao domínio da língua inglesa e aos baixos salários. Segundo *Pastore* (2006, p. 41), as primeiras ondas de terceirização buscaram profissionais de qualificação média. As atuais demandam qualificação elevada, sendo que o baixo custo do trabalho continua crucial[32].

Colocada a situação de discrepância geral entre os países, surge a questão de como enfrentar o problema do desemprego se a pressão chinesa pelos baixos preços, por meio da exploração de mão de obra, leva à escassez de possibilidades de concorrência dos países em que os direitos sociais são minimamente desenvolvidos. A resposta a essa

---

(31) *Pastore* (2006, p. 39) destaca que, como regra geral, o sistema de saúde chinês não aceita pacientes com doenças graves — câncer, enfarte, derrame cerebral e outras do mesmo gênero. O sistema de saúde da China tornou-se um fardo pesadíssimo para o Estado que, dentro do seu autoritarismo, decidiu não mais assumir.
(32) *Pastore* (2006, p. 42) ressalta que, ultimamente, a demanda explosiva por qualificação começou a enfrentar problemas de oferta. Consequência: os salários dos bons talentos explodiram, e as universidades não estão dando conta de injetar, no mercado, o contingente que é demandado pelas empresas que precisam de profissionais sofisticados. Isso começa a minar a vantagem comparativa da Índia e, ao mesmo tempo, a desafiar o governo para investir mais (e melhor) na educação superior.

questão desafiadora somente pode surgir a partir da análise das diversas questões relativas ao direito do trabalho na sociedade pós-industrial. Sabe-se, porém, que nenhuma delas pode, sozinha, resolver tão grave problema. O importante, contudo, é evoluir na discussão das propostas já lançadas, o que se empreenderá no tópico seguinte.

1.8. Problemas e soluções apontadas para o direito do trabalho na atualidade

Nesse tópico, pretende-se discutir as soluções apontadas pelos estudiosos do direito do trabalho, cientistas políticos e entidades empresariais e laborais para o enfrentamento da questão do desemprego e modificações no mundo do trabalho na sociedade pós-industrial. A análise parte do referencial teórico de *Santos* (2001), que aponta claramente a tensão entre a regulação e a emancipação na história do direito e da ciência. O autor considera a ciência e o direito como ocupantes de lugar central dentro do paradigma da modernidade, razão pela qual são objetos centrais de sua crítica. Defende, assim, a recuperação das energias emancipatórias, o que leva à reavaliação da ciência e do direito modernos[33].

---

(33) Tratando da tensão entre regulação e emancipação, *Boaventura de Souza Santos* (2001, p. 123) declara que ela é ainda mais antiga no direito do que na ciência. Uma de suas primeiras manifestações remonta à recepção do direito romano na Europa do século XII, movimento que começou na Universidade de Bolonha. Essa recepção é o resultado de uma convergência de interesses econômicos e sociais que proporcionou o surgimento do saber jurídico. A tensão entre regulação e emancipação é constitutiva dessa fase de recepção do direito e esse projeto está a serviço dos interesses progressistas de uma classe que tinha um projeto cultural e político de emancipação social. Na exegese dos glossadores, o direito era um misto de autoridade e razão, sendo que as exigências práticas de regulação estão subordinadas à experiência racional. Segundo o autor, a tensão residia no fato de a legitimidade do poder regulador derivar da sua autonomia relativamente fática, envolvida nos conflitos cuja resolução exige regulação. Porém, com o decorrer do tempo, a emancipação foi absorvida pela regulação social, que se torna científica para ser maximizada e levar ao esquecimento a ética social e política, que desde o séc. XII mantivera acesa a chama emancipatória. *Santos* (2001, p. 124) aponta, ainda, o direito natural racionalista como foco de tensão entre regulação e emancipação. Esse direito natural serviu tanto para legitimar a atuação dos "déspotas esclarecidos" quanto para fundamentar as ideias liberais e democráticas que levaram à Revolução Francesa. O foco da tensão entre regulação e emancipação, segundo *Santos* (2001, p. 128) reside na distinção entre o certo e o verdadeiro. O primeiro é a autoridade — resultado da vontade humana. O segundo é a verdade, emancipação da razão. Neste ponto, defende que, embora em todos os momentos históricos exista, no direito, a tensão entre regulação e emancipação, com o desenrolar da experiência huana, a emancipação tende a triunfar, uma vez que o verdadeiro não é mera razão cognitiva, mas, sim, a equidade. Assim, para o autor, o potencial emancipatório do direito reside no fato de sua racionalidade não se distinguir do bem-estar social universal — a *aequitas civilis*. Outra manifestação de tensão entre regulação e emancipação analisada pelo citado autor reside nas teorias do contrato social, análise empreendida pelo autor a partir dos trabalhos de Hobbes, Rousseau e Locke. Segundo *Santos* (2001, p. 137), cada um dos autores citados simboliza uma dimensão arquetípica de um projeto revolucionário global: o princípio do Estado (Hobbes), o princípio do mercado (Locke) e o princípio da comunidade (Rousseau). Além disso, salienta a diversidade de racionalidade dos três autores, expondo que ela evidencia a riqueza e a complexidade das energias emancipatórias da moderni-

Assim, o estudo buscará apontar a atuação dos sindicatos na sociedade pós-industrial, a atuação do Fórum Nacional do Trabalho, a ampliação da competência da Justiça do Trabalho, as propostas flexibilizadoras, os patamares mínimos do direito do trabalho e o assim chamado "direito do trabalho sem adjetivos".

1.8.1. A atuação dos sindicatos e do Fórum Nacional do Trabalho

Os sindicatos tiveram sua origem no fenômeno do associativismo e surgiram como o resultado de um longo processo histórico. Esse processo tinha, como fim, o ideal comum de valorização do homem como pessoa e de reconhecimento dos direitos essenciais à defesa de seus interesses e à expansão de sua personalidade. Segundo *Melhado* (2003, p. 81), tanto nos países centrais quanto nos periféricos, os sindicatos sofrem hoje uma crise de identidade. Isso ocorre, em parte, porque não mostraram capacidade de adaptação aos novos tempos[34] em que o capital se mundializa, perdendo filiados e tendo cada vez menos presença social e protagonismo político.

Melhado (2003, p. 83) ressalta que o movimento sindical moderno, marcado pela influência do pensamento de esquerda, nasceu sob o axioma do internacionalismo. Concebendo o nacionalismo e o "patriotismo" como a articulação de um discurso de direita, propunha alianças internacionais e apresentava, como sua única pátria, as classes trabalhadoras de todo o planeta. Paradoxalmente, conforme ressalta o autor, constata-se agora que o sindicalismo entrou em crise no momento em que a economia se internacionalizou.

Essa crise pode ser explicada por várias razões. *Albert Recio* (1997, p. 165) destaca três variáveis distintas na tentativa de encontrá-las. A primeira está conectada com o tema do "fim da história", que diz respeito

---

dade, bem como a tensão entre os objetivos eventualmente conflitantes. Assim, a complexidade do paradigma da modernidade reside no fato de o direito poder ser entendido quer como vontade do soberano (Hobbes), quer manifestação de consentimento (Locke) quer como autoprescrição (Rousseau).
(34) As peculiaridades mais relevantes desses "novos tempos", segundo *Melhado* (2003, p. 81), dizem respeito à crescente internacionalização dos processos produtivos e seu fracionamento em escala planetária, ao lado do crescimento dos níveis de investimento externo direto, do ritmo alucinante das transações financeiras no mercado global e, em última análise, da forma como se realiza a acumulação do capital, da forma como ele se compõe e dos campos em que atua. Há também o aprofundamento da concentração de riquezas e a constituição de monopólios intergalácticos derivados de uma inusitada espiral de fusões e incorporações. Já no plano geral do Estado, as transformações mais importantes correspondem ao enfraquecimento progressivo do modelo tradicional forjado, sobretudo no segundo pós-guerra e à perda do monopólio da produção do direito formal. No plano cultural, ainda segundo o autor, a mundialização da economia associa-se a uma espécie de globalização de valores e hábitos de consumo. O discurso teórico de que se reveste esse projeto semeia o conformismo ideológico, a noção de fim da história e a padronização de hábitos de consumo (MELHADO, 2003, p. 81-82).

aos limites da ação sindical no território do discurso sociopolítico. Nesse sentido, o capitalismo estaria sendo tomado pelo movimento sindical como marco geral aceitável, no interior do qual as organizações operárias realizam seu cotidiano. Assim, desarmados de um projeto político-ideológico, os trabalhadores, como classe social, perderiam sua subjetividade.

A segunda variável é o crescimento econômico como valor. Dentro dos marcos gerais do sistema, os sindicatos aceitam a ideia de que o crescimento econômico é um objetivo indiscutível. Ocorre que a reificação da ideia de expansão macroeconômica legitima ações estratégicas de ab-rogação de direitos sociais e inibe ou freia movimentos reivindicatórios. O pressuposto das negociações coletivas passa a ser a racionalidade do crescimento econômico que, em última análise, abre caminho à trilha da expansão do capital.

Já a terceira variante causal da atual crise dos sindicatos apontada pelo autor é a incompatibilidade entre a internacionalização da economia e a cultura da política sindical voltada para os limites do Estado-nação. Assim, as grandes companhias são capazes de transferir plantas industriais inteiras de um país para outro, simplesmente para poupar gastos com salários ou aborrecimentos com trabalhadores organizados.

Nelson Mannrich (2007, p. 310) também analisa a crise institucional dos sindicatos, com sensível diminuição dos filiados e dificuldades para enfrentar o aumento do poder patronal e a concentração de riqueza. Menciona, igualmente, que os sindicatos sempre basearam suas formas de atuação na relação de subordinação clássica, encontrando dificuldades para atuar diante das atuais mutações nos padrões e modelos de produção.

Dorothee Rudiger (2003, p. 63) destaca, por sua vez, que as grandes organizações sindicais ainda obedecem à ideia da territorialidade e de categorias econômicas. Frisa ainda que, no Brasil, as chances de uma reorganização dos trabalhadores mais adaptada à estrutura das redes empresariais só acontecerão a partir de uma reforma sindical ampla. Assim, por exemplo, a articulação das redes empresariais, formais ou informais, corresponderia à organização dos trabalhadores por estabelecimento, empresa e rede empresarial local, regional, nacional e até mundial. Isso só seria possível, entretanto, com a superação do dogma da unicidade sindical.

Ao lado da atuação dos sindicatos, há que se destacar, também, em nosso país, a criação do Fórum Nacional do Trabalho, que foi constituído majoritariamente de forma tripartite, por representantes institucionais, indicados pelas entidades do mundo do trabalho, além de elementos da esfera pública, dentro do espírito da Convenção n. 144 da OIT, ratificada pelo Brasil.

O Fórum foi instituído pelo Decreto n. 4.796, de 29 de julho de 2003, que fixou como finalidades da instituição promover o entendimento entre os representantes dos trabalhadores e empregadores e o Governo Federal, com vista a construir consensos sobre temas relativos ao sistema brasileiro de relações de trabalho. Ademais, o Fórum tem, por finalidade, subsidiar a elaboração de projetos legislativos de reforma sindical e trabalhista nas esferas constitucional e infraconstitucional.

Sua composição é tripartite, com representantes do Governo Federal[35], dos empregadores[36] e dos trabalhadores[37], sendo que os assentos

---

(35) Em relação à reforma sindical, *Godoy* (2005, p. 138-145) assim resume a posição do governo, ao início dos trabalhos do Fórum: O objetivo do governo seria conceder a mais ampla liberdade possível, sem, entretanto, atingir a plenitude preconizada pela Convenção n. 87 da OIT. Desejava o governo inibir a proliferação de entidades sindicais sem ferir a liberdade sindical. Para tanto a lei estabeleceria critérios objetivos para a aferição de representatividade, com os quais seria conferida a personalidade sindical, por meio da Secretaria de Relações do Trabalho do MTE. A sustentação financeira das organizações sindicais patronais seria garantida pelas seguintes taxas (com a extinção da contribuição compulsória): a) contribuição associativa definida livremente pelos respectivos níveis e âmbitos de representação; b) taxas por serviços prestados e vendas de produtos. O período de transição para o novo modelo sindical seria de três anos, contados a partir da promulgação da nova legislação. Durante esse período, as organizações sindicais que tivessem obtido o registro sindical até o dia anterior à promulgação da nova legislação, independentemente de sua representatividade e modelo organizativo, exerceriam todas as prerrogativas e atribuições sindicais. A representação sindical no local de trabalho dar-se-ia por meio do Comitê Sindical de Empresa (CSE). Os CSEs poderiam ser constituídos pelos sindicatos reconhecidos, em cada empresa ou unidade produtiva, de acordo com os critérios a serem estabelecidos em lei.

(36) A partir deste cenário, *Godoy* (2005, p. 123-124) esclarece que as entidades de empregadores, congregadas no Grupo Interconfederativo Empregador (GIEMP), chegaram a alguns pontos de consenso, tais como: a) o propósito de fazer prevalecer as visões legítimas dos parceiros sociais sobre eventuais tentativas dirigistas por parte do governo; b) a concordância com o reconhecimento da legitimidade das centrais como entidades sindicais; c) a eleição do tema organização sindical como o principal mote, a partir da visão comum de que a negociação deve ser o meio primordial de regulação das Relações de Trabalho. Em síntese, as posições levadas ao Fórum pela representação dos empregadores, com vistas aos principais pontos da Reforma sindical foram apontadas por *Godoy* (2005, p. 134): Representatividade — A lei definirá os critérios de representatividade. Lei Sindical — As entidades sindicais (confederações, federações e sindicatos) serão regidas por uma lei sindical. A mesma lei criará o Conselho de Relações Sindicais. Transição — Por três anos, os sindicatos, federações e confederações atuais continuarão operando como estão e com fundamento nos conceitos de categoria e base territorial. Liberdade de organização — Inspirada no SICOMERCIO, cada confederação poderá criar um sistema semelhante (de caráter estritamente privado). Registro — Esgotados os três anos de carência, as novas entidades terão de obter registro em cartório do registro civil e personalidade sindical, concedido pela Câmara Patronal do Conselho de Relações Sindicais. Renovação do registro — Os atuais sindicatos terão de obter a renovação do registro. Certificação de Representatividade — Havendo uma nova entidade que reivindique operar na mesma base e categoria existente, a Câmara Patronal examinará e determinará qual delas terá a representatividade, atestando-a com validade por três anos. Contribuição sindical — A contribuição sindical compulsória continua como está. Demais contribuições — As demais contribuições passam a ser todas voluntárias e regidas pelos estatutos sociais. Perda da contribuição sindical — No caso de uma entidade perder a representatividade, perderá também a contribuição sindical compulsória. Perda do registro — Em decorrência de faltas graves, a Câmara Patronal e o Pleno do Conselho de Relações Sindicais podem cancelar o registro de entidade sindical ou deixar de renová-lo.

(37) Em relação aos trabalhadores, argumenta *Godoy* (2005, p. 145) que não havia consenso entre as entidades, observando-se uma nítida segregação entre as centrais e as confederações. Assim,

dos trabalhadores e empregadores pertencem às entidades representativas de âmbito nacional que desfrutem de reconhecimento público e de representatividade.

1.8.2. A ampliação da competência da Justiça do Trabalho

Neste tópico, busca-se contextualizar a ampliação da competência da Justiça do Trabalho dentro do panorama de mudanças no mundo do trabalho gerado pelas alterações estruturais no campo da economia e do emprego. Verifica-se, inicialmente, que a alteração levada a efeito pela Emenda Constitucional n. 45 na dicção do art. 114 da Constituição Federal[38] ensejou grande mudança de competência da Justiça do Trabalho. Trata-se de alteração que refletiu uma aptidão histórica da Justiça do Trabalho para julgar os dissídios resultantes das relações de trabalho *lato sensu*, não se limitando mais a relações de emprego.

Diante do cenário de alteração das relações de trabalho, abordado neste capítulo, a alteração foi salutar, na medida em que se assiste cada vez mais à prestação de trabalho com natureza autônoma, economicamente dependente ou mesmo por meio de cooperativas ou pessoas jurídicas. Em todos esses casos, a competência anterior da Justiça do Trabalho limitava-se à verificação ou não da existência de fraude na aplicação das normas relativas à relação de emprego. Assim, a atuação somente se dava no sentido de coibir a fraude, o que agora é estendido à própria análise do mérito e dos pedidos decorrentes das diferentes relações de trabalho.

---

por exemplo, em relação à sustentação financeira, a Central Única dos Trabalhadores apareceu em dissonância com a maioria das demais entidades de empregados, ao defender enfaticamente a extinção da contribuição sindical compulsória.

(38) Art. 114. Compete à Justiça do Trabalho processar e julgar: I — as ações oriundas da relação de trabalho, abrangidos os entes de direito público externo e da administração pública direta e indireta da União, dos Estados, do Distrito Federal e dos Municípios; II — as ações que envolvam exercício do direito de greve; III — as ações sobre representação sindical, entre sindicatos, entre sindicatos e trabalhadores, e entre sindicatos e empregadores; IV — os mandados de segurança, *habeas corpus* e *habeas data*, quando o ato questionado envolver matéria sujeita à sua jurisdição; V — os conflitos de competência entre órgãos com jurisdição trabalhista, ressalvado o disposto no art. 102, I, *o*; VI — as ações de indenização por dano moral ou patrimonial, decorrentes da relação de trabalho; VII — as ações relativas às penalidades administrativas impostas aos empregadores pelos órgãos de fiscalização das relações de trabalho; VIII — a execução, de ofício, das contribuições sociais previstas no art. 195, I, *a*, e II, e seus acréscimos legais, decorrentes das sentenças que proferir; IX — outras controvérsias decorrentes da relação de trabalho, na forma da lei. § 1º Frustrada a negociação coletiva, as partes poderão eleger árbitros. § 2º Recusando-se qualquer das partes à negociação coletiva ou à arbitragem, é facultado às mesmas, de comum acordo, ajuizar dissídio coletivo de natureza econômica, podendo a Justiça do Trabalho decidir o conflito, respeitadas as disposições mínimas legais de proteção ao trabalho, bem como as convencionadas anteriormente. § 3º Em caso de greve em atividade essencial, com possibilidade de lesão do interesse público, o Ministério Público do Trabalho poderá ajuizar dissídio coletivo, competindo à Justiça do Trabalho decidir o conflito.

A mudança foi fruto de grande movimentação das instituições representativas dos setores trabalhistas, em especial da Associação Nacional dos Magistrados da Justiça do Trabalho (ANAMATRA). De todas as mudanças promovidas no art. 114 da Constituição Federal, porém, a que merece maior destaque para efeito do presente trabalho é a que promoveu a alteração do seu inciso I. Com efeito, ao estabelecer a competência da Justiça do Trabalho para as "ações oriundas da relação de trabalho", a emenda constitucional resgatou seu papel histórico. Isso porque, conforme ficou visto nos itens anteriores, atualmente assiste-se a uma mudança importante do paradigma taylorista-fordista para um novo panorama flexibilizado de relações de trabalho não propriamente inseridas no normativo da relação de emprego.

Sabe-se que os inúmeros interesses em jogo dificultaram a aprovação do atual texto do inciso I do art. 114 da Constituição. Sobre o tema, *Hugo Cavalcanti Melo Filho* (2005, p. 170) esclarece que a alteração foi fruto de intenso embate no Congresso Nacional. Com efeito, a expressão "ações oriundas da relação do trabalho" surgiu, inicialmente, do parecer do relator da PEC n. 96-A/92, o então deputado *Aloysio Nunes Ferreira,* que em junho de 1999, propôs a extinção da Justiça do Trabalho e a criação de varas especializadas trabalhistas na Justiça Federal, que teriam a competência mais ampla para a análise das ações oriundas da relação de trabalho. Com as reações causadas à proposta de extinção da Justiça do Trabalho, houve, consoante destaca *Melo Filho* (2005, p. 172), uma modificação na relatoria da PEC. Isso ocorreu porque o então Presidente da República, Fernando Henrique Cardoso, convidou o deputado Aloysio Nunes para assumir a Secretaria Geral da Presidência da República.

Com o afastamento do antigo relator, a PEC n. 96-A/92 foi redistribuída, em agosto de 1999, à deputada Zulaiê Cobra. A nova relatora manteve a Justiça do Trabalho como ramo especializado do Poder Judiciário, mantendo também a expressão "relações do trabalho" a qual foi inserida no inciso I do art. 114 da Constituição Federal. Tal redação foi aprovada na Câmara dos Deputados e, posteriormente, no Senado, após longa tramitação até sua posterior promulgação em dezembro de 2004.

Logo após aprovada e promulgada, no que tange particularmente ao disposto no inciso I do art. 114, a Emenda sofreu ação direta de inconstitucionalidade, ajuizada pela Associação dos Juízes Federais e pela Associação Nacional dos Magistrados Estaduais, tendo o STF decidido que a competência da Justiça do Trabalho não abrange as causas instauradas entre o poder público e servidor que lhe seja vinculado por relação jurídico-estatutária [39].

Saliente-se, na esteira de *Carlos Henrique Bezerra Leite* (2005, p. 152), que a alteração do inciso I do art. 114 concedeu tutela aos trabalhadores não empregados de natureza apenas processual e procedimental, em nada alterando, em razão da alteração da sua dicção, o regime jurídico aplicável aos trabalhadores não empregados.

Os demais incisos do art. 114 tratam de matérias afetas às lides trabalhistas, tais como as ações relativas a acidente de trabalho ou mesmo os conflitos envolvendo as entidades sindicais. Tal competência, anteriormente da Justiça Comum Estadual, está intimamente relacionada às relações de emprego. Portanto, a Emenda Constitucional n. 45 fez apenas a consagração daquela que deveria ter sido a competência perene da Justiça do Trabalho. Porém, em um primeiro momento, a competência da Justiça do Trabalho para as questões relativas a acidente do trabalho teve dificuldades para firmar-se, o que ocorreu apenas após a posição favorável do STF, exarada nos autos do Conflito de Competência n. 7.204-1[40].

---

(39) ADI-MC 3395, 5.4.2006, Tribunal Pleno, Med. Caut. em Ação Direta de Inconstitucionalidade n. 3.395-6, Distrito Federal, Relator: Min. Cezar Peluso Requerente(s): Associação dos Juízes Federais do Brasil (AJUFE), Requerente(s): Associação Nacional Dos Magistrados Estaduais (ANAMAGES). Ementa: Inconstitucionalidade. Ação direta. Competência. Justiça do Trabalho. Incompetência reconhecida. Causas entre o poder público e seus servidores estatutários. Ações que não se reputam oriundas de relação de trabalho. Conceito estrito dessa relação. Feitos da competência da Justiça Comum. Interpretação do art. 114, inc. I, da CF, introduzido pela EC n. 45/04. Precedentes. Liminar deferida para excluir outra interpretação. O disposto no art. 114, I, da Constituição da República, não abrange as causas instauradas entre o Poder Público e servidor que lhe seja vinculado por relação jurídico-estatutária.
(40) CC 7204, 29.6.2005 Tribunal Pleno, Conflito de Competência n. 7.204-1 Minas Gerais Relator: Min. Carlos Britto, Suscitante(s): Tribunal Superior do Trabalho Suscitado (A/S): Tribunal de Alçada do Estado de Minas Gerais. Ementa: Constitucional. Competência judicante em razão da matéria. Ação de indenização por danos morais e patrimoniais decorrentes de acidente do trabalho, proposta pelo empregado em face de seu (ex-) empregador. Competência da Justiça do Trabalho. Art. 114 da magna carta. Redação anterior e posterior à Emenda Constitucional n. 45/04. Evolução da jurisprudência do Supremo Tribunal Federal. Processos em curso na Justiça Comum dos Estados. Imperativo de Política Judiciária. Em uma primeira interpretação do inciso I do art. 109 da Carta de Outubro, o Supremo Tribunal Federal entendeu que as ações de indenização por danos morais e patrimoniais decorrentes de acidente do trabalho, ainda que movidas pelo empregado contra seu (ex-) empregador, eram da competência da Justiça comum dos Estados-membros. 2. Revisando a matéria, porém, o Plenário concluiu que a Lei Republicana de 1988 conferiu tal competência à Justiça do Trabalho. Seja porque o art. 114, já em sua redação originária, assim deixava transparecer, seja porque aquela primeira interpretação do mencionado inciso I do art. 109 estava, em boa verdade, influenciada pela jurisprudência que se firmou na Corte sob a égide das Constituições anteriores. 3. Nada obstante, como imperativo de política judiciária — haja vista o significativo número de ações que já tramitaram e Supremo Tribunal Federal CC n. 7.204/MG ainda tramitam nas instâncias ordinárias, bem como o relevante interesse social em causa, o Plenário decidiu, por maioria, que o marco temporal da competência da Justiça trabalhista é o advento da EC n. 45/04. Emenda que explicitou a competência da Justiça Laboral na matéria em apreço. 4. A nova orientação alcança os processos em trâmite pela Justiça comum estadual, desde que pendentes de julgamento de mérito. É dizer: as ações que tramitam perante a Justiça comum dos

Há que se assinalar, também, entre as mudanças, a inserção da competência da Justiça do Trabalho para as ações relativas às penalidades administrativas impostas aos empregadores pelos órgãos de fiscalização das relações de trabalho. Tais ações, anteriormente de competência da Justiça Federal, são também afetas às relações trabalhistas *stricto sensu*, tendo sido necessária a realocação da competência.

Ressalte-se, por fim, no rol de alterações do art. 114 do Constituição Federal, o ponto controvertido relativo à manutenção do poder normativo. A esse respeito, *Mannrich* (2005, p. 14) enfatiza que a Emenda Constitucional n. 45 também extinguiu o poder normativo da Justiça do Trabalho, pois tal conclusão resultaria de interpretação gramatical da nova redação dada ao art. 114, § 2º. Em consequência da nova regra, segundo o autor, mesmo em caso de dissídio de greve, caberia à Justiça do Trabalho apenas decidir o conflito, não estabelecer normas ou condições de trabalho.

De qualquer forma, em casos de greve em atividades normais, não há previsão de instauração de dissídio coletivo, devendo o conflito ser suplantado diretamente por meio da negociação coletiva. Conforme salienta o autor, não se pode modernizar o sistema de relações do trabalho sem ampliar o espaço reservado à negociação coletiva e rever a relação entre a norma estatal e a norma negociada, o que necessariamente implica extinção do poder normativo[41].

Para *Bezerra Leite* (2005, p. 806), porém, o comum acordo entre as partes exigido pela nova redação do § 2º do art. 114 da Constituição constitui um novo pressuposto para cabimento do dissídio coletivo, de forma que sua ausência leva à extinção do processo sem julgamento do mérito. Nesse mesmo sentido, orienta-se o Tribunal Superior do

---

Estados, com sentença de mérito anterior à promulgação da EC n. 45/04, lá continuam até o trânsito em julgado e correspondente execução. Quanto àquelas cujo mérito ainda não foi apreciado, hão de ser remetidas à Justiça do Trabalho, no estado em que se encontram, com total aproveitamento dos atos praticados até então. A medida impõe-se em razão das características que distinguem a Justiça comum Estadual e a Justiça do Trabalho, cujos sistemas recursais, órgãos e instâncias não guardam exata correlação. 5. O Supremo Tribunal Federal, guardião-mor da Constituição Republicana, pode e deve, em prol da segurança jurídica, atribuir eficácia prospectiva às suas decisões, com a delimitação precisa dos respectivos efeitos, toda vez que proceder a revisões de jurisprudência definidora de competência *ex ratione materiae*. O escopo é preservar os jurisdicionados de alterações jurisprudenciais que ocorram sem mudança formal do Magno Texto. 6. Aplicação do precedente consubstanciado no julgamento do Inquérito n. 687, Sessão Plenária de 25.8.99, ocasião em que foi cancelada a Súmula n. 394 do STF, por incompatível com a Constituição de 1988, ressalvadas as decisões proferidas na vigência do verbete. 7. Conflito de competência que se resolve, no caso, com o retorno dos autos ao Tribunal Superior do Trabalho.
(41) Nesse mesmo sentido de necessidade de extinção do poder normativo da Justiça do Trabalho, *Romita* (2001, p. 1) analisou as propostas de reforma do judiciário, que culminaram na Emenda Constitucional n. 45/04.

Trabalho, que reconhece a permanência do poder normativo da Justiça do Trabalho [42].

1.8.3. A flexissegurança

Em meio a inúmeras discussões sobre a flexibilização e a necessidade de permanência de padrões mínimos para os trabalhadores, a questão tem-se deslocado para um balanço adequado entre flexibilidade — como requisito da gestão empresarial competitiva — e segurança — como necessidade do trabalhador e condição da paz social. É a chamada flexissegurança.

Bredgaard (2007, p. 5) identifica vários conceitos de flexissegurança. Por exemplo, o termo pode fazer referência a uma estratégia política, a direcionamentos do mercado de trabalho e ainda a um conceito analítico. A mais conhecida definição de flexissegurança é formulada por *Ton Wilthagen*. Para ele, trata-se de uma estratégia política que tenta, sincronicamente e de maneira deliberada, ampliar a flexibilidade do mercado de trabalho, da organização do trabalho e de relações trabalhistas. Por outro lado, busca realçar consideravelmente a segurança — tanto no emprego quanto na segurança social — para os grupos mais fracos dentro e fora do mercado de trabalho (WILTHAGEN; TROS, 2003, p. 4).

Bredgaard (2007, p. 5) destaca os elementos principais do conceito exposto, afirmando que a estratégia da flexissegurança deve ser sincrônica, na medida em que deve conter elementos de flexibilidade e segurança ao mesmo tempo. Além disso, deve ser deliberada, de forma que os atores sociais devem estar conscientes dessa mudança. Por fim, as medidas devem ser focadas em grupos vulneráveis, especificamente os grupos que estão à margem ou fora do mercado de trabalho.

---

(42) Recurso Ordinário da Suscitada I) Dissídio Coletivo comum acordo entre as partes — Jurisprudência do TST Concordância tácita configurada. 1. A Emenda Constitucional n. 45/04, no entender desta Corte, ressalvado entendimento pessoal deste relator, não reduziu o exercício do Poder Normativo da Justiça do Trabalho, nem sequer lhe conferiu contornos de juízo arbitral, mas tão somente criou pressuposto processual anômalo, consistente na necessidade do mútuo acordo entre as partes em conflito para a instauração do dissídio coletivo, excepcionadas as hipóteses de greve em serviço essencial, nas quais o Ministério Público pode suscitar isoladamente o dissídio. 2. Adotando interpretação flexível do art. 114, § 2º, da CF, a jurisprudência do TST tem admitido a hipótese de concordância tácita com o ajuizamento do dissídio coletivo, com o intuito de facilitar o acesso dos entes coletivos à composição pela via do poder normativo desta Justiça Especializada. 3. No caso, como a decisão regional rejeitou a preliminar de ausência de comum acordo, sob o fundamento de que a suscitada recorrente não se opusera expressamente no momento oportuno, qual seja, na contestação, merece ser mantida a rejeição da prefacial (TST, RODC 12/2005-000-04-00, Rel. Min. João Oreste Dalazen. DJ 23.11.2007).

A ideia da flexissegurança vem se desenvolvendo de forma consistente na Europa, em especial, na Dinamarca. *Godoy* (2005, p. 94) ressalta que nenhuma experiência melhor que a dinamarquesa se presta para uma análise da questão do embate entre flexibilidade e segurança no mercado de trabalho. Naquele país, criou-se o que passou a ser chamado de "triângulo de ouro" da política laboral. Tratava-se de introduzir um terceiro elemento, além da flexibilização das normas de proteção e do sistema de seguridade, qual seja, uma política ativa de mercado de trabalho.

Segundo *Godoy* (2005, p. 94), a Dinamarca tem as seguintes características: a) um nível de proteção baixo, comparável aos do Canadá, Irlanda, Reino Unido e Estados Unidos; b) permanência média no emprego de 8,5 anos; c) alta rotatividade, envolvendo, em cada ano, de 25% a 30% de todos os postos de trabalho. Entretanto, destaca o autor que, apesar dessa elevada mobilidade, o nível de insegurança está entre os mais baixos da Europa.

Tal situação aparentemente contraditória pode ser explicada, segundo *Godoy* (2005, p. 94) em parte, pelo já referido crescimento do mercado de trabalho. Outra razão estaria no sistema oficial de benefícios aos desempregados (inclusive a assistência social aos desempregados não segurados). Esse sistema atua como uma rede de segurança, protegendo o indivíduo contra problemas econômicos mais graves. Ademais, a alta mobilidade dá ao desempregado a sensação de uma maior probabilidade de encontrar uma nova colocação. Assim, o sistema dinamarquês pode ser visto como um modelo de flexissegurança no sentido de que a incerteza individual decorrente da flexibilidade é compensada pela segurança gerada pela cobertura de benefícios ao desempregado, fornecida e financiada majoritariamente pelo Estado.

Assinale-se, porém, que o modelo dinamarquês não é viável para o Brasil, dadas as peculiares e marcantes diferenças sociais entre os dois países. A esse respeito, *Bredgaard* (2007, p. 14) adverte que a flexissegurança dinamarquesa não é o resultado de um plano deliberado implantado a partir dos anos 90. Ao contrário, os pontos essenciais do modelo datam do século XIX e ao Estado do Bem-Estar Social das reformas da década de 60 do século XX. Assim, o autor afirma que essas circunstâncias históricas específicas tornam difícil transferir o modelo dinamarquês para outros contextos.

É necessário observar ainda que, ao lado do modelo dinamarquês, há inúmeros outros tipos de aplicação da flexissegurança. Nesse aspecto, cumpre ressaltar a advertência de *Bredgaard* (2007, p. 5), no sentido de que a falta de conceitualização e concretização do que seja flexissegurança é uma das possíveis explicações para ter se tornado um conceito semântico pelo qual a União Europeia tem sido particularmente atraída.

Um ponto, porém, pode ser frisado, como faz *Bredgaard* (2007, p. 14). É que a imposição de fortes limitações à liberdade dos empregadores para contratar e dispensar empregados é a única maneira de fornecer segurança para o indivíduo no mercado de trabalho. Para o autor, é possível combinar um dinâmico mercado de trabalho com um grau elevado de renda e de segurança social.

1.8.4. As cooperativas de trabalho

Outra espécie de reflexo do novo paradigma no mundo do trabalho é a proliferação de cooperativas. Essas organizações surgiram, como entidades jurídicas diferenciadas, na Europa no século XIX. Nessa época, dividiram-se em cinco tradicionais espécies diferentes: as cooperativas de consumo, as cooperativas de trabalho, as cooperativas de crédito, as cooperativas agrícolas e as cooperativas de serviço (SILVA FILHO, 2001, p. 45).

Pamplona Filho (2001, p. 1) assinala que, no Brasil, houve uma regulamentação jurídico-positiva do cooperativismo no começo do século XX. Coincidentemente, essa regulamentação foi a mesma que criou os primeiros sindicatos no território nacional, autorizando-os expressamente para o exercício do cooperativismo. Trata-se do Decreto Legislativo n. 979, de 1903, que instituiu a sindicalização rural, sindicatos mistos, de feição corporativa. Por outro lado, o Decreto Legislativo n. 1.637, de 1907 admitia a constituição de sindicatos tendo como objetivo o estudo, a defesa e o desenvolvimento dos interesses gerais da profissão e dos interesses profissionais de seus membros. Destaca o citado autor que, com o fim da "República Velha" e a ascensão de Getúlio Vargas, foi separada a disciplina normativa do sindicalismo e do cooperativismo. Em consequência, foram editados o Decreto n. 19.770, de 19.3.31 (a chamada "lei sindical"), e o Decreto n. 22.239, de 19.12.32, que consolidou a regulamentação das cooperativas no Brasil e conceituou as cooperativas de trabalho[43].

---

(43) O art. 24 do Decreto n. 22.239/32 considerava como cooperativas de trabalho "aquelas que, constituídas entre operários de uma determinada profissão, ou de ofício, ou de ofícios vários de uma mesma classe, têm como finalidade primordial melhorar os salários e as condições de trabalho pessoal de seus associados, e, dispensando a intervenção de um patrão ou empresário, se propõem contratar obras, tarefas, trabalhos ou serviços, públicos ou particulares, coletivamente por todos ou por grupos de alguns". Na Lei n. 5.764/71, não há dispositivo correlato, conceituando as cooperativas de trabalho.

Conforme ressalta *Silva Filho* (2001, p. 51), o conceito de cooperativa pode ser exposto pela Declaração de Manchester, de 1995, da Aliança Cooperativa Internacional. Esse documento definiu o que é uma cooperativa, observando e tomando por base aspectos mínimos que devem estar presentes em toda e qualquer entidade do gênero: "Cooperativa é uma associação autônoma de pessoas que se unem de forma voluntária para satisfazer suas necessidades e aspirações econômicas, sociais e culturais em comum, mediante uma empresa de propriedade conjunta e de gestão democrática".

Assim, as cooperativas são organizações de pessoas que, tendo interesses e necessidades comuns, reúnem-se para, em conjunto, possibilitar a consecução de seus anseios mediante a ajuda mútua. Segundo *Silva Filho* (2001, p. 126), podem ter a natureza de associação ou sociedade, levando-se em conta a forma e os objetivos de atuação e o desenvolvimento de suas atividades. Consoante ressalta *Washington Luiz Trindade* (1999, p. 24), o trabalho cooperativo exibe a sua natureza jurídica típica pela observância dos princípios diretores da criação dessas entidades. Tais princípios se reduzem, basicamente, aos seguintes: o trabalho é exercido com independência e autonomia dos cooperativados, sujeitos apenas às diretrizes gerais e próprias ao estatuto da cooperativa. Assim, destacam-se a solidariedade e a autogestão, bem como a liberdade de associação e de desligamento. A identificação dos elementos estruturais citados configura critério para distinguir o ato típico cooperativo de atos jurídicos praticados que, na verdade, expressam o desvirtuamento das normas protetivas do trabalho como definido na CLT.

No Brasil, o regime jurídico das cooperativas é atualmente estabelecido pela Lei n. 5.764/71. Em seu art. 3º, a lei estabelece que "celebram contrato de sociedade cooperativa as pessoas que reciprocamente se obrigam a contribuir com bens ou serviços para o exercício de uma atividade econômica, de proveito comum, sem objetivo de lucro". Convém ressaltar que a legislação brasileira define as cooperativas como sociedades de pessoas, de natureza civil, não sujeitas a falência, constituídas para prestar serviços aos associados.

Consoante o disposto no art. 4º da Lei n. 5.764/71, as cooperativas distinguem-se das demais sociedades em razão da adesão voluntária, com número em geral ilimitado de associados. Além disso, apresentam variabilidade do capital social representado por quotas-partes e limitação do número de quotas-partes do capital para cada associado, facultado, porém, o estabelecimento de critérios de proporcionalidade. Outra característica apontada no art. 4º, inciso IV, da citada lei, é a incessibilidade das quotas-partes do capital a terceiros, estranhos à sociedade.

Outrossim, há que se destacar a singularidade de voto e o quorum para o funcionamento e deliberação da assembleia geral baseado no número de associados, e não no capital. Além disso, as cooperativas caracterizam-se pelo retorno das sobras líquidas do exercício, proporcionalmente às operações realizadas pelos associados, salvo deliberação em contrário da assembleia geral, bem como pela indivisibilidade dos fundos de reserva e de assistência técnica educacional e social. Por fim, diferenciam-se das demais sociedades em razão da prestação de assistência aos associados, cuja admissão à cooperativa é limitada às possibilidades de reunião, controle, operações e prestação de serviços, consoante dispõem os incisos X e XI do art. 4º da Lei n. 5.764/71.

Os dispositivos legais pertinentes ao cooperativismo mais conhecidos, porém, são os que elidem o reconhecimento de vínculo empregatício. Nesse sentido, o art. 90 da Lei n. 5.764/71 estabelece que "qualquer que seja o tipo de cooperativa, não existe vínculo empregatício entre ela e seus associados". Já o art. 442, parágrafo único, da CLT dispõe que "independente do ramo de atividade da cooperativa, não se estabelece o vínculo empregatício entre o cooperado e a cooperativa e nem com relação ao tomador de serviços desta".

Em razão dos dispositivos legais citados, as cooperativas, no Brasil, vêm sendo um campo aberto às mais diversas fraudes contra a aplicação da legislação trabalhista. Por essa razão, o Ministério Público do Trabalho vem desenvolvendo diversas ações para coibir abusos, tanto que surgiu o termo "fraudoperativas", para referir-se à prática de burla. Nesse sentido, a jurisprudência trabalhista tem oposto reservas à disseminação de cooperativas pelo país quando existem dados que comprovem o desrespeito à legislação trabalhista[44]. Ressalte-se, neste aspecto,

---

(44) Apenas a título exemplificativo, citam-se as seguintes ementas do TST: Proc: RR-9567/2002-900-03-00, publicação: DJ 2.2.2007, proc. n. TST-RR-69567/2002-900-03-00.8, Acórdão 6ª turma, Rela. Min. Rosa Maria Candiota. Recurso de Revista. Vínculo Empregatício. Violação do art. 442, parágrafo único, da CLT. Embora o comando do parágrafo único do art. 442 da CLT descarte a existência de vínculo empregatício entre a cooperativa e seus associados e entre estes e os tomadores de serviços daquela, qualquer que seja o ramo de atividade da cooperativa, a Corte Regional, descrevendo a finalidade das cooperativas e analisando a questão sobre esse prisma, concluiu que de concreto, no presente caso, havia um entrechoque de interesses, contrários e antagônicos, que jamais poderiam ser compreendidos na definição do espírito cooperativo, porquanto a recorrente, para o desenvolvimento e exploração da atividade empresarial, necessitava da mão de obra da reclamante (ou de qualquer outro trabalhador), e, em razão disso, contratou a reclamante, por intermédio da cooperativa. Segundo o Colegiado de origem a recorrente, necessitando do trabalho, entregou-se a esta prestação de serviço, pela forma que lhe fora oferecida, defendendo interesses seus, próprios, jamais comuns, e, visando, obviamente, extrair desta sua prestação de serviço o lucro ou benefício que ela poderia lhe proporcionar para sua sobrevivência, nunca espiritualizando ou objetivando a produção de algo em comum. Por outro lado, o serviço que foi prestado não reverteu em benefício da cooperativa (e, obviamente, aos seus filiados), que dele (trabalho) nada auferiram, mas em prol dos próprios tomadores de serviço. Assim delineados os aspectos na decisão regional, não se detecta, no presente caso, eventual ofensa à liberalidade do referido preceito celetista. Revista de que não se conhece. RR 203/1998-047-01-00, publicação: DJ

na esteira de *Trindade* (1999, p. 24), que a fraude não se presume, devendo ser provada a cada nova hipótese.

1.8.5. Relação de emprego, relação de trabalho e subordinação jurídica

Tradicionalmente, a expressão "relação de trabalho" engloba a relação de emprego, a relação de trabalho autônomo, a relação de trabalho parassubordinado, de trabalho avulso e outras modalidades diversas. É, portanto, o gênero, no qual se inserem as demais. Acesa é a controvérsia para a caracterização da relação de emprego e diferenciação das espécies afins. Trata-se de um dos pleitos mais formulados e apurados no dia a dia das audiências e decisões da Justiça do Trabalho[45].

9.2.2007, Proc. n. TST-RR-203/1998-047-01-00.7, 4ª Turma, Rel. Min. Barros Levenhagem. Ação civil pública. Legitimidade ativa *ad causam* do Ministério Público do Trabalho. Pretensão Metaindividual. Fraude na intermediação de mão de obra.
I — Na hipótese dos autos, em que se verifica terceirização de serviços com denúncia de fraude no propósito de intermediação de mão de obra, com a não formação do vínculo empregatício e burla aos direitos sociais constitucionalmente assegurados, pleiteando-se obrigação de não fazer, os interesses são individuais, mas a origem única recomenda a sua defesa coletiva em um só processo, pela relevância social atribuída aos interesses homogêneos, equiparados aos coletivos, não se perseguindo aqui a reparação de interesse puramente individual, a evidenciar a legitimidade do Ministério Público. II — Já no que concerne ao pedido de condenação da reclamada a responder subsidiariamente pelos débitos trabalhistas dos trabalhadores contratados irregularmente, evidencia-se não só a ilegitimidade ativa do Ministério Público do Trabalho para propor ação civil pública, tendo em vista que a pretensão formulada não se reporta a interesses coletivos, interesses difusos ou individuais homogêneos, mas também o seu descabimento, seja porque conforme jurisprudência desta Corte a ação civil pública não tem natureza reparatória, mas apenas cominatória (imposição de obrigação de fazer ou não fazer, para o futuro), seja porque se trata de pedido acessório em que é incontrastável a necessidade de apreciação do pedido principal relativo à condenação do devedor principal. III — Recurso parcialmente provido.
(45) A título meramente exemplificativo da extensão de hipóteses analisadas pela Justiça do Trabalho, citam-se as seguintes ementas, colacionadas por *Alves* (2005, p. 58-64): "Relação de emprego. O elemento qualificador por excelência da relação de emprego é a subordinação, a qual se encontra presente ao caso em tela face à prestação de labor com exclusividade ao reclamado, com sujeição a horário e submissão a ordens do empregador". (TST/RS, RO 286/88, José Cordenonsi, Ac. 3ª T.) Elementos caracterizadores — Subordinação. Existe subordinação jurídica do trabalhador ao empregador, desde que este detenha o direito de lhe dar ordens ou de dirigir e fiscalizar seu serviço, não se exigindo que de fato e permanentemente o faça. A relação de emprego é emergente dos fatos e não da mera titulação. Recurso da reclamada ao que se negou provimento. (TRT-PR, 2ª T. RO-5102/91. Rel. Juiz João Antônio Gonçalves de Moura. DJPR 17.7.92, p. 56). Vínculo empregatício árbitro de futebol. A subordinação parte da atividade, e nela se concentra. Seu exercício, porém, implica intercâmbio de condutas, porque essa atividade consume-se por pessoas que se congregam, que se organizam e que compõem um quadro geral de ordem e de segurança no processo da produção de bens e/ou serviços. O único meio de se obter uma razoável separação entre mandatário-autônomo e mandatário-subordinado é aferir a proporção da intervenção do poder jurídico do mandante na atividade do mandatário. *In casu*, observa-se que o trabalho do árbitro é executado sem subordinação à Reclamada. O fato de estar o árbitro sujeito às ordens, instruções e fiscalização da Federação, e de ser por ela escalado para os jogos, não indica a sua subordinação jurídica. Pelo contrário, em razão da própria natureza do serviço prestado, o Reclamante desfruta de total autonomia no seu trabalho, não havendo por parte da Federação qualquer direção, comando, controle e ou aplicação de penas disciplinares, a ela interessando tão somente o resultado. Recurso de Revista conhecido e provido. Recurso de Revista. Conheci-

No que concerne ao vínculo empregatício, estabelece o art. 3º da CLT: "considera-se empregado toda pessoa física que prestar serviços de natureza não eventual a empregador, sob a dependência deste e mediante salário". A partir de tal definição legal, são extraídos os elementos da configuração do vínculo empregatício, os quais podem ser essenciais ou acidentais. São essenciais os elementos da subordinação jurídica, onerosidade, não eventualidade e pessoalidade.

Por subordinação jurídica, entende-se a colocação da energia do empregado à disposição do empregador. Já onerosidade significa que o contrato de trabalho é sinalagmático, ou seja, pela força de trabalho do empregado colocada à disposição do empregador é oferecida por este a contraprestação salarial. A não eventualidade pode ser entendida a partir dos critérios da descontinuidade da prestação de trabalho, da não fixação jurídica a uma única fonte de trabalho, da curta duração do trabalho prestado ou da inserção da atividade do empregado na atividade-fim do empregador. Finalmente, a pessoalidade significa que o contrato de emprego é celebrado *intuito personae* em relação ao empregado, ou seja, o obreiro não pode ser substituído por outro trabalhador.

Dentre os requisitos acidentais, o que merece mais atenção é a exclusividade. Consoante assinalam *Gomes e Gottschalk* (1994, p. 80), a exclusividade não é propriamente condição de existência do contrato de trabalho, mas, em geral, uma decorrência normal do estado de subordinação que o contrato cria para o empregado. Assim, o que normalmente ocorre é a impossibilidade física ou material de acúmulo de empregos, dada a carga horária exigida. Isso, entretanto, não chega a configurar requisito para a relação de emprego, servindo, contudo, em casos de dúvida, como critério de distinção nas hipóteses de análise de figuras afins ao contrato de emprego.

Dentre todos esses requisitos, o mais relevante e o que mais dá ensejo a questionamentos se relaciona à dependência. Com efeito, o art. 3º da CLT, ao definir empregado, utilizou o termo "dependência" sem qualquer adjetivação. Tal fato levou a doutrina a investigar o conteúdo dessa dependência, tendo sido formulados diferentes critérios para tanto, como os conceitos de dependência técnica, moral, econômica, jurídica e social.

A dependência técnica compreenderia a direção e a orientação técnica do empregado pelo empregador, que dominaria o processo

---

mento. Mãe crecheira. A mãe crecheira não é empregada pública, mas agente da comunidade a quem o estado dá apoio pela promoção do programa social. Logo, inexiste subordinação, e sim supervisão do programa; não existe salário, e sim auxílio social-manutenção; não há dependência econômica na acepção legal do termo, e sim assistência social. Recurso de revista provido".

produtivo e sua funcionalidade. A teoria, contudo, é falha, em face da inaplicabilidade dessa condição para os trabalhadores especializados, técnicos ou intelectuais, onde não se verifica dependência técnica do empregado perante a empresa.

A dependência moral, por seu turno, destaca o aspecto do dever de fidelidade, lealdade e cooperação entre empregado e empresa. A teoria é criticável, quer porque associa direito e moral, quer porque, conforme ressalta *Martins Catharino* (1982, p. 200) a dependência moral, bastante relativa, é efeito e não causa. Portanto, não serve para caracterizar o contrato de emprego.

A teoria da dependência econômica entende que há relação de emprego quando o trabalhador, em troca da prestação de serviços, obtém remuneração que lhe permita sustentar-se. Critica-se a adoção do critério da subordinação econômica por meio do argumento de que existem trabalhadores que não podem ser considerados como economicamente débeis e, mesmo assim, trabalham. Por outro lado, existem aqueles que possuem mais de um emprego, o que diluiria a ideia da dependência econômica em relação ao empregador.

Ao mencionar os critérios para qualificação da dependência, *Murilo Oliveira* (2006, p. 74) afirma que a crítica ao parâmetro extrajurídico inicia o movimento dogmático de conversão da concepção subjetivista, vinculada à qualidade hipossuficiente do trabalhador, para uma concepção objetivista, vinculada à subordinação jurídica.

Sobre a subordinação jurídica, vários autores destacam seus elementos principais. Trata-se da teoria amplamente aceita para a caracterização da dependência inserta no art. 3º da CLT como requisito para reconhecimento do vínculo empregatício. Nesse sentido, *Délio Maranhão* (1997, p. 54) afirma que a subordinação jurídica resulta, para o empregador, em três características: a) poder de dirigir e comandar a prestação dos serviços; b) poder de controlar o cumprimento da obrigação anterior; c) poder de punir a desobediência violadora da fidúcia contratual.

Já para *Delgado* (2004, p. 302), a subordinação corresponde ao polo antitético e combinado do poder de direção existente no contexto da relação de emprego. Consiste na situação jurídica derivada do contrato de trabalho, pela qual o empregado se compromete a acolher o poder de direção empresarial no modo da realização de sua prestação de serviços. *Olea* (1969, p. 172), de igual forma, relaciona a subordinação jurídica ao poder de direção, sendo a primeira uma consequência da última. Dessa maneira, a manifestação do poder diretivo produz um trabalho subordinado, por meio do dever contratual de submissão às ordens.

Nesse sentido, *Amauri Mascaro Nascimento* (2003, p. 406-407) esclarece que a relação de emprego advém da livre transferência do autogoverno do trabalhador a terceiro para a execução de serviços. Essa transferência gera o poder de direção do empregador e a subordinação jurídica do empregado.

Há que se assinalar, por fim, o critério da dependência social, que engloba a subordinação jurídica e econômica no conceito de dependência social. Esse critério vem recebendo críticas normalmente formuladas a ambas as teorias. Ao mesmo tempo, surge como critério inovador diante do cenário da crise do critério da subordinação jurídica.

No extremo oposto da relação de emprego, encontra-se a prestação de serviços autônomos. Essa modalidade vem cada vez mais ganhando espaço no mundo do trabalho. Sem dúvida, uma das mais evidentes transformações pelas quais passa o direito do trabalho em relação à prestação de serviços é o fenômeno da terceirização. Esse modelo está consagrado na prática trabalhista brasileira e consubstanciado no enunciado da Súmula n. 331 do Tribunal Superior do Trabalho, que assegura sua adoção nos serviços de vigilância, de conservação e limpeza, bem como a de serviços especializados ligados à atividade-meio do tomador, desde que inexistente a pessoalidade e a subordinação direta.

A terceirização é normalmente feita sob a forma de locação de serviços, desenvolvida por pessoa jurídica ou física. Em muitas situações, o empregado da tomadora do serviço terceirizado passa a ser empregado da empresa terceirizada. Porém, nesses casos, não se evidencia a mudança de condição que possa comprovar a tendência de substituição do trabalho pela prestação de serviços. Já nos casos em que o empregado passa a prestar serviços na condição de terceirizado (diretamente ou constituindo pessoa jurídica para tanto), tem-se a constatação da transformação do emprego em prestação de serviços (EFING, 2005, p. 38).

A prestação de serviços vem tratada no Código Civil brasileiro de 2002. Contemplada na Parte Especial, Livro I, Título VI, Capítulo VII, a prestação de serviços é tratada como uma espécie de contrato. É caracterizada como um acordo de vontade de duas ou mais partes, do qual surgem obrigações a cada uma delas, justificando a classificação da prestação de serviços no âmbito do direito das obrigações[46].

---

(46) Pode-se verificar a mudança da prestação de serviços do campo laboral para o campo civil. Isso, segundo *Efing* (2005, p. 69), pode ser evidenciada por meio da tributação do ISS e do aumento das hipótese de incidência na tabela com a lista de serviços tributáveis. Com efeito, a tributação do imposto sobre serviços de qualquer natureza realiza a arrecadação incidente sobre a prestação de serviços. Contudo, para os fins tributários, a prestação de serviços deve ser qualificada

Dispõe o art. 593 do Código Civil que "a prestação de serviço, que não estiver sujeita às leis trabalhistas ou a lei especial, reger-se-á pelas disposições deste capítulo". Deixa, portanto, claro que a prestação de serviço no âmbito do direito civil difere da relação de emprego, por não apresentar os elementos fundamentais à caracterização de relação trabalhista.

Orlando Gomes (2007, p. 354) observa que, sob a denominação de contrato de prestação de serviços *stricto sensu*, designa-se o contrato mediante o qual "uma pessoa se obriga a prestar um serviço a outra, eventualmente, em troca de determinada remuneração, executando-os com independência técnica e sem subordinação hierárquica". Ainda segundo o autor, o contrato de prestação de serviços é oneroso e geralmente a contraprestação é paga sob a forma de honorários. Pode ser celebrado por prazo determinado ou indeterminado. Nesse último caso, pode ser resilido unilateral e imotivadamente, mediante aviso prévio da parte contrária.

Pamplona Filho e *Gagliano* (2007, p. 237) esclarecem que o contrato de prestação de serviços é uma modalidade contratual aplicável a qualquer tipo de atividade lícita. Segundo eles, cuida-se de "negócio jurídico por meio do qual uma das partes, chamada prestador, se obriga a realizar uma atividade em benefício de outra, denominada tomador, mediante remuneração".

Saliente-se que a prestação autônoma de serviços autônoma não tem, como característica, a pessoalidade da prestação. Assim, desde que haja anuência do tomador, pode ocorrer a substituição do prestador, nos termos do art. 605 do Código Civil. Por outro lado, esse tipo de prestação de serviços se aproxima também das relações de consumo. Estas, objeto da tutela do Código de Defesa do Consumidor, compreendem relação jurídica entre consumidor e fornecedor (sujeitos), nos polos da relação, tendo, por objeto, produto[47] ou serviço[48], de acordo

---

juridicamente. A lei complementar que definiu as hipóteses de incidência do ISS foi, em princípio, o Código Tributário Nacional, em seus arts. 71 a 73. No entanto, já sob a égide da Constituição de 1967, esses artigos do CTN foram revogados pelo Decreto-Lei n. 406, de 31.12.1968. Este, por sua vez, ainda mais recentemente foi alterado substancialmente pela Lei Complementar n. 116, de 31.7.2003. Com a evolução da lista, percebe-se uma nítida crescente inclusão de serviços. No início, a lista de serviços contemplava, aproximadamente, duzentas hipóteses; posteriormente, com o Decreto-Lei n. 834, de 8.9.1969, a lista de serviços passou a prever quase duzentas e cinquenta formas distintas de serviços; e com a LC n. 56, de 15.12.1987, mais de quatrocentas e vinte; vindo, finalmente, pela LC n. 116, de 31.7.2003, dispor sobre mais de um mil e cinquenta formas de serviços diferentes. Conforme ressalta *Efing* (2005, p. 102), não se trata de somente notar o crescimento quantitativo da referida lista de serviços, mas especialmente constatar que os avanços tecnológicos também estão representados pela evolução das listas.
(47) O produto é definido no § 1º do art. 3º do CDC: "Produto é qualquer bem, móvel ou imóvel, material ou imaterial".
(48) Enuncia o § 2º do art. 3º do CDC o conceito de serviço como sendo "qualquer atividade fornecida no mercado de consumo, mediante remuneração, inclusive as de natureza bancária, financeira, de crédito e securitária, salvo as decorrentes das relações de caráter trabalhista".

com os conceitos da Lei n. 8.078/90. A relação jurídica de consumo, portanto, pode ter, por objeto, tanto produto como serviço, inter-relacionando-se, dessa forma, com o tema da "prestação de serviços".

A exemplo do que vem ocorrendo em relação a outras formas de exclusão da relação de emprego, também a natureza autônoma da prestação de serviços vem sendo discutida em juízo, existindo forte corrente jurisprudencial no sentido de impedir as tentativas de burla à incidência da legislação trabalhista[49].

Por fim, quando se cuida de analisar a prestação autônoma de serviços autônoma, há que se destacar a figura do trabalhador autônomo economicamente dependente. Com efeito, embora a natureza da prestação de serviços seja autônoma e não juridicamente subordinada, o prestador de serviços tem uma peculiar dependência econômica. Isso leva à necessidade de estabelecimento de um regime jurídico próprio, que é objeto de estudo neste livro.

1.8.5.1. A crise do critério da subordinação jurídica

No item anterior, apresentou-se o conceito de subordinação jurídica tal como foi desenvolvido pela doutrina do direito do trabalho. Porém, é necessário ressaltar que a subordinação clássica vem se mostrando cada vez mais ausente nos novos tipos de relação de trabalho. A análise da subordinação nas relações de trabalho pode seguir, assim, dois caminhos: o primeiro tendendo ao seu desaparecimento e o segundo levando a um sensível alargamento de seus conceitos.

Uma das críticas lançadas à atual realidade do direito do trabalho baseia-se no fato de que empregados recebem, por estarem subordi-

---

(49) Proc. TRT/SP n. 00212.2002.066.02.00-8 — 4ª Turma, Recurso Ordinário da 66ª Vara do Trabalho de São Paulo, Rel. Paulo Augusto Câmara. Ementa: Relação de emprego reconhecida. Art. 3º Consolidado. A prestação de serviços avençada sob a forma de contrato autônomo pressupõe a liberdade na realização das atividades. Se o trabalhador não pode se fazer substituir, está sujeito a sanções disciplinares e apenas atua sob ordens, enquanto executa trabalho ligado à atividade-fim da empresa, fica afastada a propalada autonomia. O labor habitual, subordinado, pessoal e oneroso evidencia a relação de emprego nos moldes do art. 3º consolidado, independentemente do rótulo que lhe tenham imputado, ou mesmo da emissão de notas fiscais para justificar a suposta natureza civil da contratação, face ao princípio da prevalência da realidade. Processo n. 00280.2004.002.14.00-4 , RO, 2ª Vara do trabalho de Porto Velho. Rel. Vulmar de Araújo Coêlho Junior Autônomo. Prestação de serviços admitida. Vínculo de emprego. Ônus da prova. Presença dos elementos caracterizadores. Reconhecimento. Litigância de má-fé. Ausência de prova. Improcedência. I — Admitindo a empregadora a prestação de serviços pelo obreiro, mas se negando a reconhecer o vínculo empregatício, ao argumento de que o reclamante trabalhou como autônomo, é seu o ônus de provar o fato impeditivo, consoante disposições contidas nos arts. 818 da CLT e 333, inciso II, do CPC. II — Não tendo a empregadora êxito em provar o fato impeditivo e presentes os elementos caracterizados da relação de emprego, impõe-se o reconhecimento do vínculo empregatício. III — A ausência de provas suficientes das condutas elencadas no art. 17 do CPC, conduzem a improcedência do pedido de condenação por litigância de má-fé.

nados ao empregador, ampla proteção legal, enquanto outros trabalhadores, igualmente necessitados e hipossuficientes, nada recebem de tutela justrabalhista, em razão da ausência de subordinação jurídica.

A tipificação da parassubordinação serviria, assim, para minorar a situação em que se encontram alguns contratantes que, embora trabalhadores, não são empregados. Não se trata, porém, de tema novo na doutrina jurídica[50]. Com efeito, desde 1973, na Itália, o art. 409, 3, do Código de Processo Civil refere-se ao trabalho parassubordinado, conforme se verá no Capítulo 2. Tanto a subordinação jurídica clássica quanto a autonomia possuem contornos jurídicos próprios e identificados na doutrina e na jurisprudência brasileiras. O trabalho parassubordinado, por seu turno, situa-se entre eles, localizando-se na zona cinzenta entre os dois extremos[51].

As similitudes existentes entre as relações de emprego e as relações de trabalho parassubordinado podem ser resumidas em sete itens de clara caracterização: a) em ambos os casos, o trabalho é prestado por pessoa física; b) o trabalho é desenvolvido de forma não eventual ou contínua; c) ocorre venda da força produtiva pelo trabalhador como forma de subsistência; d) existe a onerosidade da prestação laborativa;

---

(50) No Brasil, atualmente, já se encontram vários estudos sobre a parassubordinação. Em relação à jurisprudência, as análises são mais escassas, valendo transcrever a seguinte ementa do Tribunal Regional do Trabalho de Minas Gerais: "Relação de emprego e trabalho autônomo. A contraposição trabalho subordinado e trabalho autônomo exauriu sua função histórica e os atuais fenômenos de transformação dos processos produtivos e das modalidades de atividade humana reclamam também do direito do trabalho uma resposta à evolução desta nova realidade. A doutrina mais atenta já sugere uma nova tipologia (trabalho coordenado ou trabalho parassubordinado) com tutela adequada, mas inferior àquela prevista para o trabalho subordinado e superior àquela prevista para o trabalho autônomo. Enquanto continuam as discussões sobre esse terceiro gênero, a dicotomia codicista trabalho subordinado e trabalho autônomo ainda persiste em nosso ordenamento jurídico, levando a jurisprudência a apegar-se a critérios práticos para definir a relação concreta. Logo, comprovado, na hipótese em exame, que a prestação de serviços não se desenvolveu com pessoalidade, tampouco sob a direção funcional e disciplinar do empregador, a relação estabelecida está fora da égide do direito do trabalho." (TRT, 3ª R., RO 17303/1999, 2ª Turma, Relatora Juíza Alice Monteiro de Barros, decisão em 4.4.2000 e publicação no DJMG em 26.4.2000)
(51) Veja-se que a atividade desenvolvida pelo trabalhador não é o elemento essencial para a diferenciação das figuras sob exame. Assim, por exemplo, uma profissional que trabalha em salão de beleza pode ser tanto empregada, quanto autônoma quanto parassubordinada. Será empregada se, por exemplo, receber salário fixo, obedecendo a horário e trabalhando com os materiais fornecidos pelo empregador. Será autônoma se desempenhar, dentro do salão, suas atividades com liberdade, sem necessidade de prestar contas sobre o horário e material utilizado, que são de sua propriedade, recebendo participação no valor dos tratamentos pagos pelos clientes, em cada um dos salões de beleza em que presta suas atividades especializadas. Será, entretanto, parassubordinada se, embora recebendo pagamento por comissão sobre os serviços prestados e arcando com as despesas dos tratamentos, obedecer a horários ou critérios de serviço fixados pelo proprietário do salão, dependendo daquela relação de trabalho. Para essa situação intermediária, o direito do trabalho brasileiro não apresenta uma solução satisfatória, pois ora é caracterizada como autônoma sem direitos trabalhistas, ora como empregada com todos os direitos celetistas, havendo, assim, a necessidade de caracterização desse espaço intermédio, para a fixação do regime jurídico aplicável, o que é o objeto da presente tese.

e) verifica-se a pessoalidade no desenvolvimento do labor; f) não há assunção dos riscos do empreendimento pelo trabalhador; g) ressalta-se, por fim, a hipossuficiência do trabalhador (ALVES, 2004, p. 111).

Por outro lado, há que se destacar as distinções. Nesse aspecto, o controle na subordinação é direto, exercido, em regra, por meio de chefias e fiscalização permanentes, enquanto na parassubordinação o controle da prestação laborativa é mais sutil. Na subordinação, há a aplicação de sanções disciplinares, o que não ocorre na parassubordinação. Na subordinação, há a direção das tarefas do empregado pelo empregador, enquanto na parassubordinação o que há é a coordenação do trabalho em conjunto com o contratante. Na subordinação, o trabalho é prestado, geralmente, no ambiente do empregador, enquanto na parassubordinação o trabalho é desenvolvido, em regra, em ambiente externo aos domínios do contratante. Por fim, enquanto na subordinação clássica a estrutura da relação jurídica é vertical, na parassubordinação a relação tende a ser horizontal, com as tarefas e funções ordenadas por ambos os sujeitos contratantes (ALVES, 2004, p. 111).

Há que se destacar, também, as várias similitudes existentes entre as relações trabalhistas parassubordinadas e as relações de trabalho autônomo. Em primeiro lugar, há a venda da força produtiva tanto pelo trabalhador autônomo quanto pelo trabalhador parassubordinado. Há onerosidade e pessoalidade na prestação laborativa, embora os trabalhadores autônomos não estejam sujeitos a sanções disciplinares. Por fim, pode a prestação laborativa desenvolver-se no ambiente do contratante ou fora dele (ALVES, 2004, p. 115).

Por sua vez, as distinções entre as relações parassubordinadas e as relações autônomas se destacam, primeiramente, porque o trabalho parassubordinado é não eventual ou contínuo, enquanto o trabalho autônomo, em regra, possui caráter de eventualidade. Além disso, o trabalhador parassubordinado não assume os riscos do empreendimento, enquanto o autônomo é responsável pelo sucesso econômico de seu trabalho. A posição contratual do parassubordinado é de hipossuficiência, enquanto que o autônomo, pelo menos formalmente, está em condição de igualdade contratual com o contratante. O trabalho do parassubordinado é coordenado pelo contratante, enquanto o autônomo dirige, de forma independente, sua prestação laborativa. Finalmente, o trabalhador autônomo pode contratar outros profissionais para desenvolver as tarefas contratadas, enquanto o parassubordinado, regra geral, exerce pessoalmente seu labor (ALVES, 2004, p. 115).

Fixadas, as semelhanças e diferenciações entre empregados e parassubordinados e entre estes últimos e autônomos, passa-se, no item seguinte, à caracterização da dependência sem adjetivos.

1.8.5.2. Da subordinação jurídica à dependência sem adjetivos

Diante dos efeitos da globalização econômica no mundo do trabalho, acendeu-se uma forte controvérsia na doutrina trabalhista no sentido de descaracterizar a exigência de subordinação jurídica para o reconhecimento da relação de emprego. No caso brasileiro, ampliou-se a discussão sobre o conteúdo do art. 3º da CLT, para entendê-lo como protetivo das relações dependentes *lato sensu*. Alega-se que a dicotomia entre a subordinação jurídica e a autonomia não se mostraria suficiente frente à realidade atual do mundo do trabalho.

Nesse aspecto, *Otávio Pinto e Silva* (2004, p. 130) destaca os problemas práticos resultantes da adoção de categorias estanques. Assim, ou se considera empregado porque preenche os requisitos da subordinação jurídica, ou se entende autônomo porque não preenche. Destaca o autor a contradição residente no fato de que as relações jurídicas próximas ao trabalho dependente, como a dos parassubordinados, podem ser excluídas do campo da proteção do direito do trabalho somente porque apresentam algumas características diferentes. Por outro lado, anota que prestações laborais com poucas semelhanças com o modelo típico, como é o caso, por exemplo, dos altos empregados, podem resultar na aplicação em bloco e sem graduação de todas as normas protetivas (SILVA, 2004, p. 130).

Conforme assinala *Andrián Goldin* (2005, p. 63), a fórmula que constituía o pressuposto de aplicação da ordem de proteção, integrada pela conjunção do trabalho com a subordinação jurídico-pessoal é substituída por uma nova fórmula em que se conjugam os fatores trabalho e desigualdade contratual. Surgem, assim, as discussões em torno da caracterização da subordinação jurídica, em cotejo com a dependência em sentido amplo. Segundo *Romita* (2005, p. 140), nesse aspecto, a crise que caracterizou os últimos decênios do século XX propiciou a revalorização da dependência econômica como critério legitimador da aplicação das leis trabalhistas a quem prestar serviços remunerados por conta de outrem, ainda que não juridicamente subordinado.

Sobre a retomada do critério da subordinação econômica, *Supiot et al.* (1999, p. 52) destacam que, atualmente, a submissão às ordens de outro na execução do trabalho importa menos que o fato de depender de outro para ganhar-se o sustento. Portanto, o critério da dependência econômica pode conduzir à ampliação do campo de aplicação do direito social a todos aqueles que ocupam a posição da parte fraca na relação laboral.

Ressalte-se, também, a tendência apontada por *Supiot et al.* (1999, p. 48) em relação à complexidade cada vez maior na aplicação e reconhecimento do conteúdo da subordinação jurídica. Isso porque a noção teórica inicial sobre a subordinação jurídica foi forjada em uma sociedade capitalista, no contexto de um modelo fordista de produção, em que os elementos principais da subordinação jurídica eram bastante claros[52].

Supiot et al. (1999, p. 49) observam, porém, que, na atualidade, a subordinação não mais resultaria unicamente da submissão a ordens na execução propriamente dita do trabalho, mas também da integração do trabalhador em uma organização coletiva de trabalho estruturada por outrem. Nesse sentido, destacam a insegurança no manejo da subordinação jurídica. Demonstram também que, a partir do fato de o trabalhador ter autonomia na execução do seu trabalho, deve-se comprovar se existem outros indícios que revelem seu possível estado de subordinação. Essa técnica, com base na observação conjunta de indícios, tem sido, segundo esclarecem, uma constante nos países europeus. De acordo com tal técnica, não é necessário que todos os elementos estejam presentes, extraindo-se da união de vários deles a existência do vínculo empregatício.

Esses indícios são, assim, apontados por *Supiot et al.* (1999, p. 49): a) o interessado compromete-se a executar pessoalmente o trabalho; b) ele mesmo realiza o trabalho na prática; c) o compromisso do trabalhador supõe uma disponibilidade para realizar tarefas futuras; d) a relação entre as partes tem certa permanência; e) a relação de trabalho tem certa exclusividade; e) o interessado está submetido a ordens ou a um controle da outra parte no que se refere ao método, ao lugar e ao tempo do trabalho; f) os meios de trabalho são fornecidos pela outra parte; g) os gastos profissionais estão a cargo da outra parte; g) o trabalho é remunerado.

Conforme se verifica, existe uma tendência em ampliar a conceituação da subordinação jurídica, tendo em vista a necessidade de atribuir-se proteção aos trabalhadores engajados nas novas formas de produção. Nesse sentido, *Weiss* (2007, p. 1) aponta uma tendência na jurisprudência alemã, no sentido de estender a noção da categoria de empregados para ampliar a proteção fornecida pela legislação trabalhista. Em sentido contrário, *Cataldo* (2005, p. 155) descarta as propostas

---

(52) Resumindo esses elementos que permitem estabelecer tradicionalmente a existência de um vínculo de subordinação jurídica, *Royo* (2004, p. 5) assinala como mais característicos os seguintes: a continuidade e permanência dos serviços prestados; a obrigação de assistência do trabalhador; o cumprimento de um horário de trabalho; a sujeição a instruções ou ordens; a ausência de riscos econômicos vinculados aos resultados da atividade empresarial; o deslocamento ao lugar de trabalho; a vigilância ou supervisão direta; a inserção na organização do empregador, a retribuição através de um salário. Além disso, o material e os equipamentos utilizados para desempenhar o trabalho não são de propriedade do trabalhador.

que postulam a reconstrução do direito do trabalho a partir da substituição da subordinação jurídica pela dependência econômica. Sustenta o autor que a subordinação jurídica continuará sendo o feixe central de estruturação do direito do trabalho.

Pasarelli (2005, p. 105), por seu turno, entende que o direito do trabalho não pode continuar ocupando-se do trabalhador subordinado no sentido estrito. Deve estender seu campo de aplicação também a outros tipos de contratos de trabalho que se caracterizem pela dependência econômica do colaborador. Na mesma direção, *Alves* (2004, p. 105) acrescenta que, do mesmo modo que atualmente se entende a dependência do art. 3º da CLT como subordinação, poderá haver, sem necessidade de clara previsão legal neste sentido, a extensão desse entendimento para algo mais amplo, como a parassubordinação.

Também com essa mesma percepção, *Alice Monteiro de Barros* (1997, p. 274) afirma que tanto a jurisprudência nacional como a estrangeira mostram uma tendência a redimensionar a orientação segundo a qual deve incluir-se, no âmbito do direito do trabalho, a relação jurídica incerta caracterizada pelos elementos compatíveis com o trabalho autônomo e com o trabalho subordinado.

Na Argentina, *Rodolfo Capón Filas* (2007, p. 1) registra a necessidade de criação do Regime para Trabalhadores Informais (RTI), que deveria inserir-se no conteúdo do direito do trabalho. Assim, para o autor, esse último seria integrado pelo atual Direito Laboral (DL) das relações de emprego e, de *lege ferenda*, pelo Regime para Trabalhadores Informais (RTI), de acordo com a seguinte fórmula: DT = DL + RTI.

Já sob a ótica constitucional, *Francisco Meton Marques de Lima* (2005, p. 395) afirma que, como a Constituição utiliza sempre a palavra trabalhador e não empregado, o bem protegido é o trabalho na sua expressão mais larga, sob todas as formas de relação contratual.

Já *Oliveira* (2006, p. 187) destaca que o desbotamento da subordinação não significa seu fim, porque a ideia de dependência sem adjetivos aproxima-se do conceito de "subordinação objetiva", que significa inserção no processo produtivo do tomador. Afirma, outrossim, que a ruptura seria com o monopólio doutrinário da ideia de subordinação jurídica como único ou principal critério definidor da proteção trabalhista.

Essa corrente, contudo, ao pugnar pelo reconhecimento da dependência desvinculada da subordinação jurídica, adapta os efeitos jurídicos decorrentes das peculiaridades de cada caso concreto. Assim, Oliveira (2006, p. 188) esclarece que cumpre aplicar ao parassubordinado o regime próprio trabalhista do trabalho em domicílio previsto no art.

6º da CLT. Defende o autor, dessa forma, que os trabalhadores parassubordinados devem receber tutela na medida de sua inserção no processo produtivo, o que requer tutelas diferenciadas. Considerando-se a complexidade das relações de trabalho do mundo atual, o direito do trabalho não poderia proteger os trabalhadores de forma homogênea, uma vez que a tutela deve ser diferenciada, com proteção em medida proporcional ao grau de dependência ou subordinação.

Nesse mesmo sentido, antes do fenômeno da globalização econômica e seus reflexos na relação de trabalho, *Catharino* (1982, p. 152) já indicava que a proteção trabalhista deveria ser na medida da dependência, "devendo ser maior ou menor em função do grau de suficiência dos resultados obtidos com o trabalho". Afirma, ainda, o autor, que a proteção decresceria em função da "rarefação do elemento caracterizador", já que quanto mais o empregado sobe na hierarquia da empresa, mais rarefeita seria a sua subordinação (CATHARINO, 1982, p. 210).

Assim, pode-se inferir que o critério definidor da relação de trabalho protegida seria a dependência, combinada com os demais critérios estabelecidos na lei consolidada. O sentido dessa dependência deve transitar entre a subordinação jurídica, quando a relação pode ser compreendida nos moldes tradicionais, e a dependência econômica, quando houver relação de coordenação entre o trabalhador e a empresa tomadora de serviços.

Outra grande questão consiste em caracterizar essa dependência econômica ou debilidade contratual capaz de caracterizar esse novo eixo do direito do trabalho. Nesse aspecto, *Passarelli* (2005, p. 102) indica, a título meramente ilustrativo, algumas condições caracterizadoras: a) a existência de condições gerais do contrato dispostas pelo tomador de serviços que excluem a possibilidade de tratativas; b) o caráter prevalecentemente pessoal da prestação de trabalho; c) a existência de cláusulas do contrato que limitam a faculdade de opção de parte do colaborador; d) a importância econômica dos valores recebidos do tomador de serviços, sem dispor o prestador de alternativa.

O adequado entendimento do conteúdo e características do trabalho economicamente dependente é importante para que se possa abrir uma discussão mais eficiente sobre as consequências de tal definição. A esse respeito, questiona-se: a identificação terceiro gênero conduz a mudanças na esfera dos direitos assegurados a tal espécie de trabalhadores? Essa pergunta se situa dentro da controvérsia operada, no sentido de se questionar se a identificação do fenômeno leva à concessão de tratamento jurídico especial — substancial e/ou processual — aos trabalhadores desse terceiro gênero.

Neste aspecto, pode-se admitir a aplicabilidade de um tratamento especial apenas no tocante às normas de direito processual do trabalho, sem extensão de efeitos e sem a proteção normativa material do ramo trabalhista a esses trabalhadores. Em outra linha de raciocínio, pode-se considerar a extensão do direito material do trabalho também ao trabalhador desse terceiro gênero. Por outro lado, pode-se defender aceitar como possível a extensão de alguns direitos trabalhistas aos trabalhadores economicamente dependentes, mas essa extensão não seria total. Nesse último aspecto, haveria sempre um conjunto de normas jurídicas que poderia ser estendida às relações do terceiro gênero. Seria fixado, assim, um patamar mínimo de direitos aos trabalhadores que, embora não subordinados, necessitam de proteção justrabalhista. Justamente nessa terceira vertente é que se posiciona a proposta deste livro.

O assim chamado "direito do trabalho sem adjetivos", na expressão de *Carelli* (2004, p. 132) é o direito da atividade. Significa que passa a ser objeto desse novo direito somente o trabalho, sem a adjetivação de "subordinado". Nessa linha de pensamento, o autor pugna pela aplicação de alguns direitos consagrados no art. 7º da Constituição Federal a esses trabalhadores "sem adjetivos", quer sejam cooperados, autônomos, estagiários etc. Entre os direitos assinalados por ele, encontram-se as normas de segurança no trabalho, repouso semanal remunerado, limitação da jornada de trabalho etc.

Carelli (2004, p. 131), nesse aspecto, assinala a substituição dos critérios da "subordinação jurídica" pelo critério mais amplo da "subordinação econômica". Embora ciente de que o reconhecimento do critério da subordinação jurídica foi um avanço histórico na configuração da relação de emprego, o autor destaca que na Europa o alargamento da abrangência do direito do trabalho já é uma realidade, com a adoção do critério da dependência econômica.

Dentro do contexto atual de desenvolvimento do direito do trabalho, é interessante também ressaltar a ideia do direito do trabalho enquanto garantia dos patamares mínimos de proteção. Discorrendo sobre o tema, *Mannrich* (2000, p. 571) demonstra que a expressão "patamares mínimos" compreende "o conjunto dos direitos e garantias fundamentais dos trabalhadores". O conteúdo de tais patamares mínimos é variável, pois se vincula a valores cambiáveis conforme a época e também à própria economia.

Segundo *Mannrich* (2000, p. 585), o debate em torno dos patamares mínimos não pode significar a derrocada do direito do trabalho diante da crise do desemprego, mas representa a necessidade de remodelar o sistema das relações trabalhistas. Outrossim, destaca que a fixação de patamares mínimos não pode significar um retrocesso e abandono da tradição do constitucionalismo social. Na verdade, significa rever o art. 7º da Constituição Federal para trocar o extenso rol ali inserto pelos direitos fundamentais dos trabalhadores. Ainda segundo *Mannrich* (2000, p. 583), esse patamar mínimo atenderia não apenas aos empregados subordinados, mas também aos parassubordinados. Exclui, porém, os autônomos em sentido estrito e os desempregados.

1.9. O panorama do direito do trabalho no mundo atual e o tratamento jurídico dos trabalhadores em sentido amplo

As perspectivas apontadas pelos autores abordados são essenciais para o desenvolvimento deste trabalho. Especificamente, as desenvolvidas neste capítulo são importantes para demonstrar o atual estágio de evolução do direito do trabalho dentro da sociedade pós-industrial. Dessa forma, a partir da quebra do paradigma taylorista-fordista, o direito do trabalho passou a atravessar um momento de crise, sendo o desemprego estrutural crescente um dos pontos mais relevantes dessa situação traumática.

Conforme foi visto, várias são as soluções apontadas pelos estudiosos do direito do trabalho, as quais têm como base linhas ideológicas diversas. Por um lado, evidenciam-se todas as tentativas de desregulamentação e flexibilização da legislação trabalhista. Por outro lado, surge a ideia no sentido de estabelecer um patamar mínimo de proteção, abrangendo não apenas os empregados, mas também uma categoria intermediária de trabalhadores. É nessa última linha que se orienta o presente trabalho, na medida em que procura fixar os direitos fundamentais trabalhistas que seriam aplicados não apenas aos empregados tradicionais, mas também aos trabalhadores que, embora não se caracterizem como subordinados juridicamente dentro do conceito clássico do direito do trabalho, possuem dependência do tomador de mão de obra capaz de ensejar a necessidade de proteção.

Sabe-se que, historicamente, o critério da dependência econômica foi superado pelo da subordinação jurídica, em termos de doutrina do direito do trabalho, forjada em um modelo fordista de produção. Porém, a retomada do critério da subordinação econômica surge no momento em que têm destaque as formas pós-fordistas de produção, como o teletrabalho, trabalhadores em domicílio e uma série de profissionais tecnicamente autônomos, mas economicamente dependentes. Diante desse novo panorama do mundo do trabalho, ressurge a discussão em torno da retomada da subordinação econômica, não para igualá-la à subordinação jurídica, mas para atribuir ao trabalhador autônomo economicamente dependente os direitos pertinentes.

Dentre as diversas soluções indicadas para o direito do trabalho e analisadas neste capítulo, esta linha merece destaque, porque, ao invés de flexibilizar e diminuir direitos trabalhistas, busca ampliar a aplicação dos direitos fundamentais nas relações de trabalho. Nessa direção é que se desenvolve o presente trabalho. A partir do ponto de vista da necessidade de ampliação da eficácia dos direitos fundamentais, busca apontar, como solução para o direito do trabalho na sociedade pós-industrial, não apenas a eventual alteração legislativa, mas principalmente a máxima aplicação dos preceitos da própria Constituição Federal.

2

AS RELAÇÕES DE TRABALHO NA SOCIEDADE PÓS-INDUSTRIAL: UMA ANÁLISE DO TRATAMENTO JURÍDICO DAS RELAÇÕES NÃO EMPREGATÍCIAS EM PORTUGAL, ESPANHA, ITÁLIA E ALEMANHA

Este livro ocupa-se de uma proposta de novo tratamento jurídico trabalhista para os trabalhadores em sentido amplo. Portanto, é necessário trazer a lume as contribuições do direito estrangeiro sobre o tema, particularmente de países de raiz romano-germânica que apresentam tratamento específico sobre o trabalho autônomo.

O presente capítulo pretende analisar a evolução dos conceitos da subordinação jurídica em direção à subordinação econômica, a partir da verificação do tratamento jurídico das relações de trabalho não empregatícias no direito estrangeiro, especificamente em Portugal, Espanha, Itália e Alemanha.

2.1. Relações de trabalho não empregatícias: tratamento no direito estrangeiro

Neste tópico, procura-se analisar o tratamento jurídico das relações de trabalho não empregatícias no direito estrangeiro, procurando-se dar especial atenção ao trabalhador parassubordinado e ao trabalhador autônomo economicamente dependente.

A análise será centrada na Itália, Espanha, Portugal e Alemanha, tendo em vista tratar-se de países da tradição jurídica romano-germânica, que possuem características similares que permitem uma melhor aproximação dos seus conteúdos. Ademais, os países foram escolhidos tendo em vista terem regulamentação especial sobre o trabalho autônomo economicamente dependente. Nesse sentido, a Itália foi precursora na análise da parassubordinação, Portugal apresenta a figura dos trabalhadores equiparados, a Alemanha os quase empregados e a Espanha possui um estatuto do trabalhador autônomo, promulgado em 2007.

2.1.1. O direito espanhol e a figura do trabalhador autônomo economicamente dependente

A Espanha é um país da Europa meridional localizado na Península Ibérica. Além da porção ibérica, possui os arquipélagos das Baleares no Mediterrâneo e das Canárias no Atlântico, além de ilhotas junto à costa africana e o enclave de Llívia.

O país está dividido em comunidades autônomas, algumas com língua própria como a Galícia e o País Basco. A Constituição de 1978 divide o país em dezessete comunidades autônomas e as duas cidades autônomas de Ceuta e Melilla. Das dezessete comunidades autônomas, quatro delas (Galiza, País Basco, Andaluzia e Catalunha) gozam da condição de "nacionalidade histórica" reconhecida na constituição, juntamente com um "estatuto de autonomia", o que confere um maior poder e capacidade de decisão e soberania com respeito às outras comunidades.

Não há religião oficial, embora a maioria da população seja católica. A população estrangeira na Espanha, em 2007, chegava a 4.144.166, cerca de 9,3% dos 44.708.964 de habitantes no país. A Espanha é uma nação industrial, cuja economia é a quinta mais forte da Europa com um PIB de $ 1,109 trilhão.

Voltando ao campo do direito, é importante salientar que, na Espanha, o direito do trabalho tem fundamento constitucional a partir do art. 35 da Constituição Espanhola. É interessante assinalar que, de acordo com esse dispositivo, todos os espanhóis têm o dever de trabalhar e o direito ao trabalho. Isso já demonstra a preocupação da carta política com a promoção social por meio do trabalho, o que vem expresso no item 1 do citado art. 35 da Constituição Espanhola[1].

A ideia do direito ao trabalho como elemento do progresso social vem expressa também no art. 40. Estabelece o artigo que os poderes públicos devam promover condições favoráveis para o progresso social e econômico e para uma distribuição da renda regional e pessoal mais equitativa, no marco de uma política de estabilidade econômica orientada ao pleno emprego[2]. No art. 37, a Constituição prevê também

---

(1) Art. 35 — 1. Todos los españoles tienen el deber de trabajar y el derecho al trabajo, a la libre elección de profesión u oficio, a la promoción a través del trabajo y a una remuneración suficiente para satisfacer sus necesidades y las de su familia, sin que en ningún caso pueda hacerse discriminación por razón de sexo.
(2) Art. 40 — 1. Los poderes públicos promoverán las condiciones favorables para el progreso social y económico y para una distribución de la renta regional y personal más equitativa, en el marco de una política de estabilidad económica. De manera especial realizarán una política orientada al pleno empleo. 2. Asimismo, los poderes públicos fomentarán una política que garantice la formación y readaptación profesionales, velaran por la seguridad e higiene en el trabajo y garantizarán el

a garantia do direito à negociação coletiva entre os representantes de trabalhadores e empresários, assim como a força vinculante das normas coletivas daí advindas e a possibilidade de greve[3].

Consoante assinala *Margarita Martín* (2006, p. 33), a forma mais relevante de expansão do direito do trabalho na Espanha consiste em equiparar a técnica protetiva do direito do trabalho a pessoas que não são empregadas em sentido estrito. Assim, pode ser citado, por exemplo, na legislação espanhola, o art. 3º, item 1, da Lei Orgânica da Liberdade Sindical[4] que estabelece a possibilidade de sindicalização dos trabalhadores por conta própria.

Outro exemplo de regra expansiva, na legislação espanhola, de direitos trabalhistas aos não empregados é o art. 3º, item 1, da Lei de Prevenção de Riscos Laborais (Lei n. 31/95)[5]. Tem por objeto promover a segurança e a saúde dos trabalhadores mediante a aplicação de medidas no desenvolvimento das atividades necessárias para a prevenção de riscos derivados do trabalho. Cumpre, ainda, mencionar a disposição final sexta da Lei n. 53/02, que cuida de medidas fiscais, administrativas e sociais e que prevê a possibilidade de criação de um fundo de garantia para os trabalhadores autônomos[6].

Da mesma forma que no Brasil, também na Espanha há dificuldade de fixação dos limites do contrato de trabalho a partir das novas

---

descanso necesario, mediante la limitación de la jornada laboral, las vacaciones periódicas retribuidas y la promoción de centros adecuados.

(3) Art. 37 — 1. La ley garantizará el derecho a la negociación colectiva laboral entre los representantes de los trabajadores y empresarios, así como la fuerza vinculante de los convenios. 2. Se reconoce el derecho de los trabajadores y empresarios a adoptar medidas de conflicto colectivo. La ley que regule el ejercicio de este derecho, sin perjuicio de las limitaciones que puedan establecer, incluirá las garantías precisas para asegurar el funcionamiento de los servicios esenciales de la comunidad.

(4) Art. 3. 1. Lei n. 11/85: No obstante lo dispuesto en el artículo 1.2 los trabajadores por cuenta propia que no tengan trabajadores a su servicio, los trabajadores en paro y los que hayan cesado en su actividad laboral, como consecuencia de su incapacidad o jubilación, podrán afiliarse a las organizaciones sindicales constituidas con arreglo a lo expuesto en la presente Ley, pero no fundar sindicatos que tengan precisamente por objeto la tutela de sus intereses singulares, sin perjuicio de su capacidad para constituir asociaciones al amparo de la legislación específica.

(5) Art. 3. 1. Lei n. 31/95, com a redação dada pela Lei n. 31/06: Esta Ley y sus normas de desarrollo serán de aplicación tanto en el ámbito de las relaciones laborales reguladas en el texto refundido de la Ley del Estatuto de los Trabajadores, como en el de las relaciones de carácter administrativo o estatutario del personal al servicio de las Administraciones Públicas, con las peculiaridades que, en este caso, se contemplan en la presente Ley o en sus normas de desarrollo. Ello sin perjuicio del cumplimiento de las obligaciones específicas que se establecen para fabricantes, importadores y suministradores, y de los derechos y obligaciones que puedan derivarse para los trabajadores autónomos. Igualmente serán aplicables a las sociedades cooperativas, constituidas de acuerdo con la legislación que les sea de aplicación, en las que existan socios cuya actividad consista en la prestación de un trabajo personal, con las peculiaridades derivadas de su normativa específica.

(6) Lei n. 53/02, Disposição Final Sexta: En el primer semestre del año 2003, el Gobierno emitirá informe relativo a la situación de los trabajadores autónomos que dependen económicamente de uno o varios empresarios, estudiando el establecimiento de un fondo de garantía en caso de cese por causas objetivas.

relações ocorridas na pós-modernidade, quando as fronteiras entre as relações de emprego e as figuras afins ficaram bastante tênues e passaram a dar margem a diversas tentativas de fraude. A esse respeito, *Alejandra Selma Penalva* (2007, p. 113) ressalta as tênues diferenças entre contratos de natureza civil e trabalhista. Afirma, por exemplo, que é cada vez mais frequente, na casuística espanhola, encontrar casos de relações produtivas de caráter civil com tendência de duração continuada no tempo, nas quais existe o pacto de exclusividade. É também cada vez mais frequente a contratação laboral temporária ou em tempo parcial. Segundo esclarece a autora, para poder reconhecer o verdadeiro significado de cada tipo de pacto, há que se entenderem os limites de conceitos como continuidade, periodicidade, autonomia, exclusividade e dependência. Só assim é possível transitar de uma para outra relação de trabalho.

O governo espanhol tem financiado inúmeras pesquisas a respeito do mundo do trabalho, especificamente sobre o aumento do número de autônomos, bem como o funcionamento e financiamento da economia social. Consoante assinala *Begoña Cueto Iglesias* (2006, p. 46), o aumento do número de autônomos e sócios de empresas de economia social ocorrido nos últimos anos é um fenômeno que desperta interesse. Acrescenta que aproximadamente uma quinta parte do trabalho na Espanha corresponde a essa fórmula autônoma.

No tocante ao tratamento jurídico das relações trabalhistas não empregatícias, é preciso analisar, de forma mais destacada, a Lei n. 20/07 de 11 de julho de 2007, que criou o estatuto do trabalhador autônomo, criando, também, a figura do *trade* — trabalhador autônomo economicamente dependente. A lei é fruto de intensos debates havidos na Espanha, no âmbito político. Teve também, como base, inúmeros trabalhos e artigos especializados sobre o tema, grande parte deles financiado pelo próprio Ministério do Trabalho e Assuntos Sociais da Espanha.

Com efeito, em outubro de 2004, esse Ministério constituiu uma comissão de *experts* e encomendou uma dupla tarefa: de um lado, efetuar um diagnóstico e uma avaliação sobre a situação econômica do trabalho autônomo na Espanha e, de outro, analisar o regime jurídico e de proteção social dos trabalhadores autônomos, elaborando uma proposta de estatuto do trabalhador autônomo (VILLALÓN *et al.*, 2006, p. 19).

A lei contém vinte e nove artigos, reunidos em cinco títulos. O título I delimita o âmbito subjetivo de aplicação da lei, estabelecendo a definição genérica de trabalhador autônomo. Nesse aspecto, a lei não se limita ao trabalhador autônomo tradicional, ou seja, àquele titular de um empreendimento comercial, profissional ou rural que desenvolve seus projetos de forma autônoma. Mais do que isso, a lei amplia sua regulação a outras figuras heterogêneas e trata de estabelecer uma regulação comum, respeitando algumas de suas peculiaridades. Assim, a lei cuida da figura do empreendedor, que é aquele que se encontra em uma fase inicial de atividade profissional, a figura do trabalhador autônomo economicamente dependente que, não obstante sua autonomia funcional, trabalha sob dependência econômica de um único ou preponderante cliente. Cuida também dos sócios trabalhadores de cooperativas e sociedades laborais e dos administradores de sociedades mercantis[7].

O art. 2º da Lei n. 20/07 trata dos excluídos do regime. São aquelas hipóteses de prestação de serviços que não atendem aos requisitos do art. 1º da lei e, em especial, as relações de trabalho por conta alheia, de que cuida o art. 1º do Estatuto dos Trabalhadores[8]. São também excluídas as atividades que se limitam ao mero desempenho do cargo de conselheiro ou membro de órgãos de administração de sociedades, além das relações de trabalho subordinado de caráter especial referidas no art. 2º do Estatuto dos Trabalhadores[9].

---

(7) Art. 1º Lei n. 20/07 La presente Ley será de aplicación a las personas físicas que realicen de forma habitual, personal, directa, por cuenta propia y fuera del ámbito de dirección y organización de otra persona, una actividad económica o profesional a título lucrativo, den o no ocupación a trabajadores por cuenta ajena. También será de aplicación esta Ley a los trabajos, realizados de forma habitual, por familiares de las personas definidas en el parágrafo anterior que no tengan la condición de trabajadores por cuenta ajena, conforme a lo establecido en el artículo 1.3.e) del texto refundido de la Ley del Estatuto de los Trabajadores, aprobado por Real Decreto Legislativo n. 1/95, de 24 de marzo. Se declaran expresamente comprendidos en el ámbito de aplicación de esta Ley, siempre que cumplan los requisitos a los que se refiere el apartado anterior: Los socios industriales de sociedades regulares colectivas y de sociedades comanditarias. Los comuneros de las comunidades de bienes y los socios de sociedades civiles irregulares, salvo que su actividad se limite a la mera administración de los bienes puestos en común. Quienes ejerzan las funciones de dirección y gerencia que conlleva el desempeño del cargo de consejero o administrador, o presten otros servicios para una sociedad mercantil capitalista, a título lucrativo y de forma habitual, personal y directa, cuando posean el control efectivo, directo o indirecto de aquélla, en los términos previstos en la disposición adicional vigésima séptima del texto refundido de la Ley General de la Seguridad Social aprobado por Real Decreto Legislativo n. 1/94, de 20 de junio. Los trabajadores autónomos económicamente dependientes a los que se refiere el Capítulo III del Título II de la presente Ley.Cualquier otra persona que cumpla con los requisitos establecidos en el artículo 1.1 de la presente Ley. Las inclusiones a las que se refiere el apartado anterior se entenderán sin perjuicio de la aplicación de sus respectivas normas específicas. la presente Ley será de aplicación a los trabajadores autónomos extranjeros que reúnan los requisitos previstos en la Ley Orgánica n. 4/00, de 11 de enero, de derechos y libertades de los extranjeros en España y su integración social.
(8) Art. 1º Estatuto dos Trabalhadores Ámbito de aplicación. 1. La presente Ley será de aplicación a los trabajadores que voluntariamente presten sus servicios retribuidos por cuenta ajena y dentro del ámbito de organización y dirección de otra persona, física o jurídica, denominada empleador o empresario.
(9) Art. 2º Estatuto dos Trabalhadores. 1. Se considerarán relaciones laborales de carácter especial: a) La del personal de alta dirección no incluido en el artículo 1.3 c). b) La del servicio del hogar familiar. c) La de los penados en las instituciones penitenciarias. d) La de los deportistas profesionales. e) La de los artistas en espectáculos públicos. f) La de las personas que intervengan en

Já o regime profissional do trabalhador autônomo é estabelecido no título II que, por seu turno, divide-se em três capítulos. O capítulo I estabelece as fontes das obrigações para os trabalhadores autônomos, deixando clara a natureza civil ou mercantil da prestação de serviços. O capítulo II do título II dispõe sobre o regime profissional comum para todos os trabalhadores e estabelece um catálogo de direitos e deveres, assim como as normas em matéria de prevenção de riscos laborais, proteção dos menores e garantias econômicas.

Segundo o art. 3º da Lei n. 20/07, o regime profissional do trabalhador autônomo reger-se-á pelas disposições contempladas na Lei, salvo quando houver norma específica aplicável a uma atividade. São fontes do regime jurídico aplicável ao trabalhador autônomo, ainda nos termos do art. 3º, todas as normas regulamentares da lei, a legislação comum relativa à contratação civil, mercantil ou administrativa, os pactos estabelecidos individualmente com o trabalhador autônomo, os usos e costumes locais e profissionais, bem como os acordos de interesse profissional. Esses acordos são firmados pelos sindicatos ou organizações de trabalhadores autônomos. Estabelece ainda o art. 3º que qualquer cláusula do contrato individual que contrarie o disposto no acordo de interesse profissional que seja de aplicação ao trabalhador que firmou o pacto individual, será nula de pleno direito.

A partir do capítulo II do título II, a lei fixa o regime profissional comum do trabalhador autônomo. Nesse sentido, o art. 4º fixa os direitos profissionais, estabelecendo que os trabalhadores autônomos têm direito ao exercício dos direitos fundamentais e liberdades públicas reconhecidas na constituição espanhola e nos tratados e acordos internacionais firmados pela Espanha sobre a matéria.

Na realidade, a disposição referida é inócua, uma vez que a aplicação dos direitos fundamentais se dá não por força do disposto no art. 4º da Lei n. 20/07, mas sim em razão da própria hierarquia das normas constitucionais definidoras de direitos fundamentais e liberdades públicas. Porém, a norma tem o condão de deixar explícita tal aplicação, razão pela qual se justifica sua expressa menção no texto da lei.

O art. 4º prescreve ainda que o trabalhador autônomo tem direito ao trabalho e à livre escolha de sua profissão ou ofício, à liberdade de

---

operaciones mercantiles por cuenta de uno o más empresarios sin asumir el riesgo y ventura de aquéllas. g) La de los trabajadores minusválidos que presten sus servicios en los centros especiales de empleo. h) La de los estibadores portuarios que presten servicios a través de sociedades estatales o de los sujetos que desempeñen las mismas funcionesque éstas en los puertos gestionados por las Comunidades Autónomas. i) Cualquier otro trabajo que sea expresamente declarado como relación laboral de carácter especial por una Ley. 2. En todos los supuestos señalados en el apartado anterior la regulación de dichas relaciones laborales respetará los derechos básicos reconocidos por la Constitución.

iniciativa econômica e ao direito de livre concorrência, bem como o direito de propriedade intelectual sobre suas obras ou prestações laborais protegidas. Especificamente no que tange ao exercício da atividade profissional do trabalhador autônomo, a lei determina que são direitos individuais dessa categoria de trabalhador a igualdade diante da lei e o direito de não ser discriminado por qualquer condição pessoal ou social.

O art. 4º estabelece, também, dentre outros direitos, o respeito à intimidade e proteção da dignidade do trabalhador, bem como a proteção à sua integridade física, segurança e saúde no trabalho. Fixa, além disso, o direito à formação e readaptação profissionais, recebimento pontual da contraprestação salarial e conciliação da vida pessoal, familiar e laboral.

O art. 5º, por sua vez, cuida dos deveres profissionais do trabalhador autônomo, tais como cumprir com as obrigações decorrentes dos contratos celebrados, bem como as obrigações em matéria de segurança e saúde laborais. Devem, ainda, filiar-se ao regime da seguridade social, assumindo as obrigações tributárias e correlatas estabelecidas pela legislação própria.

O art. 7º estabelece a forma e duração do contrato, que poderá ser celebrado de forma oral ou escrita, para execução de uma obra ou de uma série delas, tendo a duração acordada pelas partes. O art. 9º, por seu turno, dispõe sobre a proteção dos menores de dezesseis anos, que não poderão executar trabalho autônomo nem atividade profissional, nem mesmo para seus familiares, salvo em relação aos espetáculos públicos, que são regidos por regras específicas.

A figura do trabalhador autônomo economicamente dependente é regulada no capítulo III do título II da Lei n. 20/07. Trata-se de um trabalhador que, não obstante sua autonomia funcional, desenvolve sua atividade com uma forte e quase exclusiva dependência econômica do empresário ou cliente que o contrata. A intenção do legislador, com isso, é tentar eliminar as zonas fronteiriças entre as categorias de trabalhador autônomo, subordinado e economicamente dependente. Assim, o conceito de trabalhador autônomo economicamente dependente constante do art. 11 da lei é bastante rígido, delimitando, a partir de critérios objetivos, as características da relação:

> Art. 11. 1 — Os trabalhadores autônomos economicamente dependentes a que se refere o artigo 1.2 da presente Lei são aqueles que realizam uma atividade econômica ou profissional a título lucrativo e de forma habitual, pessoal, direta e predominante para uma pessoa física ou jurídica, denominada cliente, da qual dependem economicamente por perceber deste último, ao menos, 75% de seus ingressos por rendimentos de trabalho e de atividades econômicas.

2 — Para o desempenho da atividade econômica ou profissional como trabalhador autônomo economicamente dependente, este deverá reunir simultaneamente as seguintes condições: a) Não utilizar o serviço remunerado de outras pessoas para o exercício da atividade contratada com o cliente objeto da mesma. b) Não executar sua atividade de maneira conjunta e indiferenciada com os trabalhadores que prestem serviços sob qualquer forma contratual por conta do cliente. c) dispor de infraestrutura produtiva e material próprio necessários para o exercício da atividade e independentemente de seus clientes quando em dita atividade sejam relevantes economicamente. d) desenvolver sua atividade sob critérios organizativos próprios, sem prejuízo das indicações técnicas de caráter geral que possam receber de seus clientes. e) perceber uma contraprestação econômica em função do resultado de sua atividade, de acordo com o pactuado com o cliente e assumindo o risco e sucesso daquela atividade.

3 — Os titulares de estabelecimento ou locais comerciais e industriais e de oficinas e espaços abertos ao público não terão em nenhum caso a caracterização de trabalhadores autônomos economicamente dependentes (tradução nossa)[10].

Diferentemente do trabalhador autônomo comum, que poderá celebrar contrato oral ou escrito, o contrato do trabalhador autônomo economicamente dependente deverá ser celebrado sempre por escrito, nos termos do art. 12 da Lei n. 20/07. Além disso, deverá ser registrado no órgão público correspondente, sendo tal registro de caráter público.

A lei estabelece uma regulação garantista para o trabalhador autônomo economicamente dependente, o que é previsto em diversos dispositivos. Por exemplo, o art. 14 da lei estabelece:

Art. 14. O trabalhador autônomo economicamente dependente terá direito a uma interrupção de sua atividade anual de 18 dias úteis sem prejuízo

---

(10) Texto original: Los trabajadores autónomos económicamente dependientes a los que se refiere el artículo 1.2.d) de la presente Ley son aquéllos que realizan una actividad económica o profesional a título lucrativo y de forma habitual, personal, directa y predominante para una persona física o jurídica, denominada cliente, del que dependen económicamente por percibir de él, al menos, el 75 por ciento de sus ingresos por rendimientos de trabajo y de actividades económicas. 2. Para el desempeño de la actividad económica o profesional como trabajador autónomo económicamente dependiente, este deberá reunir simultáneamente las siguientes condiciones: a) No utilizar el servicio remunerado de otras personas para el ejercicio de la actividad contratada con el cliente objeto de la misma. b) No ejecutar su actividad de manera conjunta e indiferenciada con los trabajadores que presten servicios bajo cualquier forma contractual por cuenta del cliente. Disponer de infraestructura productiva y material propio necesarios para el ejercicio de la actividad e independientemente de los de su cliente cuando en dicha actividad sean relevantes económicamente. c) Desarrollar su actividad bajo criterios organizativos propios, sin perjuicio de las indicaciones técnicas de carácter general que pueda recibir de su cliente. d) Percibir una contraprestación económica en función del resultado de su actividad, de acuerdo con lo pactado con el cliente y asumiendo el riesgo y ventura de aquélla. 3. Los titulares de establecimientos o locales comerciales e industriales y de oficinas y despachos abiertos al público no tendrán en ningún caso la consideración de trabajadores autónomos económicamente dependientes.

que dito regime possa ser melhorado mediante contrato entre as partes ou mediantes acordos de interesse profissional.

2 — Mediante contrato individual ou acordo de interesse profissional determinar-se-á o regime de descanso semanal e o correspondente aos feriados, a quantia máxima de jornada de atividade e, no caso de que a mesma se compute por mês ou ano, sua distribuição semanal. A realização de atividade por tempo superior ao pactuado contratualmente será voluntária em todo caso, não podendo exceder o incremento máximo estabelecido mediante acordo de interesse profissional. Em ausência de acordo de interesse profissional, o incremento máximo não poderá exceder 30% do tempo ordinário de atividade individualmente acordado. O horário de atividade procurará adaptar-se aos efeitos de poder conciliar a vida pessoal, familiar e profissional do trabalhador autônomo economicamente dependente (tradução nossa)[11].

De acordo com o art. 15 da lei, a relação contratual entre as partes poderá ser extinta tanto por mútuo acordo, como por causas validamente consignadas no contrato morte, aposentadoria ou invalidez incompatíveis com a atividade. Também poderá ser encerrada por vontade de qualquer das partes quer com justa causa, quer sem justa causa, sendo, nesse último caso, necessário o pré-aviso à parte contrária.

A competência para a análise das pretensões judiciais do trabalhador autônomo economicamente dependente é dos órgãos jurisdicionais da ordem social. A tais órgãos compete também decidir sobre as questões derivadas da aplicação e interpretação dos acordos de interesse profissional, na forma do art. 17. Porém, de acordo com o art. 18, é requisito prévio para a tramitação de ações judiciais em relação ao regime profissional do trabalhador autônomo economicamente dependente a intenção de conciliação ou mediação ante o órgão administrativo que assuma essas funções.

O título III da Lei regula os direitos coletivos dos trabalhadores autônomos, definindo a representatividade de suas associações e criando o conselho estatal do trabalho autônomo como órgão consultivo do governo em matérias socioeconômica e profissional relativas ao setor.

---

(11) Texto original: El trabajador autónomo económicamente dependiente tendrá derecho a una interrupción de su actividad anual de 15 días hábiles, sin perjuicio de que dicho régimen pueda ser mejorado mediante contrato entre las partes o mediante acuerdos de interés profesional. Mediante contrato individual o acuerdo de interés profesional se determinará el régimen de descanso semanal y el correspondiente a los festivos, la cuantía máxima de la jornada de actividad y, en el caso de que la misma se compute por mes o año, su distribución semanal. La realización de actividad por tiempo superior al pactado contractualmente será voluntaria en todo caso, no pudiendo exceder del incremento máximo establecido mediante acuerdo de interés profesional. En ausencia de acuerdo de interés profesional, el incremento no podrá exceder del 30 por ciento del tiempo ordinario de actividad individualmente acordado. El horario de actividad procurará adaptarse a los efectos de poder conciliar la vida personal, familiar y profesional del trabajador autónomo económicamente dependiente.

O título IV estabelece os princípios gerais em matéria de proteção social, consagrando normas gerais sobre filiação e ação protetiva. Nesse aspecto, o art. 23 estabelece o direito à seguridade social, na forma do art. 41 da Constituição Espanhola. Tal dispositivo estabelece que as pessoas que exerçam uma atividade profissional ou econômica por conta própria ou autônoma têm direito a um regime público de seguridade social, que é regulado pelo regime especial da seguridade social dos trabalhadores por conta própria ou autônomos.

Finalmente, o título V trata do fomento e promoção do trabalho autônomo, estabelecendo medidas direcionadas a promover a cultura empreendedora, reduzir os custos do início de uma atividade, estimular a formação profissional e favorecer o trabalho autônomo mediante uma política fiscal específica.

Abordada a regulação jurídica do trabalhador autônomo economicamente dependente na Espanha, passa-se à análise do sistema jurídico italiano que, desde a década de 70, cuida do problema por meio da tradicional figura da parassubordinação.

2.1.2. O direito italiano: da parassubordinação ao contrato de trabalho a projeto

A Itália é um país europeu, localizado no sul do continente, ocupando a quase totalidade da Península Itálica, mais as ilhas da Sardenha e Sicília. Foi terra de convivência de muitas civilizações europeias, especialmente os etruscos, os gregos e os romanos.

A economia da Itália é hoje a 7ª maior do mundo, sendo também a 4ª maior economia da Europa, quando medida pelo seu produto interno bruto. É altamente diversificada, embora o país permaneça dividido entre um norte altamente industrializado e desenvolvido, dominado por empresas privadas, e um sul menos desenvolvido, com uma taxa de desemprego de 20%.

A Constituição Italiana, em vigor desde 1948, apesar das sucessivas alterações, reconhece o direito do trabalho em seu corpo. Já no art. 4º, estabelece que a República reconhece a todos os cidadãos o direito ao trabalho e promove as condições que tornem efetivo esse direito. Por outro lado, cada cidadão tem o dever de desenvolver uma função que concorra para o progresso material ou espiritual da sociedade italiana[12].

---

(12) Art. 4º Constituição Italiana. Texto original: La Repubblica riconosce a tutti i cittadini il diritto al lavoro e promuove le condizioni che rendano effettivo questo diritto. Ogni cittadino ha il dovere di svolgere, secondo le proprie possibilità e la propria scelta, una attività o una funzione che concorra al progresso materiale o spirituale della società.

Por outro lado, o art. 35 dispõe sobre a proteção ao trabalho e a todas as suas formas de aplicação[13]. A Constituição fixa, a partir do art. 36, o direito à retribuição proporcional à quantidade e qualidade do trabalho do cidadão e, em qualquer caso, suficiente para assegurar a si e à sua família uma existência livre e digna. Assegura também o direito à limitação da jornada de trabalho, ao repouso semanal remunerado bem como a impossibilidade de renúncia a esses direitos[14]. Estabelece, além disso, em seu art. 37, regras sobre a proteção do trabalho do menor e da mulher[15]. Cuida também da assistência social[16] e da liberdade sindical[17].

Quando se fala no tratamento jurídico das relações de trabalho *lato sensu* no direito italiano, impõe-se ressaltar o desenvolvimento do conceito da parassubordinação. O trabalho parassubordinado teve seu primeiro tratamento legislativo na Lei Vigorelli (Lei n. 741/59), que tratava da extensão *erga omnes* do contrato coletivo. Já em seu art. 2º, assegurava a extensão da regra determinada em seu art. 1º[18] aos que desem-

---

(13) Art. 35. Constituição Italiana. Texto original: La Repubblica tutela il lavoro in tutte le sue forme ed applicazioni. Cura la formazione e l'elevazione professionale dei lavoratori. Promuove e favorisce gli accordi e le organizzazioni internazionali intesi ad affermare e regolare i diritti del lavoro. Riconosce la libertà di emigrazione, salvo gli obblighi stabiliti dalla legge nell'interesse generale, e tutela il lavoro italiano all'estero.
(14) Art. 36. Constituição Italiana. Texto original: Il lavoratore ha diritto ad una retribuzione proporzionata alla quantità e qualità del suo lavoro e in ogni caso sufficiente ad assicurare a sé e alla famiglia un'esistenza libera e dignitosa. La durata massima della giornata lavorativa è stabilita dalla legge. Il lavoratore ha diritto al riposo settimanale e a ferie annuali retribuite, e non può rinunziarvi.
(15) Art. 37. Constituição Italiana. Texto original: La donna lavoratrice ha gli stessi diritti e, a parità di lavoro, le stesse retribuzioni che spettano al lavoratore. Le condizioni di lavoro devono consentire l'adempimento della sua essenziale funzione familiare e assicurare alla madre e al bambino una speciale adeguata protezione. La legge stabilisce il limite minimo di età per il lavoro salariato. La Repubblica tutela il lavoro dei minori con speciali norme e garantisce ad essi, a parità di lavoro, il diritto alla parità di retribuzione.
(16) Art. 38. Constituição Italiana. Texto original: Ogni cittadino inabile al lavoro e sprovvisto dei mezzi necessari per vivere ha diritto al mantenimento e all'assistenza sociale. I lavoratori hanno diritto che siano preveduti ed assicurati mezzi adeguati alle loro esigenze di vita in caso di infortunio, malattia, invalidità e vecchiaia, disoccupazione involontaria. Gli inabili ed i minorati hanno diritto all'educazione e all'avviamento professionale. Ai compiti previsti in questo articolo provvedono organi ed istituti predisposti o integrati dallo Stato. L'assistenza privata è libera.
(17) Art. 39. Constituição Italiana. Texto original: L'organizzazione sindacale è libera Ai sindacati non può essere imposto altro obbligo se non la loro registrazione presso uffici locali o centrali, secondo le norme di legge. È condizione per la registrazione che gli statute dei sindacati sanciscano un ordinamento interno a base democratica. I sindacati registrati hanno personalità giuridica. Possono, rappresentati unitariamente in proporzione dei loro iscritti, stipulare contratti collettivi di lavoro con efficacia obbligatoria per tutti gli appartenenti alle categorie alle quali il contratto si riferisce.
(18) Art. 1º da Lei Vigorelli: o governo é obrigado a emanar normas jurídicas, com força de lei, com o propósito de assegurar inderrogabilidade de tratamento econômico e normativo a todos os que pertencem a uma mesma categoria (tradução nossa): "il governo è delegato ad emanare norme giuridiche, aventi forza di legge, al fine di assicurare minimi inderogabili di trattamento economico e normativo nei confronti di tutti gli appartenenti ad una medesima categoria. Nella emanazione delle norme il governo dovrà uniformarsi a tutte le clausole dei singoli accordi economici e contratti collettivi, anche intercategoriali, stipulati dalle associazioni sindacali anteriormente alla data di entrata in vigore della presente legge".

penhavam atividade continuativa e coordenada[19]. Apesar de sua dicção ampla, o dispositivo, em realidade, referia-se aos contratos de agência e de representação comercial.

Assim, a Lei Vigorelli não chegou a produzir a construção doutrinária da figura específica da "colaboração continuativa e coordenada", o que foi levado a efeito somente em 1973, com a promulgação da Lei n. 533, que estabelecia uma reforma no processo do trabalho. Dois dispositivos devem ser destacados na lei em exame. O primeiro, relativo ao processo do trabalho, estabeleceu o procedimento especial também aos trabalhadores em relações continuativas e coordenadas, consoante art. 409, n. 3 do CPC, com a nova redação dada pela Lei n. 533/73:

> Art. 409 (controvérsia individual de trabalho). Aplicam-se as disposições do presente capítulo às controvérsias relativas a:
>
> 1 — relações de trabalho subordinado privado, ainda que não inerentes ao exercício de uma empresa;
>
> 2 — relações de meação, parceria, de divisão de lucros agrários, de arrendamento, como também relações decorrentes de outros contratos agrários, salvo a competência das seções agrárias especializadas;
>
> 3 — relações de agência, de representação, relações comerciais e outras de colaboração em que esteja incorporado o desempenho de um trabalho contínuo e coordenado, principalmente pessoal, mesmo não subordinado;
>
> 4 — relações de trabalho dos empregados de pessoa jurídica de direito público que desenvolve atividade exclusivamente ou principalmente econômica;
>
> 5 — relações de trabalho dos empregados pessoa jurídica de direito público e outras relações de trabalho público, sempre que não submetido pela lei a outro juiz (tradução nossa)[20].

---

[19] Art. 2º da Lei Vigorelli: As normas devem ser emanadas para todas as categorias para as quais resultados estipularam acordos econômicos ao artigo 1 e contratos coletivos que interessam a uma ou mais categorias para a disciplina das relações de trabalho, das relações de associação agrária, de arrendamento para dirigir o cultivador e das relações de colaboração que ocorre o desempenho de trabalho contínuo e coordenado (tradução nossa): le norme di cui all'articolo 1 dovranno essere emanate per tutte le categorie per le quali risultino stipulati accordi economici e contratti collettivi riguardanti una o più categorie per la disciplina dei rapporti di lavoro, dei rapporti di associazione agraria, di affitto a coltivatore diretto e dei rapporti di collaborazione che si concretino in prestazione d'opera continuativa e coordinata.

[20] Redação original: Art. 409. (controversie individuali di lavoro) si osservano le disposizioni del presente capo nelle controversie relative a: 1) rapporti di lavoro subordinato privato, anche se non inerenti all'esercizio di una impresa; 2) rapporti di mezzadria, di colonia parziaria, di compartecipazione agraria, di affitto a coltivatore diretto, nonché rapporti derivanti da altri contratti agrari, salva la competenza delle sezioni specializzate agrarie; 3) rapporti di agenzia, di rappresentanza commerciale ed altri rapporti di collaborazione che si concretino in una prestazione di opera continuativa e coordinata, prevalentemente personale, anche se non a carattere subordinato; 4) rapporti di lavoro dei dipendenti di enti pubblici che svolgono esclusivamente o prevalentemente attività economica; 5) rapporti di lavoro dei dipendenti di enti pubblici ed altri rapporti di lavoro pubblico, semprechè non siano devoluti dalla legge ad altro giudice.

A partir de tal disposição legal, acesa controvérsia desenvolveu-se no tocante à extensão do conceito de subordinação e parassubordinação. Nesse aspecto, *Amauri Alves* (2005, p. 88) aponta, como características da parassubordinação, a continuidade, a coordenação, a pessoalidade e a fragilidade contratual do trabalhador em relação ao contratante. Porém, segundo *Sferrazza* (2004, p. 22), a Suprema Corte Italiana aponta que, para a configuração da relação de trabalho de natureza subordinada, para efeito de inserção na previsão do art. 409, item 3 do CPC italiano, basta a ocorrência concomitante de apenas três requisitos: continuidade, coordenação e pessoalidade.

Por continuidade entende-se a atividade desenvolvida de forma não meramente ocasional, embora possa ser a prestação laborativa de curta duração. Nesse sentido, *Sferrazza* (2004, p. 22) esclarece que a prestação deve perdurar no tempo e o trabalho do prestador deve ser constante a favor do tomador de serviços.

A coordenação, por seu turno, é entendida como a sujeição do trabalhador às diretrizes do contratante acerca da modalidade da prestação, sem que haja subordinação no sentido clássico. Seria, assim, a atividade empresarial de coordenar o trabalho sem subordinar o trabalhador, ou ainda, a conexão funcional entre a atividade do prestador do trabalho e a organização do contratante. Pode significar também a organização conjunta da prestação laborativa entre contratante e contratado, cabendo exclusivamente ao primeiro a responsabilidade sobre o empreendimento (ALVES, 2004, p. 89).

A pessoalidade da prestação está relacionada à exigência de o trabalhador prestar o seu labor pessoalmente e como pessoa física, sem características empresariais, mormente em forma de sociedade. Porém, pode-se ampliar o conceito para admitir-se a prevalência pessoal da prestação, ainda quando o contratado seja um pequeno empreendedor, pessoa física, que trabalha para o contratante, valendo-se do auxílio de colaboradores por contratados (ALVES, 2004, p. 90).

Além desses três requisitos exigidos pela Suprema Corte Italiana, outro aspecto apontado por *Alves* (2004, p. 90) é a fraqueza contratual do trabalhador. É justamente essa fragilidade a principal razão do estudo da parassubordinação, pois o contratado é a parte economicamente mais fraca no contrato de trabalho, estando, normalmente, em condição de sujeição econômica ante o seu contratante.

A parassubordinação, segundo *Sferrazza* (2004, p. 21), é uma peculiar conotação do contrato de obra, pela qual o trabalhador colabora continuamente com o tomador de serviços, coordenando a própria atividade com as exigências da organização do empreendedor.

Entretanto, o autor entende que não se trata de um terceiro gênero, entre o contrato subordinado e o autônomo. Ao contrário, para ele, trata-se de uma particular variante da disciplina do trabalho autônomo.

Sferrazza (2004, p. 43) destaca, porém, que a concreta delimitação da área das colaborações coordenadas e continuativas, por causa da genérica definição do código, é fruto da interpretação exegética feita pela doutrina que tem acompanhado a relativa reconstrução operada pela jurisprudência[21].

O segundo dispositivo alterado pela Lei n. 533/73 a ser destacado é o que reformulou o art. 2.113 do Código Civil, que passou a vigorar com a seguinte redação:

> Art. 2.113. A renúncia e a transação que tenham, como objeto, direitos do prestador do trabalho derivados das disposições inderrogáveis da lei e do contrato ou acordo coletivo concernentes às relações das quais trata o art. 409 do código de processo civil, não são válidas (tradução nossa)[22].

A partir das alterações empreendidas pela Lei n. 533 de 1973, muito se discutiu sobre a amplitude da regulação trabalhista das relações de trabalho parassubordinado. Já em relação à proteção previdenciária dos trabalhadores parassubordinados, trata-se de preocupação recente. Com efeito, apenas em 1993, com a Lei n. 537, e, posteriormente, com a reforma Dini, de 1995, os trabalhadores parassubordinados passaram a ter uma proteção previdenciária.

Em 1998, foi estipulado o primeiro contrato coletivo para regulação dos contratos de colaboração coordenada e continuativa. Esse contrato foi publicado pelo DPL n. 24, de 1998, cuja maior novidade foi o fato de individualizar a regulamentação coletiva dos contratos de colaboração.

O contrato coletivo nacional foi celebrado em 8 de abril de 1998, em Roma, tendo como partes: CNAI — Coordinamento Nazionale Asso-

---

(21) A jurisprudência procura distinguir os contratos de trabalho subordinado e autônomo por meio de diversos fatores, dentre os quais se destaca a busca dos fins próprios do tomador de serviços. Dessa forma, o trabalhador subordinado coloca à disposição do tomador de serviços a própria energia laborativa e a emprega com continuidade, fidelidade e diligência, segundo as diretivas de ordem geral, bem como para atingimento dos fins próprios do tomador de serviços: "Distinzione tra rapporto di lavoro subordinato e rapporti di lavoro autonomo — l'accertamento dell'obbligo contrattuale — il perseguimento dei fini propri del datore di lavoro. Ai fini della distinzione, tra rapporto di lavoro subordinato e rapporti di lavoro autonomo, assume valore determinante l'accertamento dell'obbligo contrattuale di porre a disposizione del datore le proprie energie lavorative e di impiegarle con continuità, fedeltà e diligenza, secondo le direttive di ordine generale impartite dall'imprenditore e in funzione dei programmi cui è destinata la produzione, per il perseguimento dei fini propri del datore di lavoro" (Cassazione sez. lavoro del 26 febbraio 2002, sentenza n. 2.842).

(22) Art. 2.113: Le rinunzie e le transazioni, che hanno per oggetto diritti del prestatore di lavoro derivanti da disposizioni inderogabili della legge e dei contratti o accordi collettivi concernenti i rapporti di cui all' articolo 409 del codice di procedura civile, non sono valide.

ciazioni Imprenditori; UCICT — Unione Cristiana Italiana Commercio Turismo; UNAPI — Unione Nazionale Dell'artigianato e Della Piccola Impresa; ANILF — Associazione Nazionale Imprese a Lavorazione i a Façon; ANTI — Associazione Nazionale Teleradio Indipendenti; CISAL — Confederazione Italiana Sindacati Autonomi Lavoratori e SAPE — Sindacato Attività Professioni Emergenti.

O contrato coletivo disciplinava de maneira unitária, em todo o território italiano, os contratos de colaboração coordenada e continuativa, tanto por tempo determinado quanto indeterminado. De forma exemplificativa, o contrato aponta, logo em seu art. 1º, como atividades de colaboração coordenada e continuativa, entre outras: administração em geral, participação em colegiados e comissões, colaborações a jornais, revistas, livros e similares etc.[23] A esse primeiro contrato coletivo, seguiram-se outros que continuaram a regular a atividade de colaboração coordenada e continuada.

Passarelli (2005, p. 99) demonstra que as noções de parassubordinação e trabalho coordenado são distintas. Nesse aspecto, assinala que a parassubordinação era uma proposta do fim dos anos setenta, de tipo concessivo. Destinava-se a estender a tutela própria do trabalho subordinado aos não subordinados, mas contratualmente frágeis, em um período histórico em que não existiam tipos normativos intermediários como o trabalho interino. Assim, só excepcionalmente se poderia recorrer ao contrato por prazo determinado, não existindo, ainda, o contrato por tempo parcial.

Passarelli (2005, p. 99) acrescenta que o trabalho coordenado, ao contrário, é uma modalidade inspirada em uma lógica de redução de

---

(23) *Collaborazioni coordinate e continuative in attività del mercato:* 1. Amministratori in genere; 2. Sindaci e revisori di società e di enti in genere; 3. Partecipazioni a collegi e commissioni; 4. Collaborazioni a giornali, riviste, enciclopedie e libri e similari(traduttori, correttori di bozze, sbobinatori, articolisti ecc.); 5. Collaborazioni ad attività radiotelevisive; 6. Collaborazioni ad attività sportive; 7. Collaboratori e procacciatori di agenzia d'affari, agenzia d'affari, multiproprietà uffici residence; 8. Collaboratori e procacciatori di agenzie di assicurazioni in gestione libera; 9. Collaboratori e procacciatori di agenzie di brocheraggio assicurativo e finanziario; 10. Collaboratori e procacciatori di finanziarie, promotori finanziari, società d'intermediazione; 11. Collaboratori e procacciatori di pratiche auto; autoscuole; 12. Collaboratori informatici, telematici, eidonistici; 13. Collaboratori a istituti d'informazione in genere; 14. Collaborazioni in istituti di ricerca di mercato; ricerche economiche; ricerche motivazionali; 15. Collaborazioni in attività di formazione del personale; 16. Collaborazioni in attività pubblicitaria; 17. Collaborazioni in attività in campo della moda; 18. Collaborazioni in realizzazioni di fiere, mostre, convegni, congressi; 19. Collaborazioni per agenzie di mediazioni pubbliche e private; 20. Collaboratori e procacciatori di commissionarie in genere; 21. Collaborazioni in attività di marketing; 22. Collaborazioni alla promozione alla vendita e all'immagine; 23. Collaborazioni nel recupero dei crediti; 24. Collaborazioni per centri ed elaboratori di ricerca, di collaudi, di certificazioni, della qualità, della certificazione in genere; 25. Collaborazioni per vendite a domicilio.*Collaborazioni coordinate e continuative in istituzioni sociali e sanitarie*; 26. Collaborazioni ad attività, iniziative organiche nel campo educativo, sociale-assistenziale sanitario, nonché nelle attività di assistenza e beneficenza; 27. Collaborazioni in enti non profit in genere; 28. Collaborazioni prestate ad attività in fondazioni, associazioni, movimenti in genere, organizzazioni sindacali, partiti politici; 29. Collaborazioni ad enti di patronato.

tutela específica do trabalhador subordinado. Surge em um período em que existe, no ordenamento, uma vasta gama de contratos a tempo parcial, por prazo determinados. Em sua essência, a proposta do trabalho coordenado não atribui relevância aos indícios, como a debilidade contratual ou a dependência econômica do prestador. Em consequência, a coordenação e a modalidade de execução da prestação passam a ser o único critério de identificação do terceiro gênero entre o trabalho subordinado e o autônomo.

O Decreto Legislativo n. 276 de 10 de setembro de 2003, por seu turno, criou a tipologia contratual a projeto e ocasional. A partir do art. 61 do referido diploma legal, são estabelecidos a definição e o campo de aplicação do contrato da projeto. O mencionado decreto teve, por objetivo, dentre outros apontados por *Sferrazza* (2004, p. 65), a abertura de um mercado de trabalho mais transparente e eficaz, bem como a consagração de uma ampla flexibilidade. Esse objetivo seria atingido especialmente por meio da introdução de tipologias contratuais úteis à causa do surgimento do trabalho informal, mas que desenvolvam também a função de "estimular" a empresa no sentido de um crescimento ocupacional e criação de novos postos de trabalho. Com o objetivo de cumprir tais critérios, o ordenamento jurídico italiano introduziu e reconheceu tipologias trabalhistas novas já praticadas pelo mercado, como o trabalho intermitente, os estágios de verão, o trabalho ocasional, o contrato de trabalho a prestações divididas, além da "revisitação" da *fatispecie* já conhecida pelas colaborações coordenadas e continuativas, objeto do presente estudo.

A tipologia contratual a projeto insere-se na pretensão legislativa de "tipicização" das relações trabalhistas. Segundo *Sferrazza* (2004, p. 65), essa tipologia de foi projetada como "fechada", com base em indicadores, elementos e requisitos positivos, com o objetivo de evitar o surgimento de *fatispecies* que abarcassem todas as outras que não seriam reconduzíveis a um determinado esquema contratual.

O item 1 do art. 61 do Decreto Legislativo n. 276/03 estabelece que, permanecendo a disciplina para os agentes e representantes comerciais, a relação de colaboração coordenada e continuativa, prevalentemente pessoal e sem vínculo de subordinação prevista no art. 409 do Código de Processo Civil, deve ser agregada a um ou mais projetos específicos ou programas de trabalho ou fase deles. Esses projetos ou programas devem ser determinados pelo tomador de serviço e geridos autonomamente pelo colaborador em função do resultado, observada a coordenação com a organização do tomador de serviços e independentemente do tempo empregado para a execução da atividade laborativa.

Para o entendimento da tipologia, é preciso conceituar o que seja projeto, programa ou fase deste. *Sferrazza* (2004, p. 76) esclarece que o programa se distingue do projeto por consistir na enunciação particular de que se quer atuar, na exposição de um percurso, de uma linha de conduta a ser seguida. Dessa forma, o programa caracteriza-se, mais especificamente, pela produção de um resultado parcial, destinado a ser integrado para o alcance de um resultado final por outros programas ou processos de trabalho. Assim, o programa de trabalho consiste em um tipo de atividade que não é diretamente reconduzível a um resultado final.

O projeto, por seu turno, ainda segundo *Sferrazza* (2004, p. 76), é a exposição de uma ideia a realizar, mas que se diferencia do plano de atuação de tal ideia, que consiste justamente no programa. Esse último, por seu turno, pode ser dividido em fases de trabalho, que compõem uma articulação da atividade trabalhista, segundo segmentos que são divisíveis entre eles. *Lunardon* (2004, p. 24) destaca, por seu turno, que o projeto ou programa não deve limitar-se a atividades de alta qualificação, podendo, ao contrário, ser atribuível a atividades das mais variadas especializações.

Sferrazza (2004, p. 75) enfatiza que o caráter temporalmente definido do projeto ou do programa ou de fase deste não prejudica a possibilidade de renovar o contrato de trabalho a projeto, sempre que a renovação não constitua elemento excludente da disciplina. O contrato a projeto deve ter duração determinada ou determinável. Mas isso não significa, consoante ressalva o citado autor, que esse tipo de contrato seja assimilável ao contrato por prazo determinado da relação de emprego.

Porém, o mesmo art. 61 do Decreto Legislativo n. 276 indica as exclusões do sistema de trabalho a projeto. Nesse sentido, em seu item 2, estabelece que, das disposições do contrato a projeto, são excluídas as prestações ocasionais. São aquelas relações de duração complessiva, por prazo não superior a trinta dias no curso do ano, com o mesmo tomador de serviços, salvo se o pagamento recebido no mesmo ano seja superior a cinco mil euros, hipótese na qual se aplicam as disposições do contrato a projeto.

São também excluídas do campo de aplicação do contrato a projeto as profissões intelectuais para o exercício das quais é necessária a inscrição nas organizações profissionais. Excluem-se, igualmente, as relações e atividades de colaboração coordenada e continuativa em associações e sociedades esportivas amadoras em geral. São, por fim, excluídos do campo de aplicação desse tipo de contrato os membros de órgãos de administração e controle de sociedade e participantes de conselhos e comissões, bem como aquelas pessoas que recebem aposentadoria. O mesmo art. 61 consagra a regra geral do princípio da proteção, ao estabelecer que as disposições constantes do contrato a projeto não prejudicam a aplicação de cláusulas de contrato individual ou de acordo coletivo mais favoráveis ao trabalhador.

A jurisprudência italiana, referida por *Sferrazza* (2004, p. 12), chama especial atenção para a caracterização do elemento da subordinação[24] como critério diferenciador do contrato a projeto das figuras afins[25]. Por outro lado, quando o elemento da subordinação não é imediatamente relevante na clara identificação da relação, há que se destacar alguns critérios subsidiários, mencionados por *Sferrazza* (2004, p. 14), quais sejam: inserção do trabalhador na organização estrutural e produtiva da empresa; o objeto da prestação no sentido de sua concretização não em obra, mas no desprendimento de energias físicas e intelectivas para a realização das finalidades econômico-produtivas da empresa; a falta, em concreto, de uma organização de empresa; a participação ou não no risco relacionado ao exercício da atividade produtiva; a continuidade da prestação laborativa; a forma da retribuição; o pagamento em períodos fixos; a observância de um horário; a observância de ordens; a

---

(24) Essa subordinação é caracterizada pelos julgados (cass 16.1.1996, n. 326; Cass 29.3.1995, n. 3745; Cass 11.8.94, n. 1219) como aquele vínculo de natureza pessoal que, mediante a inserção do prestador de trabalho na organização empresarial do tomador de serviços para o alcance dos fins produtivos deste, submete o mesmo trabalhador a um poder diretivo do tomador de serviço com consequente limitação da sua liberdade. Destaca *Sferrazza* (2004, p. 13) que a característica preeminente da relação de trabalho subordinado é o vínculo de sujeição do trabalhador ao poder diretivo, organizativo e disciplinar do tomador de serviços, que se exibe por meio da emanação de ordens ou diretivas. Porém, o requisito pode modificar-se de acordo com o conteúdo da prestação e, ainda na esteira da jurisprudência (Cass 8.11/6.7.2001, n. 9167) "deve ser concretamente apreciado com respeito às especificidades do papel conferido ao trabalhador e à forma de sua atuação" (Cass. 85 06/1993). Dessa forma, as ordens específicas e o exercício de uma atividade de vigilância e de controle na execução das prestações laborativas, nas quais se manifesta o poder organizativo e disciplinar do tomador de serviço, se comportam diversamente em relação à peculiaridade das prestações acima indicadas (Cass 29.3.1995, n. 3745, Cass26.10.1994, n. 8804.) Além disso, não é necessário que as ordens sejam contínuas, detalhadas e estritamente vinculantes, considerado, outrossim, que a subordinação pode realizar-se também com referência a diretivas programáticas só escritas na estrutura empresarial (Cass 14.4.1987, n. 3716; 14.10.1985, n 5024).

(25) Podem-se citar dois julgados emblemáticos, em inteiro teor no anexo (disponível em: <www.ltrdigital.com.br>), que desconsideraram o "projeto" formal firmado entre as partes, para, a partir da realidade da prestação laboral, considerar que o trabalhador enquadrava-se na qualificação de empregado. O primeiro, do Tribunal Ordinário de Turim, de 10.5.06, menciona que a realidade do contrato celebrado permite constatar que o prestador de serviços se obrigou a prestações de meio e sem nenhuma individuação do resultado, mesmo que parcial. Assim, concluiu o Tribunal que a prestação privada de qualquer referência a resultado, ainda que parcial, traduz-se em mera disposição da energia laborativa com ônus de diligência tal como é característico do trabalho subordinado. Dessa forma,o Tribunal desconsiderou o contrato a projeto e reconheceu a existência de relação subordinada por prazo indeterminado. O segundo, do Tribunal de Milão, de 5.2.07, de igual forma, desconsidera o projeto formalizado na documentação acostada aos autos a partir do cotejo com a realidade fática apurada através de prova testemunhal, relativa ao trabalho de uma operadora de Call Center, declarando a ilegitimidade do contrato a projeto e considerando-o como subordinado.

coordenação da atividade laborativa pela base organizativa empresarial; a organização do trabalho dentro das estruturas da empresa com materiais, equipamentos próprios da organização produtiva etc.

A respeito de requisitos de forma, *Sferrazza* (2004, p. 81) afirma que a forma escrita não é requerida *ad substantiam*, sendo, unicamente utilizada como prova da relação de colaboração. Assim, a redação em forma escrita do contrato de trabalho a projeto faz presumir, até prova em contrário, a sua conformidade ao modelo legal. A ausência da escrita, portanto, não atinge nem a existência e efetividade da relação, nem a sua validade e eficácia.

O art. 62 do Decreto Legislativo n. 276 estabelece o conteúdo mínimo do contrato, com fins de especificação da finalidade probatória. Inicialmente, é preciso estabelecer a duração da prestação de trabalho. Depois, deve-se apontar o projeto ou programa de trabalho ou a fase dele, bem como a contraprestação e os critérios para sua determinação, a periodicidade e as modalidades de pagamento, e ainda a regulamentação dos reembolsos de despesas. Além disso, deverá determinar as formas de coordenação do trabalhador a projeto ao tomador de serviço sobre a execução — também temporária — da prestação laborativa, além das eventuais medidas pela tutela da saúde e da segurança do trabalhador e aquelas previstas no art. 66, inciso 4, do decreto legislativo.

Em relação ao regime jurídico aplicável ao trabalhador a projeto, de acordo com o art. 63, o pagamento realizado é proporcional à quantidade e qualidade do trabalho executado. Leva-se em conta, nesse caso, o salário normalmente pago por prestações de serviços autônomos análogas quanto ao local da prestação dos serviços. No contrato a projeto, em regra, de acordo com o art. 64, inexiste o requisito da exclusividade, podendo o colaborador desenvolver sua atividade para mais de um tomador de serviços. Porém, o colaborador a projeto não deve desenvolver atividade em concorrência com o tomador de serviços, nem tampouco difundir informações sobre a organização do tomador.

O art. 65 estabelece que o trabalhador a projeto tem direito de ser reconhecido autor das invenções elaboradas no desenvolvimento da relação, o que é regulamentado por lei especial. Comentando esse dispositivo, *Sferrazza* (2004, p. 103) destaca que deve haver a separação do direito moral do autor, que permanece com o trabalhador parassubordinado, e os direitos patrimoniais decorrentes das invenções, que são de propriedade da empresa.

É importante salientar que, de acordo com o art. 66, em casos de gravidez, doença ou infortúnio do colaborador a projeto, ocorre a suspensão do contrato, sem qualquer pagamento ao trabalhador. O prazo de suspensão, salvo no caso de gravidez, não resulta em prorrogação da duração do contrato, que se extingue no vencimento. No caso de gravidez, o contrato é prorrogado por cento e oitenta dias, salvo norma mais favorável do contrato individual. Por outro lado, o tomador de serviços pode rescindir o contrato se a suspensão se protrai por um período superior a um sexto da duração estabelecida no contrato.

A extinção do contrato a projeto ocorre no momento da realização do projeto ou do programa, ou fase deste, que constitui seu objeto. As partes, contudo, podem rescindir o contrato antes do término do prazo por justa causa, segundo diversas causas ou modalidades previstas no contrato individual de trabalho.

O art. 69 do Decreto Legislativo estabelece que as relações de colaboração coordenada e continuativa instaurada sem a individuação de um específico projeto, programa de trabalho ou fase deste são consideradas relações de trabalho a tempo indeterminado desde a data de constituição da relação laborativa.

Ainda o mesmo dispositivo limita a apreciação judicial das relações de trabalho a projeto, na medida em que afirma que o controle judicial é limitado, exclusivamente, ao acertamento da existência do projeto, programa de trabalho, ou fase deste. Portanto, não pode ser estendido até o ponto de entrar no mérito da avaliação das escolhas técnicas, organizativas ou produtivas, pois estas cabem ao tomador.

Sobre os limites da apreciação judicial, dispõe o inciso 3 do art. 69 do referido diploma legal:

> Para fins do juízo de que trata o inciso 2, o controle judicial é limitado exclusivamente, em conformidade aos princípios gerais do ordenamento, à comprovação da existência do projeto, programa de trabalho, ou fase dele, não pode ser estendido a tal ponto de entrar no mérito de avaliações e escolhas técnicas, organizativas ou produtivas, que cabem ao tomador de serviços (tradução nossa).

Sferrazza (2004, p. 96) destaca que o artigo citado parece, por um lado, ter a intenção de garantir a liberdade constitucional de iniciativa econômica do empresário. Mas, por outro lado, poderia também ser considerado inconstitucional, na medida em que parece atribuir ao juiz somente a possibilidade de comprovar a existência ou não do projeto. Subtrai-se, assim, ao judiciário a possibilidade de fazer uma diferente qualificação da relação, nos casos onde se comprove a formal existência do projeto ou programa.

Essa última leitura, contudo, não pode prevalecer. Salientando *Sferrazza* (2004, p. 76) que a norma deve ser mais eficazmente interpretada no sentido mais próximo do ditame constitucional, dos princípios justrabalhistas e da função própria e típica da magistratura do trabalho. Nesse aspecto, deve-se considerar que a única interpretação admissível da disposição em comento seja aquela de atribuir à subsistência do projeto um valor não decisivo, mas somente indicativo, embora relevante, especialmente com o fim de prova e do relativo ônus.

Conclui *Sferrazza* (2004, p. 96) que a predisposição e a identificação de um projeto, cujas prestações trabalhistas se referem a um colaborador, não serão suficientes para garantir a exclusão de possíveis diferentes qualificações jurisdicionais da relação, nas hipóteses em que a execução das mesmas prestações seja substancialmente distinta daquelas pactuadas.

Visto, em linhas gerais, o regime jurídico na Itália, passa-se, no item seguinte, à análise do regime jurídico da Alemanha.

2.1.3. O tratamento jurídico na Alemanha: os quase-empregados

A Alemanha é um país localizado na Europa central, membro fundador da União Europeia. Desde a reunificação, em 1990, é uma república federal parlamentarista com dezesseis Estados. Sua população é de aproximadamente 82 milhões de habitantes. É um dos países de maior densidade populacional da Europa e a principal potência econômica do continente. A Alemanha tem um setor industrial forte e uma economia diversificada, sendo a primeira produtora mundial de fibras artificiais, segunda em automóveis, quarta em navios, quinta em papel, pneus e bicicletas (TERRA; COELHO, 2005, p. 307).

A Constituição alemã não prevê direitos sociais, pois o legislador constituinte optou por não regular os direitos fundamentais sociais, limitando-se à consolidação do princípio do Estado Social. Assim, o único direito social constante da Lei Fundamental está previsto no art. 6º, segundo o qual toda mãe tem direito à proteção e assistência da comunidade. Porém, consoante ressalta *Romita* (2005), o princípio do Estado Social, como princípio de determinação do objetivo do Estado, consagrado no art. 20 da Lei Fundamental da República Federal da Alemanha, ampara a aplicação dos direitos fundamentais no âmbito do direito do trabalho, já que se orienta para a meta da justiça e garantia sociais no Estado Liberal Democrático.

O mesmo procedimento, contudo, segundo verifica *Romita* (2005, p. 168), não é observado pelas constituições estaduais, já que diversas delas incorporam catálogos mais ou menos extensos de direitos fundamentais econômicos e sociais. Observa, ainda, o autor que a incorporação de direitos fundamentais sociais foi especialmente marcante nas constituições de novos Estados-membros, após a reunificação ocorrida em 1990. Receberam ênfase especial os direitos ao trabalho, à habitação, à educação e formação profissional, à proteção da vida e da saúde, bem como à remuneração adequada e férias pagas. Portanto, a proteção social encontra, na legislação alemã, consagração compatível com o princípio do respeito à dignidade da pessoa humana, previsto no art. 1º da Constituição. Cabe ressaltar ainda que a jurisprudência do Tribunal Constitucional torna efetiva a conexão entre dignidade do homem e direitos de liberdade e igualdade.

Em análise específica, *Ari Possidônio Beltran* (2006) afirma que o direito do trabalho na Alemanha é o conjunto de regras jurídicas que se aplicam às pessoas que exercem um trabalho subordinado. A esse respeito, acrescenta que as condições gerais de evolução do direito do trabalho apresentam três tendências básicas: a) a existência de uma regulamentação protetora que evoluiu progressivamente, desde a industrialização, tornando-se mais complexa com o desenvolvimento técnico; b) o exercício e o desenvolvimento das negociações coletivas; c) o desenvolvimento de um direito da constituição social da empresa e da cogestão que encontra suas origens nas comissões de trabalhadores das fábricas e nos conselhos obreiros.

Afirma ainda *Beltran* (2006) com base na obra de *Kaufmann, Kessler* e *Köhler*, que o direito do trabalho alemão é protetor, decorrente da situação de dependência pessoal, bem como de dependência econômica do empregado ante o empregador. Destaca também que a questão de saber em que medida o Estado deve intervir nas relações de trabalho para a elaboração de regras de direito foi regulada pela Lei Fundamental, no sentido de que as partes detêm um poder normativo autônomo (art. 9º, 3). Assim, parte-se da ideia fundamental de uma denominada "parceria social", devendo o Estado manter a neutralidade nas hipóteses de conflitos coletivos.

Nesse contexto, *Beltran* (2006) esclarece que a empresa moderna alemã desempenha uma função social, tendo por objetivo a democratização da vida econômica e social em reação ao anonimato do trabalho e à mecanização do processo produtivo. Para tanto, o assalariado deve passar de um estatuto de subordinado ao de colaborador, em pé de igualdade com o empregador, podendo intervir no processo de tomada de decisão das empresas. Sobre as fontes do direito do trabalho, assinala o referido autor que muito embora o direito do trabalho esteja no domínio da legislação concorrente entre Estado Federal e local, faz parte, essencialmente, do direito federal. Porém, não se tem um Código do Trabalho. A formação de um direito autônomo decorrente das negociações, ao lado do direito decorrente da lei, tem relevante importância, tanto quanto as prescrições dos organismos de gestão de seguros de acidente do trabalho, os acordos de empresa e os acordos de serviço.

Na Alemanha, ainda segundo *Beltran* (2006), as autoridades administrativas competentes em matéria de direito do trabalho são, fundamentalmente: a) o Ministro Federal do Trabalho e dos Assuntos Sociais, que é a suprema instância administrativa; b) no nível de um Estado (*Land*), o Ministro do trabalho local é a suprema autoridade administrativa. Existem, ainda, as organizações profissionais dos assalariados e as organizações patronais. Embora não sejam instâncias estatais, na defesa dos interesses dos seus membros, essas organizações participam da vida econômica e social. As entidades de empregadores são organizadas por categorias e no âmbito do *Land*, sendo reagrupadas como Federações. Há, também, entidades patronais, por profissão, subdivididas em blocos regionais. Todas as organizações profissionais de empregadores pertencem à Confederação das Associações Patronais Alemãs.

Entre os extremos do trabalho com relação de emprego e o trabalho autônomo, existem diversas formas intermediárias de trabalho, expostas por *Däubler* (2003, p. 223). Entre elas, uma das que chama mais atenção é a do trabalhador a domicílio. Essa categoria possui uma legislação específica (HAG) que prevê, especialmente, a fixação de um piso salarial e de condições mínimas de trabalho. A necessidade de proteção prevista na lei de trabalho a domicílio, segundo o autor, baseia-se na dependência econômica.

Däubler (2003, p. 224) destaca, ainda, a categoria das pessoas que trabalham em situação análoga à relação de emprego. A existência dessa categoria de trabalhadores, segundo o autor, é reconhecida pela própria lei processual do trabalho, que estabelece a competência dos Tribunais do Trabalho para análise de tais casos.

Manfred Weiss (2007, p. 1), por sua vez, enfatiza que a dicotomia entre os trabalhadores autônomos excluídos da lei trabalhista e os empregados protegidos pelo direito do trabalho nunca foi bem aceita pela doutrina alemã, sendo criada a figura dos assemelhados a empregados. Estes, por um lado, de acordo com a tradicional definição de empregado, seriam indubitavelmente autônomos, mas, por outro, sua dependência econômica demonstra serem mais parecidos a empregados do que autônomos.

A noção dos quase-empregados, conforme indica *Weiss* (2007, p. 1) foi desenvolvida pelos tribunais alemães levando em conta os seguintes critérios: a) os assemelhados a empregados devem cumprir seus deveres contratuais de forma pessoal, essencialmente sem a ajuda de empregos; b) a maior parte do seu trabalho deve ser feita para uma pessoa ou instituição ou mais da metade de seu sustento[26] deve ser pago por uma pessoa ou instituição.

Weiss (2007, p. 1) assinala, porém, a controvérsia na caracterização dos assemelhados a empregados, existindo critérios bastante fluidos. Nesse contexto, o legislador alemão, tendo em vista a necessidade de recuperar o sistema previdenciário, fez uma tentativa de integrar aqueles trabalhadores que eram juridicamente independentes, mas, economicamente, dependentes do tomador de serviço. Tal medida foi levada a efeito em 1998, que integrou os assemelhados ao sistema da seguridade social, mas acabou sendo revogada[27].

Segundo *Wolfgang Däubler* (2003, p. 225), na verdade, o legislador não regulamentou o direito das pessoas em situação análoga à relação de emprego de modo sistematizado. Porém, existe uma série de normas esparsas sobre essa matéria, como, por exemplo, a igualdade no direito legal de férias (§ 2º da Lei Federal de Férias, BUrlG) e igualdade no direito à proteção no trabalho (§, Abs. 1 n. 3 da Lei de Proteção ao Trabalho, ArbSchG). O autor ressalta, ainda, a igualdade na inclusão nos planos de aposentadoria das empresas, permitida pela Lei de Planos de Aposentadoria Complementar (§ 17, I S.2, BetrAVG) e na Lei de Negociações Coletiva (§ 12ª TVG), que permite a celebração de contratos coletivos, excetuando-se apenas os representantes comerciais.

Däubler (2003, p. 2205) afirma, também, que o Tribunal Federal do Trabalho aplica os preceitos relativos à proibição de concorrência de modo análogo à necessidade de proteção. Assim, sempre que se apresente uma necessidade de proteção semelhante à do trabalhador assalariado, devem ser aplicados os princípios do direito do trabalho, tanto os que protegem o trabalhador, quanto aqueles que estabelecem o dever de fidelidade e não concorrência ao empregador.

Supiot et al. (1999, p. 53) acrescentam que uma parte da doutrina alemã propõe ampliar a noção de trabalho por conta alheia. Assim, a

---

(26) *Weiss* (2007, p. 1) ressalta que, em relação aos artistas, jornalistas e escritores, as cortes alemãs criaram um critério diferenciado, sendo suficiente que mais de um terço de seu sustento seja pago pela mesma pessoa ou instituição.
(27) É interessante assinalar, como faz *Weiss* (2007), os critérios adotados pela legislação previdenciária posteriormente revogada. De acordo com a lei, a pessoa deveria ser integrada ao sistema da seguridade social se preenchesse três de cinco critérios: a) a pessoa não utiliza empregados que trabalhem quinze horas ou mais por semana, que ganhem mais de 320,00 euros; b) a pessoa trabalha permanentemente e primariamente para um parceiro contratual; c) o serviço desempenhado pelo trabalhador é normalmente elaborado por empregados do tomador de serviços; d) o trabalho não mostra características típicas de atividades empresariais; e) a atividade corresponde à atividade anteriormente desenvolvida pelo trabalhador na condição de empregado. Assim, se três dos cinco critérios fossem preenchidos, haveria uma presunção legal que levaria à inserção no regime da seguridade social, havendo possibilidade, contudo, de prova em contrário.

necessidade de proteção não estaria vinculada à sujeição, mas ao fato de o trabalhador depender economicamente de apenas um empresário. Essa dependência econômica poderia ser caracterizada pelo seguintes elementos: a) trabalho realizado pessoalmente, sem ajuda de colaboradores; b) trabalho realizado por conta de um só empresário; c) trabalho realizado sem capitais próprios; d) trabalho integrado em uma organização alheia[28].

2.1.4. A dependência econômica como critério para aplicação de princípios do Código do Trabalho em Portugal

Portugal, oficialmente República Portuguesa, é um país continental situado no sudoeste da Europa, na zona Ocidental da Península Ibérica e no Atlântico Norte, sendo a nação mais ocidental da Europa. O território de Portugal compreende a parte continental e as regiões autônomas: os arquipélagos dos Açores e da Madeira. Sua área total é de 92.391 km².

Desde 1985, o país entrou em um processo de modernização, em um ambiente bastante estável, tendo ingressado na União Europeia em 1986. O crescimento econômico português esteve acima da média da União Europeia na maior parte da década de 1990. Portugal costuma ser referido como um país em que o mercado de trabalho é bastante regulado. Nesse sentido, *Kóvacs* (2004, p. 63) afirma que as formas flexíveis de emprego são ainda minoritárias se comparadas com a proporção de empregos com contratos de duração indeterminada. Contudo, atualmente, constituem uma via de acesso normal para a integração no mercado de trabalho.

A Constituição da República Portuguesa garante a todos os trabalhadores os direitos insculpidos no seu art. 59. Nesse sentido, dá especial destaque à necessidade de observância da dignidade da pessoa humana. Com esse objetivo, determina a alínea *a* do item 1 do art. 59 que é direito do trabalhador a retribuição do trabalho, segundo a quantidade, natureza e qualidade, observando-se o princípio de que, para trabalho igual salário igual, de forma a garantir uma existência condigna.

---

(28) *Supiot et al.* (1999, p. 53) apontam que essa tese foi acolhida por alguns tribunais alemães, em especial pelo Tribunal Laboral de Apelação de Colônia, em uma decisão de 1996. Segundo os termos dessa decisão, a noção tradicional de trabalho assalariado utilizada pelo Tribunal Federal do Trabalho, que se baseia sobretudo no grau de subordinação do trabalhador e tem em consideração, principalmente, o fato de ter um horário de trabalho determinado pelo empresário já não pode bastar para garantir o respeito aos direitos fundamentais. Os autores acrescentam que o Tribunal do Trabalho de Nuremberg também adotou o critério da subordinação econômica em um caso relativo a uma empregada de seguros, em 31 de julho de 1996. Considerando que essa empregada não estava em condições de operar no mercado com seu capital e sua própria organização, o Tribunal a qualificou como trabalhadora assalariada.

A alínea *b*, por sua vez, dispõe sobre a organização do trabalho em condições socialmente dignificantes, de forma propiciar a realização pessoal e a permitir a conciliação da atividade profissional com a vida familiar.

O mesmo art. 59 estabelece o direito à prestação do trabalho em condições de higiene, segurança e saúde, bem como ao repouso e ao lazer, a um limite máximo da jornada de trabalho, ao descanso semanal e a férias periódicas pagas. Prevê também a assistência material em situação de desemprego e o direito à assistência e justa reparação, quando os trabalhadores são vítimas de acidente de trabalho ou de doença profissional.

Tal caráter protecionista, expresso na constituição, vem refletir na normativa infraconstitucional pertinente às relações de trabalho. O Código do Trabalho Português (Lei n. 99/03) estabelece, em seu art. 12, que se presume a existência de um contrato de trabalho sempre que o prestador esteja na dependência e inserido na estrutura organizativa do beneficiário da atividade. Além disso, deve realizar a sua prestação sob ordens, direção e fiscalização deste último, mediante retribuição[29]. Conforme ressalta *Mannrich* (2007, p. 160), a presunção da existência de contrato de trabalho resulta do preenchimento cumulativo de todos os requisitos, ou seja, da inserção do trabalhador na estrutura organizativa do beneficiário, do trabalho realizado na empresa beneficiária ou em local por ela controlado e que os instrumentos de trabalho sejam essencialmente controlados pelo beneficiário da atividade.

Trata-se, porém, conforme observa o citado autor, de presunção relativa, portanto passível de elisão pelo empregador. Por outro lado, o art. 5º do Decreto-Lei n. 328/93, que estabelece o Regime Geral da Segurança Social dos Trabalhadores, presume-se sem subordinação a atividade prestada quando presente uma das seguintes circunstâncias: a) o trabalhador tenha a faculdade de escolher os processos e meios a utilizar, sendo estes, total ou parcialmente de sua propriedade: b) o

---

(29) O art. 12º Código do Trabalho Português, com a redação dada pela Lei n. 9/06, estabelece que "presume-se que existe um contrato de trabalho sempre que o prestador esteja na dependência e inserido na estrutura organizativa do beneficiário da atividade e realize a sua prestação sob ordens, direção e fiscalização deste último, mediante retribuição. A redação originária, muito criticada, dispunha que presume-se que as partes celebraram um contrato de trabalho sempre que, cumulativamente: a) o prestador de trabalho esteja inserido na estrutura organizativa do beneficiário da atividade e realize a sua prestação sob as orientações deste; b) o trabalho seja realizado na empresa beneficiária da atividade ou em local por esta controlado, respeitando um horário previamente definido; c) o prestador de trabalho seja retribuído em função do tempo despendido na execução da atividade ou se encontre numa situação de dependência econômica face ao beneficiário da atividade; d) os instrumentos de trabalho sejam essencialmente fornecidos pelo beneficiário da atividade; e) a prestação de trabalho tenha sido executada por um período, ininterrupto, superior a 90 dias. Em razão das críticas sofridas, foi, consoante ressalta *Gomes* (2007, p. 143), o primeiro dispositivo do código, no âmbito das relações individuais, a ser alterado.

trabalhador não se encontre sujeito a horário ou a períodos mínimos de trabalho, salvo quando tal resulte da direta aplicação das normas do trabalho; c) o trabalhador possa subcontratar outros para a execução do trabalho; d) a atividade do trabalhador não se insira na estrutura do processo produtivo, na organização do trabalho ou na cadeia hierárquica da empresa; e) a atividade do trabalhador constitua elemento acidental na organização e no desenvolvimento dos objetivos da atividade empregadora.

Comentando o art. 12 do Código do Trabalho Português, *Pedro Romano Martinez* (2007, p. 320) afirma que, na realidade, o dispositivo não trata de presunção, mas sim de reiteração dos requisitos para configuração da relação de emprego. Apenas acrescenta a previsão de inserção do trabalhador na estrutura organizativa e dependência econômica. Esses últimos requisitos são entendidos pelo autor como indícios da existência de subordinação jurídica.

Com efeito, a leitura do art. 12 do Código do Trabalho demonstra que se exige, para que a presunção tenha efeito, um critério probatório quase idêntico ao reconhecimento do vínculo empregatício em si. Assim, considerando-se que as presunções são geralmente concebidas como um meio de facilitar a prova de determinados fatos, tem-se que, no caso sob análise, a dicção do art. 12º do Código do Trabalho Português é uma reiteração mais explicitada e didática dos próprios requisitos para configuração da relação de emprego.

Há que se ressaltar, porém, na esteira de *Júlio Gomes* (2007, p. 144), a necessidade de se fazer uma leitura do art. 12 do Código do Trabalho Português que não esvazie o seu sentido útil. Assim, a demonstração da subordinação jurídica seria mais quantitativa do que qualitativa, bastando comprovar, além dos outros requisitos da dependência econômica, da retribuição e da inserção na estrutura organizativa do beneficiário da atividade, que o trabalhador está sujeito a ordens na execução da sua prestação e ao controle e fiscalização da sua atividade para se presumir a existência de um contrato de trabalho. Dessa forma, embora se continue a exigir um esforço significativo de prova, dá-se um conteúdo útil ao dispositivo legal analisado, para facilitar a produção da prova.

Já em seu art. 13, o Código do Trabalho Português determina que ficam sujeitos aos princípios nele definidos, em especial quanto a direitos de personalidade, igualdade e não discriminação, segurança, higiene e saúde no trabalho, os contratos que tenham, por objeto, a prestação de trabalho, sem subordinação jurídica, sempre que o trabalhador deva considerar-se na dependência econômica do beneficiário da atividade[30]. Nesse sentido, a legislação estabelece a noção de contrato equiparado ao de emprego, que é justamente o contrato de prestação de serviços no qual o prestador é economicamente dependente.

Discorrendo sobre o referido dispositivo, *Júlio Manoel Vieira Gomes* (2007, p. 191) esclarece que o escopo do art. 13º do Código do Trabalho Português não é criar um terceiro gênero, ou seja, uma categoria intermediária entre o trabalhador subordinado e os contratos de prestação de serviços. Na visão do autor, a lei estabelece apenas que certos contratos de prestação de serviços ou de trabalho, em razão da dependência econômica do prestador do serviço, podem ficar sujeitos aos princípios definidos no Código. Acrescenta o citado autor que a menção aos específicos direitos mencionados no art. 13º é meramente exemplificativa. Dessa forma, deverão ser aplicados aos contratos em que o prestador de serviços é economicamente dependente todos os princípios gerais do direito do trabalho.

No contexto da igualização de direitos dos trabalhadores, embora relacionada à discriminação étnica e racial, merece destaque a Lei n. 18, de 11 de maio de 2004, que transpõe para a ordem jurídica portuguesa a Diretiva n. 2.000/43 do Conselho da Comunidade Europeia, de 29 de junho, que aplica o princípio da igualdade de tratamento entre as pessoas, sem distinção de origem racial ou étnica. Tem, portanto, por objetivo estabelecer um sistema jurídico para o combate à discriminação baseada em motivos de origem racial ou étnica[31].

---

(30) Tal dispositivo vem gerando críticas por parte da classe patronal, devendo ser destacada a posição comum das confederações patronais sobre a revisão da legislação do trabalho em Portugal, que vem compilada no anexo deste (disponível em: <www.ltrdigital.com.br>). Especificamente sobre o tema dos contratos de trabalho equiparados, foi expressa a posição empresarial sobre o art. 13 do Código do Trabalho nos seguintes termos: "As constantes mutações a que está atualmente sujeita a atividade econômica determinam a necessidade de as empresas adotarem formas flexíveis de contratação. Neste contexto, a equiparação a contrato de trabalho, e a consequente sujeição aos princípios do Código, de todos os contratos que tenham por objeto a realização de prestações, sem subordinação jurídica, ainda que o trabalhador se deva considerar na dependência econômica do beneficiário da atividade, não obedece a um mínimo de razoabilidade, antes se revelando absolutamente desajustada e inconveniente. Com tal equiparação, fica totalmente esbatida a fronteira entre o contrato de trabalho e o contrato de prestação de serviços, inibindo-se o recurso a este último tipo de contrato e, assim, se privando as empresas de um instrumento eficaz e flexível para a respectiva gestão. É indispensável, por isso, a revogação desta equiparação".

(31) Estabelece o art. 2º da Lei n. 18/04 que: "1 — A presente lei é aplicável, tanto no setor público como no privado: a) à proteção social, incluindo a segurança social e os cuidados de saúde; b) aos benefícios sociais; c) à educação; d) ao acesso e fornecimento de bens e prestação de serviços postos à disposição do público, incluindo a habitação. 2 — A matéria relativa à não discriminação no contrato de trabalho, nos contratos equiparados e na relação jurídica de emprego público, independentemente de conferir a qualidade de funcionário ou agente da Administração Pública, é regulada em diploma próprio. 3 — A aplicação da presente lei não prejudica as diferenças de tratamento baseadas na nacionalidade ou nas disposições e condições que regulam a entrada e residência de nacionais de países terceiros e de apátridas no território nacional nem qualquer tratamento que decorra do respectivo estatuto jurídico".

Os direitos dos trabalhadores equiparados ou economicamente dependentes vêm estabelecidos em diversos dispositivos do Código do Trabalho Português. Entre eles, pode-se citar a liberdade de expressão e de opinião. Nesse aspecto, o art. 15 estabelece que é reconhecida no âmbito da empresa a liberdade de expressão e de divulgação do pensamento e opinião, com respeito dos direitos de personalidade do trabalhador e empregador e do normal funcionamento da empresa. O Código assegura, também, no art. 16, a reserva da intimidade da vida privada, pois o empregador e o trabalhador devem respeitar os direitos de personalidade da contraparte, cabendo-lhes guardar reserva quanto à intimidade da vida privada. Esse direito à reserva da intimidade da vida privada abrange tanto o acesso como a divulgação de aspectos atinentes à esfera íntima e pessoal das partes.

No que tange à proteção contra a discriminação, dentre outras regras, o tomador de serviços, a teor do art. 23 do Código do Trabalho, não pode praticar qualquer discriminação, direta ou indireta, baseada, nomeadamente, na ascendência, idade, sexo, orientação sexual, estado civil, situação familiar, patrimônio genético, capacidade de trabalho reduzida, deficiência ou doença crônica, nacionalidade, origem étnica, religião, convicções políticas ou ideológicas e filiação sindical.

Quanto à segurança, higiene e saúde no trabalho, o Código do Trabalho, a partir do art. 272, estabelece que o trabalhador tem direito à prestação de trabalho em condições de segurança, higiene e saúde asseguradas pelo empregador. Estabelece também que o empregador é obrigado a organizar as atividades de segurança, higiene e saúde no trabalho que visem à prevenção de riscos profissionais e a promoção da saúde do trabalhador.

Em relação a acidentes de trabalho, a Lei n. 2.127/65 estabelece que têm direito à reparação os trabalhadores por conta de outrem, em qualquer atividade, seja ou não explorada com fins lucrativos. Consideram-se trabalhadores por conta de outrem os vinculados por contrato de trabalho ou contrato legalmente equiparado. São, também, desde que devam considerar-se na dependência econômica da pessoa servida, os aprendizes, os tirocinantes e os que, em conjunto ou isoladamente, prestem determinado serviço. Especificamente em relação à dependência econômica, o art. 12, item 3, do Decreto-Lei n. 143/99 estabelece que, quando a lei não impuser tratamento diferente, presume-se que o trabalhador encontra-se na dependência econômica da pessoa em proveito da qual presta serviços.

O art. 13 do Código do Trabalho Português é regulamentado pelo capítulo III da Lei n. 35/04. A partir do art. 14 da citada lei, tem-se a definição de que o ali disposto se aplica aos contratos que tenham por objeto a prestação de atividade realizada, sem subordinação jurídica, no domicílio ou em estabelecimento do trabalhador. Aplica-se também aos contratos em que o trabalhador compra as matérias-primas e fornece por certo preço ao vendedor delas o produto acabado, sempre que em um ou em outro caso o trabalhador deva considerar-se na dependência econômica do beneficiário da atividade.

A definição do contrato de trabalho equiparado abrange também, nos termos do item 3 do art. 14 da Lei n. 35/04 a situação em que, para um mesmo beneficiário da atividade, vários trabalhadores, sem subordinação jurídica nem dependência econômica entre si, até o limite de quatro, executam as respectivas incumbências no domicílio de um deles. É interessante notar que a regulamentação traz regra uma específica sobre a pessoalidade da prestação dos serviços, na medida em que estabelece no item 5 do art. 14 que é vedada ao trabalhador no domicílio ou estabelecimento a utilização de ajudantes, salvo tratando-se de membros do seu agregado familiar.

O art. 15 prescreve que o beneficiário da atividade deve respeitar a privacidade do trabalhador e os períodos de descanso e de repouso do agregado familiar. Assim, a visita ao local de trabalho pelo beneficiário da atividade apenas deve ter por objeto o controle da atividade laboral do trabalhador e do respeito das regras de segurança, higiene e saúde, bem como dos respectivos equipamentos. Essa visita apenas pode ser efetuada em dia normal de trabalho, entre as nove e as dezenove horas, com a assistência do trabalhador ou de pessoa por ele designada. Para que seja feita, nos termos do item 3 do art. 15, o beneficiário da atividade deve informar o trabalhador sobre a visita ao local de trabalho, com a antecedência mínima de vinte e quatro horas.

O art. 15 também fixa deveres para o trabalhador, que está obrigado a guardar segredo sobre as técnicas e modelos que lhe estejam confiados, bem como a observar as regras de utilização e funcionamento dos equipamentos. Além disso, no exercício da sua atividade, o trabalhador não pode dar às matérias-primas e equipamentos fornecidos pelo beneficiário da atividade uso diverso do inerente ao cumprimento da sua prestação de trabalho. Por outro lado, a formação profissional, nos termos do art. 17 da Lei n. 35/04, deve ser propiciada pelo beneficiário da atividade de forma similar à dada ao trabalhador que realize idêntica atividade na empresa em cujo processo produtivo se insere a atividade.

A atividade dos trabalhadores em domicílio deve ser registrada nos termos do art. 19 da Lei n. 35/04. Nesse sentido, exige que o beneficiário da atividade deve manter no estabelecimento em cujo processo produtivo se insere a atividade, permanentemente atualizado, um registro dos trabalhadores no domicílio. Nesse registro, devem constar, obrigatoriamente, dados como o nome e o endereço do trabalhador, o local do exercício da atividade, o número de beneficiário da segurança social, o número da apólice de seguro de acidentes de trabalho, a data de início da atividade, o tipo da atividade exercida, bem como as incumbências e respectivas datas de entrega e das importâncias pagas.

O art. 20 da Lei n. 35/99 estabelece que se deve atender ao tempo médio de execução do bem ou do serviço e à retribuição estabelecida em instrumento de regulamentação coletiva de trabalho aplicável a idêntico trabalho subordinado prestado no estabelecimento em cujo processo produtivo se insere a atividade realizada ou, na sua falta, à retribuição mínima mensal garantida. Esse tempo médio é conceituado pela própria lei como aquele que normalmente seria despendido na execução de idêntico trabalho prestado no estabelecimento em cujo processo produtivo se insere a atividade.

Nos termos do art. 22 da citada lei, a suspensão do contrato ou a redução da atividade prevista, por motivo imputável ao beneficiário da atividade, que não seja recuperada nos três meses seguintes confere ao trabalhador o direito a uma compensação pecuniária. Essa compensação deve equivaler à metade da remuneração correspondente ao período em falta ou, não sendo possível a sua apuração, à metade da remuneração média, calculada levando-se em conta a média das remunerações auferidas nos últimos 12 meses ou nos meses de execução do contrato, caso seja de duração inferior.

Nos termos do art. 23, n. 3, qualquer das partes pode, mediante comunicação escrita, rescindir o contrato, por motivo de descumprimento, sem aviso prévio. Por outro lado, o beneficiário da atividade pode, mediante comunicação escrita, resolver o contrato por motivo justificado que não lhe seja imputável nem ao trabalhador. Nesse caso, deve conceder o prazo mínimo de aviso prévio de sete, trinta ou sessenta dias, conforme a execução do contrato tenha durado até seis meses, até dois anos ou por período superior, respectivamente.

Ainda de acordo com o art. 23, n. 5, o trabalhador no domicílio pode, mediante comunicação escrita, denunciar o contrato, desde que conceda o prazo mínimo de aviso prévio de sete ou quinze dias, consoante o contrato tenha durado até seis meses ou mais de seis meses, respectivamente. Excetua-se, porém, a hipótese de trabalho pendente de execução, caso em que prazo é fixado para o termo da execução com o máximo de trinta dias.

A inobservância do prazo de aviso prévio por qualquer das partes confere à outra, nos termos do art. 24, o direito a uma indenização equivalente à remuneração correspondente ao período de aviso prévio em falta. Por outro lado, a insubsistência dos motivos alegados pelo beneficiário da atividade para resolução do contrato confere ao trabalhador o direito a uma indenização igual a sessenta ou cento e vinte dias de remuneração, consoante o contrato tenha durado até dois anos ou mais de dois anos, respectivamente. Essa indenização é calculada levando-se em conta a média das remunerações auferidas nos últimos doze meses ou nos meses de execução do contrato, caso seja de duração inferior.

Outra disposição que merece destaque é aquela inserida no art. 26 da Lei n. 35/04. Esse dispositivo prescreve que o trabalhador no domicílio e o beneficiário da atividade ficam abrangidos, como beneficiário e contribuinte, respectivamente, pelo regime geral de segurança social dos trabalhadores por conta de outrem, nos termos previstos em legislação especial.

Por fim, a competência para o julgamento dos dissídios decorrentes dos contratos equiparados ao de trabalho é, no ordenamento jurídico português, da mesma forma que no brasileiro, dos Tribunais do Trabalho, consoante está disposto no art. 85, alínea *f*, da Lei n. 3/99, que cuida da organização e funcionamento dos Tribunais Judiciais em Portugal.

2.2. O direito estrangeiro enquanto fonte de inspiração para o tratamento jurídico do trabalhador autônomo economicamente dependente

Conforme foi visto, procurou-se, no presente capítulo, pesquisar o tratamento jurídico concedido ao trabalhador em sentido amplo nos países analisados. Essa abordagem foi empreendida com dois objetivos principais: a) buscar subsídios para individualizar a categoria jurídica que deve merecer atenção específica; b) extrair elementos para estabelecer o regime jurídico de tal categoria.

O exame efetivado permite demonstrar que a dependência econômica vem sendo utilizada como fator importante para a individualização da categoria classificada como trabalhador autônomo economicamente dependente. Isso permite verificar que o primeiro objetivo pretendido se encontra alcançado pela delimitação de tal categoria. Por outro lado, várias soluções adotadas pelos países podem ser compatibilizadas com o direito brasileiro. Significa dizer que servirão de fonte de inspiração para elaboração da proposta de anteprojeto de regulamentação do trabalho autônomo economicamente dependente, justamente o segundo objetivo ao qual este capítulo pretendeu chegar.

Assim, no Capítulo 3, várias soluções aqui apresentadas serão utilizadas para a elaboração do anteprojeto ali exposto. Antes, porém, é importante analisar o tratamento constitucional brasileiro sobre a matéria, por meio da fixação dos direitos fundamentais trabalhistas, o que se empreenderá no capítulo seguinte.

3

A PROPOSTA DE REGULAMENTAÇÃO DO REGIME JURÍDICO DOS TRABALHADORES AUTÔNOMOS ECONOMICAMENTE DEPENDENTES

Este capítulo busca apresentar uma proposta de tratamento jurídico protetivo, em nível infraconstitucional, para os trabalhadores autônomos economicamente dependentes. Tal proposta se sustenta, conforme já ficou claro no capítulo anterior, na necessidade de consolidar os direitos dos trabalhadores dessa categoria. Entretanto, é preciso reconhecer que a aplicação dos direitos fundamentais estabelecidos na Constituição é a alternativa mais adequada do ponto de vista da hermenêutica dos direitos fundamentais, embora não seja a que geraria mais resultados práticos.

No intuito de buscar elementos para o anteprojeto aqui proposto, foram utilizados os subsídios fornecidos pela análise do direito estrangeiro empreendida no Capítulo 2. Neste capítulo, é formulado um necessário apanhado dos projetos de lei em tramitação no Congresso Nacional sobre a matéria. Com esses elementos, chegou-se finalmente ao anteprojeto de lei, aqui apresentado.

3.1. Projetos de lei em tramitação no Congresso Nacional

Não são poucos os projetos de lei em tramitação no Congresso Nacional que cuidam da área trabalhista e sindical, até porque o momento político de reforma dos pilares do direito do trabalho faz com que a matéria seja objeto de calorosos debates. O objetivo deste tópico é fazer uma análise das propostas de formulação de um regime jurídico diferenciado para os trabalhadores autônomos. Nesse aspecto, analisa-se, inicialmente, o Projeto de Lei n. 6.012/05, de autoria do deputado Leonardo Picciani — PMDB /RJ. Trata-se de uma proposta no sentido de criar um sistema integrado e simplificado de pagamento de tributos e contribuições, para trabalhadores por conta própria de baixa renda e para proprietários de empreendimentos cuja receita bruta anual seja muito pequena[1].

O projeto é composto de quinze artigos. O art. 2º define trabalhador independente como aquele não vinculado a relações de subordinação e de dependência. O art. 3º classifica tal trabalhador em "por conta própria" e "nanoempreendedor". O art. 4º estabelece que os trabalhadores por conta própria se enquadram no sistema proposto se tiverem receita bruta no ano igual ou inferior ao limite de isenção do imposto de renda pessoa física. O mesmo valor aplica-se aos nanoempreendedores, permitindo-se, entretanto, que se multiplique o limite pelo número de pessoas remuneradas, até o máximo de cinco.

O art. 5º estabelece o sistema integrado de pagamento de tributos, que o projeto denomina de Estatuto de Proteção ao Trabalhador Informal. Neste, estabelece-se que se incluem no referido sistema os seguintes tributos: imposto de renda pessoa jurídica e pessoa física, imposto sobre produtos industrializados, imposto sobre exportação, contribuição para o PIS-PASEP, contribuição sobre o lucro líquido, COFINS, CPMF, contribuição da pessoa jurídica e contribuição individual para a previdência social. Dispõe ainda que os trabalhadores independentes poderão aderir voluntariamente ao FGTS. De plano, verifica-se que se trata de anteprojeto que pretende simplificar e diminuir a tributação. Portanto, não se refere ao objeto central deste trabalho, que é a proteção do trabalhador autônomo economicamente dependente.

Do mesmo ano é o Projeto de Lei n. 255/05, de autoria do deputado André Figueiredo — PDT /CE. O projeto propõe a alteração da Lei Complementar n. 26, de 11 de setembro de 1975, no sentido de permitir o saque da conta individual do PIS-PASEP pelo trabalhador autônomo, para adquirir máquinas ou matérias-primas para sua profissão.

Outra proposição sobre o regime jurídico dos trabalhadores autônomos é o Projeto de Lei n. 7.176/06, de autoria do deputado Paes Landim — PTB /PI, apresentado em junho de 2006[2]. Pelo projeto, o art. 7º

---

(1) O inteiro teor do projeto encontra-se no anexo (disponível em: <www.ltrdigital.com.br>).
(2) Trata-se de projeto bastante sucinto: Art. 1º O art. 7º da Consolidação das Leis do Trabalho passa a vigorar acrescido dos seguintes §§ 1º, 2º e 3º. "§ 1º Considera-se trabalhador sem vínculo empregatício: I — avulso, diarista ou eventual o que, tendo sua remuneração fixada por hora ou dia efetivamente trabalhados, não prestar serviços ao mesmo empregador por mais de dois dias na semana ou trinta e seis em cada período de doze meses; II — autônomo o que não tiver obrigação de prestação de serviços exclusivamente ao mesmo empregador e não estar sujeito ao cumprimento de horário certo e determinado em seu trabalho. III — profissional liberal o que prestar serviço de natureza técnica, com remuneração fixada em honorários por trabalho certo ou tempo à disposição do empregador, não estando ainda submetido ao comando deste. IV — colaborador o que, tendo menos de 24 (vinte e quatro) anos, se estudante ou mais de 60 (sessenta) de idade, não prestar serviços ao mesmo empregador por mais de 22 (vinte e duas) horas semanais. § 2º O trabalhador de que trata o parágrafo anterior terá direito: I — por hora de efetivo trabalho, ao

da CLT seria modificado para configurar que se considera trabalhador sem vínculo empregatício: I — avulso, diarista ou eventual o que, tendo sua remuneração fixada por hora ou dia efetivamente trabalhados, não prestar serviços ao mesmo empregador por mais de dois dias na semana ou trinta e seis em cada período de doze meses; II — autônomo o que não tiver obrigação de prestação de serviços exclusivamente ao mesmo empregador e não estiver sujeito ao cumprimento de horário certo e determinado em seu trabalho; III — profissional liberal o que prestar serviço de natureza técnica, com remuneração fixada em honorários por trabalho certo ou tempo à disposição do empregador, não estando ainda submetido ao comando deste; IV — colaborador o que, tendo menos de vinte e quatro anos, se estudante ou mais de 60 de idade, não prestar serviços ao mesmo empregador por mais de vinte e duas horas semanais.

Ainda de acordo com a proposta, o § 2º do art. 7º da CLT passaria a ter nova redação estabelecendo que os trabalhadores sem vínculo empregatício teriam direito: I — por hora de efetivo trabalho, ao pagamento, pelo menos, do valor do salário-hora mínimo; II — ao benefício do vale-transporte, conforme lei própria; III — a aviso prévio, com duração de trinta dias, quando dispensado imotivadamente pelo empregador, se a prestação de serviços tiver durado mais de um mês ou período equivalente; IV — ao pagamento anual de uma décima terceira remuneração, na proporção de um doze avos do valor mensal médio percebido, por período de trinta dias ou fração igual ou superior a quinze à disposição do empregador".

Ressalte-se que o projeto citado não regula a matéria de forma eficiente. Ao contrário, apenas insere um parágrafo no art. 7º da CLT, estabelecendo direitos mínimos, sem qualquer regulamentação. Observe-se, também, que não estabelece a devida diferenciação entre as categorias de avulsos, autônomos, eventuais e diaristas. Portanto, não observa o necessário rigor técnico para individualização das figuras jurídicas que pretende regular.

Conforme se verifica, os projetos em tramitação no Congresso Nacional, embora tangenciem o tema, não apresentam a necessária e

---

pagamento, pelo menos, do valor do salário-hora mínimo; II — ao benefício do vale-transporte, conforme lei própria; III — a aviso prévio, com duração de trinta dias, quando dispensado imotivadamente pelo empregador, se a prestação de serviços tiver durado mais de um mês ou período equivalente; IV — ao pagamento anual de uma décima terceira remuneração, na proporção de um doze avos da valor mensal médio percebido, por período de 30 (trinta) dias ou fração igual ou superior a 15 (quinze) à disposição do empregador". Art. 2º Revogam-se as disposições em contrário. Art. 3º Esta Lei entrará em vigor na data de sua publicação.

completa regulação da matéria, sendo insuficientes para uma adequada proteção do trabalhador autônomo economicamente dependente. Poder-se-ia argumentar que, ao invés de elaborar um regime próprio, bastaria o aproveitamento dos projetos em tramitação no Congresso Nacional ou mesmo a mera alteração de dispositivos da CLT. A objeção, contudo, não pode prevalecer, uma vez que os anteprojetos em tramitação apenas fazem alterações pontuais, sem estabelecer um verdadeiro regime jurídico diferenciado. Em relação à inserção de capítulo na CLT, ao invés da elaboração de estatuto, tal proposta é incompatível com a própria noção de coesão do sistema.

Por tudo isso, a proposta aqui apresentada pretende criar regime jurídico próprio e diferenciado, atendendo-se, assim, às características peculiares, da relação de emprego e relação de trabalho economicamente dependente, de forma que esta última não seja regulada apenas como um apêndice da primeira. Pelas razões expostas, justifica-se a elaboração da proposta de anteprojeto, apresentada em inteiro teor no apêndice (disponível em: <www.ltrdigital.com.br>) e explicada nos itens que se seguem.

3.2. A proposta do estatuto do trabalhador autônomo economicamente dependente

Este tópico se destina a apresentar uma proposta de alteração legislativa no sentido da criação do regime jurídico diferenciado para os trabalhadores autônomos economicamente dependentes. Como se viu no capítulo anterior, os direitos fundamentais do trabalho podem ser aplicados e exigíveis diretamente, independentemente de intermediação legislativa. Porém, conforme adverte *Rodolfo Capón Filas* (2006, p. 1), embora em termos discursivos a máxima eficácia dos direitos fundamentais pareça objetivo incontroverso, a realidade muitas vezes se manifesta refratária à efetividade dos direitos humanos. Tal realidade se evidencia não apenas no aspecto político, mas também nas esferas social e econômica. Dessa forma, é necessário criar mecanismos que concretizem essa aplicação.

O anteprojeto apresentado, neste trabalho, justifica-se em razão da necessidade de fixação de regras próprias que atendam às peculiaridades do tipo de serviço prestado pelo trabalhador autônomo economicamente dependente. Além disso, busca estruturar um regime jurídico próprio para a categoria, capaz de criar um sistema de aplicação próprio para o trabalhador autônomo economicamente dependente. Para tanto, a abordagem partirá dos capítulos e seções que compõem o anteprojeto de lei apresentado no apêndice deste trabalho (disponível em: <www.ltrdigital.com.br>).

3.2.1. Dos destinatários da lei

O anteprojeto inicia fixando o objeto da lei, estabelecendo que é criado o Estatuto do Trabalhador Autônomo Economicamente Dependente. Tal cláusula inicial é estabelecida de acordo com a técnica legislativa imposta pelo art. 7º da LC n. 95/98[3].

Serão regidos pelo Estatuto do Trabalhador Autônomo Economicamente Dependente os trabalhadores pessoas físicas sem vínculo empregatício que realizem de forma habitual, pessoal e por conta própria uma atividade laborativa a título oneroso, com dependência econômica do tomador de serviços, mas sem subordinação jurídica.

O anteprojeto parte da premissa exposta por *Passarelli* (2005, p. 102) que expõe que é necessário evitar a definição legislativa de dependência econômica de caráter geral, uma vez que a utilização de novos critérios descreve uma ordem de interesses irredutíveis às tipificações já definidas. Assim, o § 1º do art. 2º, com inspiração na legislação alemã e espanhola, estabelece:

> Art. 2º (...)
>
> § 1º São requisitos para a caracterização do trabalhador autônomo economicamente dependente:
>
> I — não utilizar o trabalhador o serviço remunerado de outras pessoas para o exercício das atividades contratadas com o tomador de serviços;
>
> II — não executar o trabalhador sua atividade de maneira conjunta e indiferenciada com trabalhadores com vínculo empregatício.

Dos elementos expostos, verifica-se que a proposta, em seu inciso I, do § 1º do art. 2º deixa clara a necessidade da existência de pessoalidade na prestação de serviços, com o objetivo de caracterização da relação de trabalho economicamente dependente. Trata-se de um requisito necessário para que a proteção se verifique em relação ao trabalhador pessoa física e não para aquele que se utiliza da prestação remunerada de serviços de terceiros. Note-se, neste particular, que, se o prestador de serviços utiliza-se da mão de obra familiar ou se conta com o auxílio gratuito de terceiros em suas atividades, não há a exclusão do elemento citado, uma vez que este apenas ocorre se a prestação de serviços por terceiros for remunerada.

---

[3] Art. 7º Lei Complementar n. 95/98: — O primeiro artigo do texto indicará o objeto da lei e o respectivo âmbito de aplicação, observados os seguintes princípios: I — excetuadas as codificações, cada lei tratará de um único objeto; II — a lei não conterá matéria estranha a seu objeto ou a este não vinculada por afinidade, pertinência ou conexão; III — o âmbito de aplicação da lei será estabelecido de forma tão específica quanto o possibilite o conhecimento técnico ou científico da área respectiva; IV — o mesmo assunto não poderá ser disciplinado por mais de uma lei, exceto quando a subsequente se destine a complementar lei considerada básica, vinculando-se a esta por remissão expressa.

O requisito subsequente consiste na não utilização conjunta do trabalhador nas mesmas funções de trabalhadores com vínculo empregatício. A exigência é importante porque, nessas hipóteses, está-se diante de clara fraude à aplicação dos preceitos decorrentes da relação de emprego. Se o trabalhador exerce as mesmas atividades, de maneira conjunta e indiferenciada, a um empregado, então ele será claramente empregado e não trabalhador autônomo economicamente dependente. A hipótese, inclusive, já esteve prevista na legislação alemã referente à seguridade social, a qual, embora revogada, tem o mérito de apontar parâmetros para a definição da figura jurídica que ora se estuda.

No § 2º do art. 2º, o anteprojeto estabelece dois indícios para a caracterização do trabalhador autônomo economicamente dependente. Poder-se-ia argumentar que a previsão é desnecessária, alegando-se que, mesmo sem o preenchimento dos indícios, uma relação pode ou não ser considerada como de vínculo com trabalhador autônomo economicamente dependente. Porém, a previsão é relevante porque facilita a colheita de provas e indica a ilação juridicamente reconhecida da realidade da prestação laboral. Nesse sentido, estabelece o § 2º do art. 2º do anteprojeto:

Art. 2º (...)

§ 2º São indícios para caracterização do trabalhador autônomo economicamente dependente:

I — dispor o trabalhador de infraestrutura produtiva e material próprio, quando necessários para o exercício da atividade;

II — desenvolver o trabalhador sua atividade com base em critérios organizativos próprios, sem prejuízo das indicações técnicas de caráter geral que receber do tomador de serviços.

O indício estabelecido no inciso I é relevante porque, caso o trabalhador não utilize infraestrutura nem materiais próprios, a tendência é ser caracterizado como empregado. Porém, o indício não é excludente, devendo ser interpretado dentro do contexto dos demais elementos expostos no dispositivo do anteprojeto.

O outro indício consiste em desenvolver o trabalhador sua atividade com base em critérios organizativos próprios, sem prejuízo das indicações técnicas de caráter geral que receber do tomador de serviços. Trata-se de indício importante, uma vez que, em não se verificando, no caso concreto, tais condições, a subordinação jurídica estará manifesta. Assim, não sendo preenchido o indício, a relação se aproximará bastante do vínculo empregatício, em razão do reconhecimento da subordinação jurídica.

O § 3º do art. 2º do anteprojeto dispõe sobre as hipóteses de exclusão de diversas categorias do âmbito da caracterização como trabalhadores autônomos economicamente dependentes. Estabelece o citado dispositivo:

§ 3º Excluem-se do regime jurídico estabelecido neste Estatuto:

I — os representantes comerciais autônomos;

II — os trabalhadores autônomos que desempenhem atividades eventuais;

III — os trabalhadores avulsos.

Os representantes comerciais ficam expressamente excluídos da categoria de trabalhadores autônomos economicamente dependentes, em razão da existência de regime jurídico próprio e específico para tal espécie de trabalhadores, previsto principalmente na Lei n. 4.886/65, não se justificando a inserção desses trabalhadores na hipótese sob exame. Contudo, é necessário salientar que não basta a simples assinatura de contrato de representação comercial para elidir a incidência das regras relativas ao regime jurídico previsto no anteprojeto. Isso porque o contrato celebrado pode disfarçar uma fraude à incidência de regimes jurídicos mais favoráveis, tais como a dos trabalhadores autônomos economicamente dependentes ou mesmo da relação de emprego.

Em qualquer caso, prevalecerá a realidade da prestação dos serviços. Na hipótese de existência do requisito da subordinação jurídica, ficará caracterizado o contrato de emprego. Por outro lado, na eventualidade de preenchimento dos requisitos estabelecidos no anteprojeto, aliado à tentativa de fraude de aplicação da lei trabalhista, incidirá a regulamentação relativa aos trabalhadores autônomos economicamente dependentes.

A segunda hipótese de exclusão refere-se aos serviços de natureza eventual. Trata-se, a rigor, de exclusão meramente didática, uma vez que o próprio *caput* do art. 2º, ao conceituar os trabalhadores autônomos economicamente dependentes, já indica que a habitualidade é requisito para a caracterização da figura jurídica ali definida.

Em relação aos avulsos, a exclusão justifica-se porque, a teor do art. 7º, inciso XXXIV, da Constituição Federal, eles possuem igualdade de direitos com os empregados. Enquadram-se, na hipótese, diversos trabalhadores, tais como estivadores, conferentes e consertadores de carga e descarga, vigias portuários, arrumadores e ensacadores. Em consequência, não poderia o projeto tentar enquadrá-los como trabalhadores autônomos economicamente dependentes, em razão da expressa previsão constitucional em relação ao regime jurídico aplicável.

Note-se que, diferentemente da exclusão peremptória, o anteprojeto não inclui qualquer categoria de trabalhadores em sua sistemática. Nesse aspecto, é importante advertir, na esteira de *Sferrazza* (2004, p. 11), que cada atividade humana economicamente relevante pode ser objeto, quer de uma relação de trabalho subordinado, quer de uma relação de trabalho autônomo. Tal fato impõe a impossibilidade de constranger determinadas modalidades de prestações laborativas, aprioristicamente, ao âmbito de uma específica hipótese de relação de trabalho. Assim, em abstrato, qualquer atividade laborativa poderá ser prestada no âmbito de uma relação de tipo dependente, como no contexto de uma relação autônoma, dependendo tão somente da qualificação específica do desenvolvimento da mesma relação.

3.2.2. Do regime profissional do trabalhador autônomo economicamente dependente

Os arts. 3º a 17 do anteprojeto formam o Capítulo II, que cuida do regime profissional do trabalhador autônomo economicamente dependente. O capítulo abrange os direitos e deveres dessa classe de trabalhadores, além de descer a detalhes no que tange à regulamentação de direitos específicos, dadas as peculiaridades da espécie. Assim, há seções próprias para análise das hipóteses de rescisão do contrato, de duração do trabalho, da contraprestação pecuniária, da formalização do contrato e da interrupção do contrato que serão analisadas detalhadamente nos itens seguintes.

3.2.2.1. Dos direitos do trabalhador autônomo economicamente dependente

O art. 3º do anteprojeto procura estabelecer a aplicação dos direitos trabalhistas individuais previstos no art. 7º da Constituição. Com efeito, a aplicação dos direitos trabalhistas fundamentais aos trabalhadores autônomos economicamente dependentes não precisa de lei regulamentadora. Significa que o fato de um artigo específico da legislação infraconstitucional determinar a aplicação dos referidos incisos não altera sua força e validade, já que são aplicáveis, por natureza.

A previsão legal, na verdade, justifica-se como um mecanismo para não deixar margem a dúvidas sobre a aplicação dos direitos trabalhistas fundamentais às relações de trabalho autônomo economicamente dependente. Note-se, nesse particular, que alguns direitos necessitam de expressa regulamentação, tais como o direito a férias, o percentual para cálculo do repouso semanal remunerado etc., o que é empreendido no capítulo II do anteprojeto.

Por sua vez, estabelece o art. 3º do anteprojeto:

Art. 3º Os trabalhadores autônomos economicamente dependentes são titulares dos seguintes direitos trabalhistas fundamentais indicados no art. 7º da Constituição Federal: incisos IV (salário mínimo hora), V (proporcionalidade da contraprestação à extensão e complexidade do trabalho), VI (irredutibilidade da contraprestação), VII (garantia do salário mínimo), VIII (décimo terceiro salário), IX (contraprestação noturna superior à diurna), X (proibição da retenção dolosa da contraprestação), XIII (limitação da jornada de trabalho) XV (repouso semanal remunerado), XVI (remuneração superior do trabalho extraordinário) XVII (férias), XVIII (licença à gestante), XIX (licença-paternidade), XX (proteção do mercado da mulher), XXI (aviso-prévio) XXII (redução dos riscos inerentes ao trabalho) XXIV (aposentadoria), XXV (assistência gratuita aos filhos e dependentes), XXVI (reconhecimento dos acordos e convenções coletivas), XXVII (proteção em face da automação), XXVIII (seguro contra acidentes de trabalho), XXX (proibição de diferença de salários, de exercício de funções e de critério de admissão por motivos discriminatórios), XXXI (proibição de discriminação com o portador de deficiência), XXXII (proibição de distinção entre trabalhadores intelectuais e manuais), XXXIII (proibição de trabalho noturno, insalubre ou perigoso ao menor de dezoito anos e de qualquer trabalho ao menor de dezesseis anos).

O art. 4º do anteprojeto[4] estabelece que, além dos direitos trabalhistas fundamentais previstos no art. 7º da Constituição, ao trabalhador autônomo economicamente dependente são assegurados ainda diversos outros direitos apontados no seu rol de incisos. Importa salientar que o conteúdo de vários incisos citados é mera repetição de direitos

---

(4) Art. 4º além dos direitos trabalhistas fundamentais previstos no artigo anterior, ao trabalhador autônomo economicamente dependente são assegurados ainda os seguintes: I — livre escolha de sua profissão ou ofício; II — direito à propriedade intelectual, nos termos da Lei n. 9.279/96; III — igualdade diante da lei para efeito de não ser discriminado, direta ou indiretamente, por razão de nascimento, origem racial ou étnica, sexo, idade, estado civil, religião, convicções, deficiências físicas ou mentais, orientação sexual ou qualquer outra condição ou circunstância social ou pessoal; IV — respeito de sua intimidade, dignidade, liberdade de locomoção e pensamento; V — proteção contra o assédio sexual e moral; VI — respeito à sua integridade física e a uma proteção adequada de sua segurança e saúde no trabalho; VII — percepção pontual da contraprestação pecuniária pelo seu trabalho; VIII — conciliação da vida pessoal com a laboral; IX — exercício pessoal, por conta própria, das atividades profissionais, salvo nas hipóteses de celebração de cláusula de exclusividade; X — acesso à Justiça do Trabalho; XI — filiar-se a sindicato ou associação de classe; XII — exercer atividade coletiva de defesa dos seus interesses profissionais; XIII — filiação obrigatória à Previdência Social.

já previstos nos arts. 5º e 8º da Constituição Federal. Entretanto, tais direitos vêm expostos de forma sistemática no anteprojeto para, por um lado, enfatizar o adequado respeito aos referidos direitos e, por outro, deixar clara a sua aplicação à espécie de trabalhadores sob comento.

Iniciando o rol de direitos, o inciso I do art. 4º do anteprojeto estabelece a livre escolha, pelo trabalhador, de sua profissão ou ofício, o que apenas consagra o direito fundamental de liberdade. Trata-se de direito imanente ao Estado Democrático de Direito, previsto no art. 5º, inciso XIII, da Constituição, abordado no capítulo anterior.

O inciso II prevê o direito à propriedade intelectual, nos termos da Lei n. 9.279/96. Trata-se de matéria importante e polêmica, mas cuja garantia já se encontra prevista no art. 92 da citada lei, ao estabelecer que suas regras são aplicáveis não apenas a empregados, mas também a trabalhadores autônomos e estagiários. Portanto, a presença do dispositivo no anteprojeto tem apenas o objetivo de especificar a hipótese no caso de trabalhadores autônomos economicamente dependentes.

A expressão "propriedade intelectual" é genérica, na medida em que pretende garantir aos inventores ou responsáveis por qualquer produção intelectual o direito de auferir vantagem pela sua criação. Podem-se considerar propriedade intelectual as invenções, obras literárias e artísticas, símbolos, nomes, imagens, desenhos etc. Deve-se esclarecer, porém, que a propriedade intelectual abrange duas grandes áreas: propriedade industrial e direito autoral. No primeiro caso, estão inseridas as patentes, marcas, desenho industrial etc. Já no segundo, inserem-se as obras literárias e artísticas, programas de computador, cultura imaterial etc.

Os artigos 88 e seguintes da Lei n. 9. 279/96 estabelecem as hipóteses em que a invenção é propriedade do empregador ou tomador de serviços, bem como aquelas em que a propriedade é exclusiva do empregado e quando é comum. Nesse sentido, estabelece o art. 88 da citada lei que a invenção e o modelo de utilidade pertencem exclusivamente ao empregador quando decorrerem de contrato de trabalho cuja execução ocorra no Brasil e que tenha por objeto a pesquisa ou a atividade inventiva, ou resulte esta da natureza dos serviços para os quais foi o empregado contratado. A lei estabelece ainda disposições relativas à retribuição pelo trabalho e ao requerimento de patente pelo trabalhador até um ano após a extinção do vínculo[5].

---

(5) Art. 88, § 1º da Lei n. 9.279/96: "Salvo expressa disposição contratual em contrário, a retribuição pelo trabalho a que se refere este artigo limita-se ao salário ajustado. § 2º Salvo prova em contrário,

Por outro lado, estabelece o art. 90 que pertencerá exclusivamente ao empregado a invenção ou o modelo de utilidade por ele desenvolvido, desde que desvinculado do contrato de trabalho e não decorrente da utilização de recursos, meios, dados, materiais, instalações ou equipamentos do empregador. Por fim, de acordo com o art. 91, a propriedade de invenção ou de modelo de utilidade será comum, em partes iguais, quando resultar da contribuição pessoal do empregado e de recursos, dados, meios, materiais, instalações ou equipamentos do empregador, ressalvada expressa disposição contratual em contrário.

O inciso III do art. 4º do anteprojeto garante aos trabalhadores autônomos economicamente dependentes a igualdade diante da lei para efeito de não serem discriminados, direta ou indiretamente, por razão de nascimento, origem racial ou étnica, sexo, idade, estado civil, religião, convicções, deficiência física ou mental, orientação sexual ou qualquer outra condição ou circunstância social ou pessoal.

O referido inciso nada mais é do que a aplicação do princípio constitucional de igualdade e não discriminação, inserto no art. 5º da Constituição, especialmente nos seguintes incisos: "I — homens e mulheres são iguais em direitos e obrigações, nos termos desta Constituição"; "XLI: a lei punirá qualquer discriminação atentatória dos direitos e liberdades fundamentais". A não discriminação vem ainda prevista nos incisos XXX a XXXII do art. 7º da Constituição, que foram objeto de previsão específica no art. 2º do anteprojeto.

O inciso IV estabelece o direito ao respeito da intimidade, dignidade, liberdade de locomoção e pensamento do trabalhador autônomo economicamente dependente. Trata-se, mais uma vez, de consagração de princípios constitucionais insertos no art. 5º da Constituição, especificamente em seus incisos IV[6], VI[7] e X[8] e implicitamente no inciso LXVIII[9] do mesmo dispositivo constitucional.

Ao tratar da proteção contra o assédio sexual e moral, o inciso V do art. 4º explicita a proteção necessária aos atributos da pessoa humana. O inciso VI do art. 4º do anteprojeto prevê o respeito à integridade física

---

consideram-se desenvolvidos na vigência do contrato a invenção ou o modelo de utilidade, cuja patente seja requerida pelo empregado até 1 (um) ano após a extinção do vínculo empregatício.
(6) Art. 5º, inciso IV: "é livre a manifestação do pensamento, sendo vedado o anonimato".
(7) Art. 5º, inciso VI: "é inviolável a liberdade de consciência e de crença, sendo assegurado o livre exercício dos cultos religiosos e garantida, na forma da lei, a proteção aos locais de culto e a suas liturgias".
(8) Art. 5º, inciso X: "são invioláveis a intimidade, a vida privada, a honra e a imagem das pessoas, assegurado o direito a indenização pelo dano material ou moral decorrente de sua violação".
(9) Art. 5º, inciso LXVIII: "conceder-se-á *habeas corpus* sempre que alguém sofrer ou se achar ameaçado de sofrer violência ou coação em sua liberdade de locomoção, por ilegalidade ou abuso de poder".

do trabalhador e a uma proteção adequada a sua segurança e saúde no trabalho. Trata-se, sem dúvida, de dispositivo que visa a aplicar a garantia constitucional prevista no art. 7º, inciso XXII da Constituição, referente à redução dos riscos inerentes ao trabalho, de forma a tornar aplicáveis as normas regulamentares de segurança e medicina do trabalho à categoria dos trabalhadores autônomos economicamente dependentes.

O inciso VII do citado artigo traz importante regra relativa à percepção pontual da contraprestação pecuniária pelo seu trabalho. A norma é importante porque, em razão do caráter alimentar da contraprestação pecuniária fornecida ao trabalhador autônomo economicamente dependente, não há como tolerar atrasos injustificados no pagamento respectivo. Nesse aspecto, o anteprojeto prevê que o atraso no pagamento por três meses configura justa causa a assegurar a rescisão do contrato pelo trabalhador.

O inciso VIII do art. 4º do anteprojeto traz um direito interessante e atual. Com efeito, a conciliação da vida pessoal com a laboral do trabalhador autônomo economicamente dependente vai ao encontro das necessidades de superação dos antagonismos existentes entre esses dois campos. Nesse aspecto, deve-se salientar que a norma é programática, servindo como critério hermenêutico para análise de cláusulas específicas constantes de acordos individuais e coletivos de trabalho autônomo economicamente dependente. A esse respeito, o anteprojeto poderia ter avançado e previsto, de forma específica, algumas hipóteses de conciliação. Essa medida, contudo, não foi incluída em razão do estágio de evolução do direito do trabalho em nosso país, que acabaria por inviabilizá-las.

Como forma de conciliação genérica, o anteprojeto prevê apenas a hipótese do inciso II do art. 17, que dispõe sobre a interrupção ou suspensão da prestação de serviços pelo trabalhador autônomo economicamente dependente na hipótese de necessidade de atender responsabilidades familiares. A hipótese genérica conduz a uma possibilidade de maior abertura e reconhecimento da importância dessa conciliação entre a vida pessoal e laboral.

Estudos sobre o tema, em especial a análise empreendida por *Helios Pietro Campà* (2006, p. 40), demonstram o marco legal francês de conciliação da vida pessoal e laboral. Afirma o autor que o Código de Trabalho Francês estabelece diversas espécies de licenças que visam a facilitar a tarefa de educação e cuidado de filhos menores. Nesse sentido, destaca-se a licença concedida para a educação dos filhos. Consiste ela na possibilidade aberta ao pai ou à mãe com mais de um ano de empresa para, no momento do nascimento do filho, suspender seu contrato de trabalho ou reduzir sua jornada de trabalho em uma quinta parte para promover um melhor acompanhamento da criança. Tal licença começa com o fim da licença-maternidade ou, em outro momento, segundo as disposições da convenção coletiva aplicável, e termina ao final do terceiro ano de idade do filho. Outro exemplo citado por *Campà* (2006, p. 41), também no direito francês, é uma licença não remunerada em caso de enfermidade ou acidente de um filho menor de dezesseis anos.

No direito português, dentre outras licenças, segundo *Campà* (2006, p. 45), existe a destinada à assistência do filho menor de seis anos. Nessa hipótese, o pai ou a mãe tem direito a uma licença de três meses, pode trabalhar doze meses em tempo parcial ou ainda intercalar a licença com o trabalho parcial.

Diversos outros dispositivos na legislação estrangeira poderiam ser extraídos para demonstrar a possibilidade de conciliação entre a vida pessoal e laboral. Porém, como o tema ainda não foi amadurecido em nosso país, o disposto no inciso VIII do art. 4º do anteprojeto serve como princípio programático e hermenêutico. Esse princípio, por um lado, pode subsidiar alterações legislativas futuras e, por outro, servir como critério interpretativo do inciso II do art. 17 do anteprojeto e de cláusulas contratuais específicas.

O direito assegurado no inciso IX do art. 4º do anteprojeto refere-se ao exercício pessoal, por conta própria, das atividades profissionais, salvo nas hipóteses de celebração de cláusula de exclusividade. Trata-se de consagração da liberdade de profissão, que deve ser protegida, salvo no caso de celebração pelo trabalhador autônomo economicamente dependente de contrato que garanta a exclusividade de uma determinada atividade ao tomador de serviços.

O inciso X do art. 4º consagra a ampliação de competência levada a efeito pela nova redação do inciso I do art. 114 da Constituição Federal, alterado pela Emenda Constitucional n. 45. Com efeito, conforme assinala *Pamplona Filho* (2007, p. 1), nos termos do dispositivo constitucional citado, se a ação for oriunda diretamente da prestação do trabalho por pessoas físicas, discutindo-se o conteúdo desse labor, bem como as condições em que ele é exercido ou disponibilizado, é indiscutível a competência da Justiça do Trabalho. Ao estabelecer o acesso à Justiça do Trabalho para tutela judicial efetiva desses direitos, o dispositivo deixa claro que o direito de ação do trabalhador autônomo economicamente dependente deverá ser exercitado naquele ramo do judiciário.

No inciso XI do art. 4º, há a previsão de possibilidade de filiação do trabalhador autônomo economicamente dependente a sindicato ou associação de classe. Tal previsão consagra o que é disposto nos arts. 5º, incisos XVII a XX[(10)], e 8º, inciso V, da Constituição. A liberdade de associação e sindicalização, aliás, é um dos direitos fundamentais do homem trabalhador assegurado na Declaração da OIT sobre direitos fundamentais.

O inciso XII, ao assegurar ao trabalhador autônomo economicamente dependente o direito de exercer atividade coletiva de defesa dos seus interesses profissionais, consagra os direitos coletivos do trabalho previstos no art. 8º da Constituição. Por fim, o inciso XIII, ao dispor sobre a filiação obrigatória do trabalhador autônomo economicamente dependente à Previdência Social, vem ao encontro da própria previsão da previdência social como direito social amplo, de acordo com o art. 6º da constituição. Ao mesmo tempo, o dispositivo deixa clara a participação do trabalhador autônomo economicamente dependente no regime geral de previdência social.

3.2.2.2. Dos deveres do trabalhador autônomo economicamente dependente

Depois de fixar os direitos dos trabalhadores autônomos economicamente dependentes, o anteprojeto apresenta também seus deveres, tendo em vista a bilateralidade que é ínsita ao contrato sob exame. O art. 5º estabelece:

Art. 5º São deveres do trabalhador autônomo economicamente dependente:

I — cumprir com as obrigações fixadas nos contratos celebrados com o tomador de serviços.

II — cumprir com as obrigações legais, convencionais e empresariais pertinentes à segurança, saúde e higiene no trabalho.

III — cumprir com as obrigações fiscais e tributárias estabelecidas legalmente.

---

(10) Art. 5º, inciso XVII, Constituição Federal — é plena a liberdade de associação para fins lícitos, vedada a de caráter paramilitar; XVIII — a criação de associações e, na forma da lei, a de cooperativas independem de autorização, sendo vedada a interferência estatal em seu funcionamento; XIX — as associações só poderão ser compulsoriamente dissolvidas ou ter suas atividades suspensas por decisão judicial, exigindo-se, no primeiro caso, o trânsito em julgado; XX — ninguém poderá ser compelido a associar-se ou a permanecer associado.

Os incisos demonstram que o trabalhador autônomo economicamente dependente tem o dever de cumprir as cláusulas ajustadas, as obrigações pertinentes à segurança, saúde e higiene do trabalho de qualquer espécie, como também as obrigações fiscais e tributárias. O descumprimento de algum desses deveres enseja a possibilidade de rescisão do contrato por justa causa, a teor do disposto no inciso I do art. 16 do anteprojeto.

3.2.2.3. Da formalização do contrato

O art. 4º do anteprojeto estabelece os direitos do trabalhador autônomo economicamente dependente de uma forma geral e o art. 5º dispõe sobre os deveres respectivos. A partir do art. 6º, cuida da regulamentação do novo regime jurídico aplicável ao trabalho autônomo economicamente dependente, cuidando de algumas especificidades do contrato.

Estabelece o art. 6º do anteprojeto[11] que os contratos entre o trabalhador autônomo economicamente dependente e o tomador dos serviços poderão ser formulados de maneira verbal ou por escrito, não havendo forma preestabelecida. O parágrafo único o fixa que a qualquer tempo qualquer dos contratantes poderá exigir a formalização do contrato por escrito, respeitadas as condições formuladas verbalmente.

As regras estabelecidas no art. 6º são relevantes na medida em que o contrato celebrado não é formal, podendo, inclusive, ser verbal. Contudo, qualquer das partes poderá exigir a formalização do contrato pela via escrita. Tal formalidade poderá ser exigida tanto em razão da necessidade de fazer prova de determinadas circunstâncias específicas no caso concreto, como para prevenir conflitos posteriores, em virtude da fixação das cláusulas aplicáveis.

O art. 7º estabelece regra que em muito diferencia o contrato de emprego do contrato celebrado com o trabalhador autônomo economicamente dependente[12]. Com efeito, na regulamentação do contrato de emprego, a celebração do contrato por prazo indeterminado é a regra, só havendo possibilidade de fixação de contrato por prazo determinado em algumas hipóteses legalmente asseguradas. O art. 7º do anteprojeto não limita as hipóteses de celebração do contrato por prazo determinado,

---

(11) Art. 6º Os contratos entre o trabalhador autônomo economicamente dependente e o tomador dos serviços poderão ser formulados verbalmente ou por escrito, não havendo forma préestabelecida. Parágrafo único. A qualquer tempo qualquer dos contratantes poderá exigir a formalização do contrato por escrito, respeitadas as condições formuladas verbalmente.
(12) Art. 7º O contrato poderá ou não ter duração prefixada no instrumento de sua formalização, presumindo-se, em caso de não fixação expressa, a contratação por prazo indeterminado.

mas tão somente fixa que, em caso de ausência de fixação de prazo, o contrato perdurará por prazo indeterminado. Nesse sentido, estabelece que o contrato poderá ou não ter duração prefixada no instrumento de sua formalização, presumindo-se, em caso de não fixação expressa, a contratação por prazo indeterminado.

Ainda sobre as regras relativas à formalização do contrato, o art. 8º estabelece que a dependência econômica do tomador de serviços deverá ser explicitada pelo trabalhador no ato da celebração do contrato[13]. Tal medida é importante para evitar surpresas no término do contrato, quando o trabalhador poderia exigir parcelas próprias do trabalho economicamente dependente, embora o tomador de serviços não tivesse ciência de tal condição.

O mesmo dispositivo estabelece a presunção de dependência caso o tempo despendido na atividade ocupe, em média, mais de trinta horas semanais do prestador ou o tomador de serviços estabeleça a exigência de exclusividade e não concorrência na prestação dos serviços. A presunção não é absoluta, mas serve para inverter o ônus da prova. Assim, na hipótese de a atividade ocupar mais de trinta horas semanais ou na ocorrência de exigência de exclusividade, a dependência econômica é presumível, podendo o empregador, contudo, produzir prova em sentido contrário, caso seja acionado judicialmente.

O parágrafo único do art. 8º do anteprojeto prescreve que a condição de dependente somente poderá ser estabelecida com um único tomador de serviços. Tal cláusula é importante por ser inerente à dependência econômica, uma vez que esta não pode ser configurada com vários tomadores de serviço ao mesmo tempo. Portanto, se o trabalhador tem dependência econômica em relação a mais de um tomador de serviços, significa que o conjunto de duas relações é que promove seu sustento. Implica dizer que não se trata de dependência econômica, mas, no máximo, de codependência.

Poder-se-ia argumentar, nesse aspecto, que nem mesmo para o reconhecimento da relação de emprego em sentido estrito é necessária a exclusividade, o que tornaria incongruente a exigência inserta no parágrafo único do art. 8º. A objeção, contudo, não se sustenta, uma vez que a subordinação jurídica pode ser estabelecida com tantos quantos forem os empregadores, mas a dependência econômica não. Ressalte-se,

---

(13) Art. 8º A dependência econômica do tomador de serviços deverá ser explicitada pelo trabalhador no ato da celebração do contrato, presumindo-se esta dependência quando o tempo despendido na atividade ocupe em média mais de trinta horas semanais do prestador ou quando o tomador de serviços estabeleça a exigência de exclusividade e não-concorrência na prestação dos serviços. Parágrafo único. A condição de dependente somente poderá ser estabelecida com um único tomador de serviços.

ainda, neste ponto, que a exclusividade atua diferentemente na relação de emprego e na relação de trabalho economicamente dependente. Na relação de emprego, é indício meramente acessório. Já na relação de trabalho autônomo economicamente dependente, a exclusividade é requisito importante, uma vez que, se o tomador de serviços a exige, então, desta circunstância, conclui-se que há dependência econômica do prestador de serviços.

3.2.2.4. Da contraprestação pecuniária

A seção IV do capítulo II estabelece regras relativas à contraprestação pelos serviços prestados pelo trabalhador. O art. 9º determina que o trabalhador autônomo economicamente dependente tem direito à percepção da contraprestação pela execução do contrato no prazo e forma convencionados. Entretanto, estabelece que esta contraprestação não pode ser inferior ao salário mínimo hora vigente no país, nem o prazo de pagamento ser superior a um mês após a execução dos serviços[14].

O dispositivo citado possui duas regras relevantes. A primeira é a relativa ao salário mínimo hora, o que inclusive se configura como direito fundamental do empregado. A outra regra relevante é aquela que diz respeito ao prazo para pagamento, que deverá ocorrer antes de decorrido um mês da prestação dos serviços. Tais regras se justificam em razão do caráter alimentar do pagamento efetuado ao trabalhador autônomo economicamente dependente. Por esse motivo, a lei impõe limitação em relação ao *quantum* a ser pago e ao momento do pagamento.

O art. 10 estabelece que o trabalhador autônomo economicamente dependente é beneficiário do vale-transporte[15], na forma da legislação específica, no caso a Lei n. 7.418/85. Cuida-se de benefício que visa assegurar o deslocamento do trabalhador da casa para o trabalho e vice-versa, sendo aplicáveis todas as regras do sistema geral, inclusive a possibilidade de substituição da parcela pelo transporte fornecido diretamente pelo tomador de serviços.

Convém destacar, porém, que a parcela somente será devida em relação aos dias em que o prestador de serviços precisar deslocar-se

---

(14) Art. 9º O trabalhador autônomo economicamente dependente tem direito à percepção da contraprestação pela execução do contrato, no prazo e forma convencionados, não podendo esta contraprestação ser inferior ao salário mínimo hora vigente no país, nem o prazo de pagamento ser superior a um mês após a execução dos serviços.
(15) Art. 10. O trabalhador autônomo economicamente dependente é beneficiário do vale-transporte, na forma da legislação específica sobre o tema.

até a unidade produtiva do empregador ou se o deslocamento for necessário para a efetivação dos serviços. Com efeito, em razão da ausência de subordinação jurídica, muitas vezes a prestação de serviços do trabalhador autônomo economicamente dependente poderá ocorrer em sua própria residência, não fazendo jus, portanto, ao vale-transporte.

O art. 11 estabelece que, até o dia 20 de dezembro de cada ano, o trabalhador autônomo economicamente dependente receberá o pagamento do décimo terceiro salário, equivalente a um doze avos da remuneração recebida no ano civil[16]. Como se observa, a forma de cálculo é diferente do décimo terceiro salário do empregado comum. A diferença se justifica em razão das peculiaridades da prestação de serviços, visto que podem ocorrer oscilações significativas no montante mensal do pagamento recebido do tomador de serviços. Ademais, não há referência à obrigatoriedade da antecipação em novembro, podendo o tomador de serviços adotar ou não a sistemática de divisão, limitada a duas parcelas.

3.2.2.5. Da jornada de trabalho e descansos remunerados

A seção V do capítulo II cuida das regras relativas à duração do trabalho e ao descanso respectivo. Nos termos do art. 12, fixa que o trabalhador autônomo economicamente dependente tem direito, após um ano de prestação de serviços, a uma interrupção de sua atividade anual por quinze dias consecutivos[17]. Nesse período de interrupção de atividades, equivalente às férias, receberá o prestador de serviços o pagamento equivalente a um vinte e quatro avos da remuneração percebida no período de um ano referente à aquisição do direito, acrescida do adicional de um terço.

Trata-se de regime jurídico semelhante ao das férias do empregado comum, com a diferença de que o descanso é de quinze dias

---

(16) Art. 11. Até o dia 20 de dezembro de cada ano, o trabalhador autônomo economicamente dependente receberá o pagamento do décimo terceiro salário, em até duas parcelas, equivalente um doze avos da remuneração recebida no ano civil.
(17) Art. 12. O trabalhador autônomo economicamente dependente tem direito, após um ano de prestação de serviços, a uma interrupção de sua atividade por quinze dias consecutivos, equivalente às férias, recebendo o pagamento equivalente a um vinte e quatro avos da remuneração percebida no período de um ano referente à aquisição do direito, acrescidas do adicional de um terço. § 1º o período de interrupção deverá ser concedido pelo tomador de serviços em data que lhe seja mais conveniente, desde que comunicada ao trabalhador com o prazo mínimo de noventa dias de antecedência, dentro do período de um ano após o término do período aquisitivo do direito, não podendo em nenhuma hipótese ser convertido em abono. § 2º Em caso de extrapolação do período concessivo, o pagamento será feito de forma dobrada, sem prejuízo do gozo do período de férias.

consecutivos. Não há, além disso, qualquer previsão de desconto de dias de férias em razão de faltas não justificadas, pois tal sistema não é adotado no anteprojeto. O pagamento devido é equivalente a um vinte e quatro avos da remuneração recebida no ano de aquisição do direito às férias.

Poder-se-ia questionar qual a razão do tratamento diferenciado em relação ao empregado comum, que tem o direito de gozar trinta dias de férias. A resposta é que o regime estabelecido no Estatuto do Trabalhador Autônomo Economicamente Dependente é um sistema intermediário que visa assegurar a tais trabalhadores os direitos fundamentais, sem, contudo, inviabilizar, onerar ou dificultar sobremaneira a atividade econômica. O prazo reduzido é previsto também como estratégia para adoção do sistema. Mas isso não impede que, após a adoção do novo regime e a cristalização de direitos, esse prazo possa ser estendido por legislação posterior.

Por outro lado, a fixação de trinta dias poderia, em um primeiro momento, levar a resistências maiores por parte dos defensores do capital. Poder-se-ia argumentar que pouca diferença existe entre um empregado e um trabalhador autônomo economicamente dependente e que, na verdade, não se estaria diante de um regime intermediário, mas sim do regime comum. Conforme se verifica, não somente o direito às férias é diferenciado, como também vários outros, tais como a ausência de fundo de garantia por tempo de serviço e inúmeros adicionais remuneratórios previstos para a relação de emprego comum.

Saliente-se também que não há previsão de repartição do período de férias. Nesse aspecto, a omissão é eloquente, uma vez o período de descanso é reduzido, impossibilitando assim qualquer hipótese de sua repartição, mesmo com compensação financeira. Saliente-se, ademais, que a proporcionalidade das férias é assegurada em todas as hipóteses, salvo na de justa causa provocada pelo trabalhador autônomo economicamente dependente, conforme estabelecem os arts. 15 e 16 do mesmo anteprojeto.

Prescreve o § 1º do art. 12 que o período de gozo de férias deverá ser concedido pelo tomador de serviços em data que lhe seja mais conveniente. Entretanto, o período deve ser comunicado ao trabalhador no prazo de noventa dias de antecedência, dentro do período de um ano após o término do período aquisitivo do direito. Com tal regra, assegura-se a iniciativa do tomador de serviços para a fixação do período de férias. Por outro lado, possibilita-se uma melhor programação do prestador de serviços, na medida em que se amplia o período de antecedência de comunicação do período de gozo. O mesmo dispositivo impede a possibilidade de troca do período de descanso por abono respectivo, quer parcial, quer total, conforme está expresso em sua parte final. Tal medida se justifica tendo em vista a quantidade já reduzida de dias de desconto, razão pela qual não podem as férias em nenhuma hipótese ser convertidas em abono.

O § 2º do art. 12 estabelece que, em caso de extrapolação do período concessivo, o pagamento será feito de forma dobrada, sem prejuízo do gozo do período de férias. Trata-se de medida que se justifica em razão do interesse em se estimular a concessão do gozo de férias no período concessivo, sob pena de incidência da sanção estabelecida no referido dispositivo.

O art. 13[18] dispõe que o trabalhador autônomo economicamente dependente terá direito ao descanso semanal. A remuneração será equivalente a um dia de prestação de serviços, por semana, para aqueles que recebem por unidade de tempo e equivalente a um sexto da produção semanal para aqueles que recebem de acordo com o trabalho prestado. Nesse tópico, o anteprojeto apresenta regulamentação semelhante à empreendida pela Lei n. 605/49, que é adotada pela sua simplicidade e eficiência. Porém, diferentemente da citada lei, não há qualquer previsão de desconto do repouso em razão de faltas ou atrasos. Isso porque não se está diante de trabalhador juridicamente subordinado, mas somente diante de trabalhador com dependência econômica.

Nos termos do art. 14 do anteprojeto[19], na hipótese em que houver controle, o horário de trabalho dos trabalhadores autônomos economicamente dependentes procurará adaptar-se à necessidade de conciliação com a vida pessoal, familiar e profissional do trabalhador. Estabelece o citado dispositivo que a jornada de trabalho não poderá exceder a oito horas diárias e quarenta e quatro semanais.

---

(18) Art. 13. O trabalhador autônomo economicamente dependente terá direito ao descanso semanal, cuja remuneração será equivalente a um dia de prestação de serviços para aqueles que recebem por unidade de tempo e equivalente a um sexto da produção semanal para aqueles que recebem por de acordo com o trabalho prestado.

(19) Art. 14. Na hipótese de haver controle pelo tomador de serviços, o horário de trabalho do trabalhador autônomo economicamente dependente procurará adaptar-se à necessidade de conciliação entre as vidas pessoal, familiar e profissional do trabalhador, respeitados os limites de oito horas diárias e quarenta e quatro horas semanais. § 1º Na hipótese de a prestação de serviços extrapolar a carga horária estabelecida no caput deste artigo, será devido adicional remuneratório mínimo no importe de 150%, calculado sobre o montante das horas excedentes nos casos de recebimento por serviços e no importe de uma hora mais 150% para as hipóteses de recebimento por unidade de tempo. § 2º Não poderá ocorrer compensação de jornada ou banco de horas com o objetivo de excluir o adicional remuneratório previsto no parágrafo anterior. § 3º Na hipótese em que o tomador de serviços exija a prestação do trabalho entre as vinte e duas horas de um dia e as cinco da manhã do dia seguinte, o pagamento respectivo deverá ter o adicional de 50%.

A regra geral é, portanto, a ausência de controle de jornada, até porque esta é um dos elementos para caracterização da subordinação jurídica. Esse controle é admitido apenas em caráter eventual e transitório na relação de trabalho economicamente dependente. Se, eventualmente ocorrer prestação de serviços que extrapole os limites citados, nos termos do § 1º, será devido adicional remuneratório mínimo no importe de 150%, calculado sobre o montante das horas excedentes, quando o trabalhador autônomo economicamente dependente receber por unidade de serviço prestado. Na hipótese em que os pagamentos ocorrem em unidade de tempo, o pagamento será de uma hora mais o adicional respectivo.

O adicional majorado em 150% tem o objetivo de dificultar as fraudes e reduzir o interesse na prestação de serviços extraordinários pelo trabalhador autônomo economicamente dependente. Na hipótese de um tomador de serviços precisar controlar a jornada do trabalhador, então deverá adotar o sistema da relação de emprego comum, em que se aplicarão todas as regras pertinentes, inclusive o adicional básico de 50% previsto na CLT, salvo regra convencional ou contratual específica.

Poder-se-ia argumentar que a concessão de benefícios majorados ao trabalhador autônomo economicamente dependente em comparação ao empregado comum geraria uma inconsistência no sistema jurídico trabalhista. A argumentação é verdadeira. Contudo, não se aplica à hipótese de tratamento sob apreço, especificamente no que tange à duração e ao controle de jornada.

Na verdade, o que o anteprojeto busca é coibir a utilização da figura do trabalhador autônomo economicamente dependente como instrumento para fraudar o reconhecimento do vínculo empregatício. Assim, se o tomador de serviços controla a atividade e a jornada do trabalhador, tal realidade, para além de poder configurar a relação de emprego em sentido estrito, gerará, no caso concreto, direitos majorados ao trabalhador economicamente dependente. Em consequência, essa configuração intermediária não seria mais interessante para o tomador de serviços, que buscaria então efetivar o reconhecimento da relação de emprego em sentido estrito.

É preciso frisar que o anteprojeto não pretende estimular a prestação de horas extraordinárias pelo trabalhador autônomo economicamente dependente. Ao contrário, pretende servir de instrumento para coibir tal exigência, que deverá ocorrer apenas em hipóteses excepcionais. Até porque não é economicamente viável ou interessante a prestação contínua de horas extras pelo trabalhador autônomo economicamente dependente.

O anteprojeto não estabelece nenhuma regra ou limitação no que se refere aos repousos inter e intrajornada. A lacuna justifica-se em razão da ausência de subordinação jurídica. Por sua vez, o § 2º do art. 14 estabelece que não poderá ocorrer compensação de jornada ou banco de horas com o objetivo de excluir o adicional remuneratório previsto no § 1º do mesmo artigo. A medida também se justifica em razão de não encontrar-se configurada a subordinação jurídica e com o objetivo de coibir fraudes. Por fim, o § 3º tem o objetivo de coibir a exigência de trabalho noturno. Segundo prescreve, na hipótese em que o tomador de serviços exija a prestação do trabalho entre as vinte e duas horas de um dia e as cinco da manhã do dia seguinte, o pagamento respectivo deverá ser adicionado em 50%.

Inúmeros são os prejuízos causados à saúde do trabalhador pelo trabalho noturno. Daí a razão da remuneração mais elevada para o trabalho prestado nessas condições. O adicional majorado, se comparado ao empregado comum, por seu turno, se justifica como mais uma medida para coibir fraudes, evitando-se a caracterização como trabalhador autônomo economicamente dependente daquele prestador que, na verdade, deveria ser enquadrado como empregado.

Assim, mais do que na relação de emprego, a prestação de sobrejornada ou trabalho noturno deverá ser eventual para o trabalhador autônomo economicamente dependente. Isso se justifica até mesmo em razão da ausência de configuração da subordinação jurídica, não devendo o trabalhador submeter-se à jornada de trabalho fixada normalmente pelo tomador de serviços. Observe-se, por fim, que a parcela recebida extraordinariamente em razão da extrapolação da jornada ou em razão do trabalho noturno incidirá na base de cálculo das férias e do 13º salário, em virtude de a primeira ser calculada com base na remuneração recebida no período aquisitivo e a segunda com base na remuneração recebida no ano civil.

3.2.2.6. Da rescisão do contrato

O art. 15 do anteprojeto[20] estabelece que a relação contratual entre o tomador de serviços e o trabalhador autônomo economicamente

---

(20) Art. 15. A relação contratual entre o tomador de serviços e o trabalhador autônomo economicamente dependente se extinguirá por uma das seguintes circunstâncias: I — mútuo acordo entre as partes; II — alguma hipótese prevista no contrato; III — morte, aposentadoria ou invalidez do trabalhador; IV — denúncia imotivada por qualquer das partes, devendo nesse caso ser concedido o aviso prévio de trinta dias pela parte denunciante, independentemente do tempo de serviço do trabalhador autônomo economicamente dependente; V — Justa causa para a rescisão do contrato .§ 1º Nas hipóteses previstas nos incisos I a IV o trabalhador autônomo economicamente

dependente se extinguirá nas seguintes situações: por mútuo acordo entre as partes; nas hipóteses previstas no contrato; em caso de morte, aposentadoria ou invalidez do trabalhador; mediante denúncia imotivada por qualquer das partes; por justa causa para a rescisão do contrato.

De acordo com o § 1º do art. 15, em qualquer das hipóteses previstas nos incisos I a IV do artigo sob comento, o trabalhador autônomo economicamente dependente deverá receber, além de outras parcelas eventualmente devidas, as férias e o 13º proporcional. Portanto, as parcelas em destaque são devidas não apenas em sua integralidade, mas também de forma proporcional.

O anteprojeto procurou, também, apresentar solução legislativa explícita a respeito da aposentadoria do trabalhador autônomo economicamente dependente. Nesse aspecto, fixa que esta não impede a continuação dos serviços ao tomador. Dessa forma, se houver iniciativa de rescisão do contrato por parte do tomador de serviços em razão da aposentadoria, esta será entendida como denúncia imotivada, nos termos do § 3º do art. 15. No caso, contudo, de a iniciativa partir do trabalhador autônomo economicamente dependente, este não arcará com qualquer indenização ao tomador de serviços, consoante previsto no § 2º do referido dispositivo.

De acordo com o § 4º do art. 15, na hipótese de denúncia imotivada, em caso de ausência de concessão do pré-aviso pelo tomador de serviços, este deverá efetuar o pagamento de indenização equivalente a trinta dias de retribuição. Idêntico valor será devido pelo trabalhador autônomo economicamente dependente se a iniciativa de denúncia imotivada dele partir.

Na hipótese sob apreço, o anteprojeto deixa fixadas as consequências da ausência de concessão do pré-aviso, não tendo, nesse tópico, estabelecido prazos variáveis do pré-aviso, a depender do tempo de serviço do trabalhador autônomo economicamente dependente. Tal medida foi adotada tendo em vista ser tradicional no direito brasileiro. A

---

dependente deverá receber, além de outras parcelas eventualmente devidas, as férias e o 13º salário proporcional. § 2º A aposentadoria do trabalhador autônomo economicamente dependente não impede a continuação dos serviços ao tomador, excluindo-se, porém, a necessidade de indenização legal ou contratual por parte do prestador de serviços em razão da cessação do trabalho por iniciativa do trabalhador autônomo economicamente dependente. § 3º Na hipótese de a iniciativa de rescisão do contrato em razão da aposentadoria partir do tomador de serviços, são devidas as mesmas parcelas resultantes da denúncia imotivada. § 4º Na hipótese prevista no inciso IV, em caso de ausência de concessão do pré-aviso pelo tomador de serviços, este deverá efetuar o pagamento de indenização equivalente a trinta dias de retribuição. Se a iniciativa de denúncia imotivada partir do trabalhador, será este devedor de indenização equivalente à que seria paga pelo tomador de serviços em igual hipótese. § 5º Nas hipóteses de subcontratação, o trabalhador autônomo economicamente dependente poderá pleitear o pagamento das parcelas rescisórias do seu tomador de serviços ou da empresa principal.

partir da Constituição de 1988, o prazo de aviso prévio para o empregado foi unificado em trinta dias, ante a falta de regulamentação da proporcionalidade prevista no inciso XXI do art. 7º.

Saliente-se, nesse ponto, que o direito estrangeiro fornece soluções interessantes, como faz o art. 23 da Lei n. 35/04. Porém, no anteprojeto, optou-se, em primeiro lugar, por respeitar o prazo mínimo de trinta dias; em segundo, procurou-se não aumentar o prazo além desse período. Do contrário, o trabalhador autônomo economicamente dependente iria gozar de prazo de pré-aviso superior ao concedido ao empregado comum.

Caso o anteprojeto optasse pela proporcionalidade do pré-aviso, deveria adotar um regime intermediário entre a relação de emprego e os contratos de prestação de serviços previstos no art. 599 do Código Civil. Nesse caso, a fixação do prazo de trinta dias fica coerente com a previsão constitucional do art. 7º, inciso XXI, reputada como direito fundamental do trabalhador.

No § 5º, prevê o anteprojeto que, nas hipóteses de subcontratação, o trabalhador autônomo economicamente dependente poderá pleitear o pagamento de suas parcelas rescisórias ao seu tomador de serviços ou à empresa principal. Tal tema se liga ao da terceirização de atividades[21], que cada vez mais vem sendo a tônica do mercado de trabalho. A importância de responsabilizar-se o tomador de serviços é manifesta. Essa responsabilidade solidária enseja um maior controle da empresa principal, que passa a fiscalizar o efetivo cumprimento dos direitos atribuídos ao trabalhador autônomo economicamente dependente.

O art. 16 do anteprojeto fixa as hipóteses de configuração de justa causa para a rescisão do contrato. No rol apontado, destacam-se as hipóteses de não cumprimento habitual pelo trabalhador autônomo economicamente dependente das obrigações e deveres decorrentes do contrato e atraso na contraprestação pelo tomador de serviços por período superior a três meses. Essas duas hipóteses estão previstas nos incisos I e II, destacando-se em razão do caráter sinalagmático do

---

(21) Sobre a terceirização, é importante diferenciar a terceirização material e a de serviços. No primeiro caso, uma determinada fase do processo produtivo é apartada da estrutura empresarial e acometida ao terceiro especializado, que se limita a executá-la, com recursos próprios e autonomia gerencial, para adiante fornecer ao contratante o produto final de sua atividade, que será incorporado à linha de produção da empresa-cliente no estado em que se apresenta. Na terceirização pessoal, terceirizam-se serviços pessoais indissociáveis da unidade produtiva e que, por isso, tem de ser prestados nas próprias dependências da empresa-cliente, sob subordinação ou coordenação de seus prepostos (FELICIANO, 2007, p. 1). Nesse aspecto, a terceirização para um trabalhador autônomo economicamente dependente fica no meio termo das duas espécies de terceirização e atrai a responsabilidade do tomador de serviços.

contrato mantido entre o trabalhador autônomo economicamente dependente e o tomador de serviços.

Com efeito, a obrigação principal do trabalhador autônomo economicamente dependente é prestar os serviços na forma convencionada, enquanto a obrigação principal do tomador é efetuar a contraprestação pecuniária respectiva. Dessa forma, o não cumprimento pelas partes das suas obrigações básicas leva à possibilidade de rescisão do contrato por justa causa pela parte prejudicada. Ressalte-se, porém, que os dois incisos citados exigem a habitualidade no descumprimento da obrigação. Assim, o inciso I é expresso ao referir-se ao não cumprimento habitual de suas obrigações pelo trabalhador autônomo, enquanto o inciso II menciona a mora de três meses. Nesse último caso, foi usado. como critério, o prazo estabelecido no Decreto n. 368/68[22] e entendimento jurisprudencial dominante, no que se refere à configuração da rescisão indireta do contrato de emprego em razão da mora salarial reiterada, ainda que não atingidos três meses sequenciados[23].

O inciso III prevê, como hipótese de justa causa, as ofensas físicas ou morais cometidas pelo trabalhador autônomo economicamente dependente ou pelo tomador de serviços contra o outro. Trata-se, sem dúvida, de hipótese de rescisão justificada do contrato estabelecido entre as partes, tendo em vista a necessidade de respeito à honra e à dignidade da pessoa humana. Nesse sentido, inclusive, encontra-se inserida a hipótese de assédio moral estabelecida no inciso V do art. 4º do anteprojeto.

Os três últimos incisos do art. 16 preveem hipóteses de justa causa cometidas exclusivamente pelo trabalhador autônomo economicamente dependente: o inciso IV cuida de ato de improbidade; o inciso V refere-se à violação de segredo de empresa e o inciso VI trata da violação da cláusula de não concorrência e exclusividade, quando esta for firmada, por escrito, entre as partes.

---

(22) Decreto-Lei n. 368/68 — Art. 2º. A empresa em mora contumaz relativamente a salários não poderá, além do disposto no art. 1º, ser favorecida com qualquer benefício de natureza fiscal, tributária, ou financeira, por parte de órgãos da União, dos Estados ou dos Municípios, ou de que estes participem. § 1º Considera-se mora contumaz o atraso ou sonegação dos salários devidos aos empregados, por período igual ou superior a três meses, sem motivo grave e relevante, excluídas as causas pertinentes ao risco do empreendimento.

(23) Nessa hipótese, o tomador de serviço atrasa os pagamentos de forma reiterada, retardando constantemente a quitação da contraprestação, sem, contudo atingir três meses de mora. Nesse sentido, tem se posicionado a jurisprudência pátria, que exclui a necessidade de configuração de três meses de atraso nas hipóteses em que este é reiterado: "rescisão indireta. Configuração. Mora salarial. Reiteração. Declara-se a rescisão indireta do contrato de trabalho, com base no art. 483, alínea "d", da CLT, quando comprovada a mora salarial reiterada, ainda que não atingido o prazo igual ou superior a três meses previsto no Decreto-Lei n. 368/68, ficando caracterizado o descumprimento de obrigação contratual pelo empregador. Recurso obreiro provido". (TRT 14ª Região, RO 00751.2003.004.14.00-6 — Prol. Juiz Conv. Carlos Augusto Gomes Lôbo — DOJT 13.4.2004).

O ato de improbidade previsto no inciso IV do art. 16 tem redação idêntica à da alínea *a* do art. 482 da CLT. Trata-se de ato comissivo ou omissivo pelo qual o trabalhador autônomo economicamente dependente pratica fraude em proveito próprio ou de terceiro. Já a violação de segredo de empresa reflete a hipótese prevista na alínea *g* do art. 482 da CLT e refere-se à violação do dever de fidelidade que é ínsito à relação de trabalho autônomo economicamente dependente. A hipótese é correlata à do inciso VI, que trata da violação da cláusula de não concorrência e exclusividade, quando esta for firmada, por escrito, entre as partes. Em ambos os casos, a conduta do trabalhador autônomo economicamente dependente viola a expectativa contratual básica de boa-fé e fidelidade. Por essa razão, tal conduta foi caracterizada como sendo justa causa para rescisão do contrato.

O § 1º do art. 16 prevê que, na hipótese de rescisão por justa causa pelo tomador de serviços, o trabalhador autônomo economicamente dependente não receberá o pagamento de aviso prévio, férias proporcionais e 13º salário proporcional. A previsão tem o objetivo de deixar claro que, na hipótese de justa causa, não são devidas indenizações pela proporcionalidade de férias e 13º salário.

Já o § 2º do mesmo art. 16 prevê que, na hipótese de rescisão por justa causa pelo trabalhador autônomo economicamente dependente, o tomador de serviços deverá pagar uma indenização equivalente a um pagamento mensal, além das parcelas vencidas e, proporcionalmente, as vincendas. Trata-se de tratamento jurídico semelhante ao dado ao empregado na hipótese de rescisão indireta do contrato de trabalho.

3.2.2.7. Da interrupção e suspensão do contrato

O art. 17 do anteprojeto[24] cuida das hipóteses de suspensão ou interrupção do contrato de trabalho com o trabalhador autônomo economicamente dependente, estabelecendo o referido dispositivo que a

---

(24) Art. 16. Constituem justa causa para a rescisão do contrato: I — não cumprimento habitual pelo trabalhador autônomo economicamente dependente das obrigações e deveres decorrentes do contrato; II — atraso na contraprestação pelo tomador de serviços por período superior a três meses seguidos ou na hipótese de atrasos reiterados; III — ofensas físicas ou morais cometidas pelo trabalhador autônomo economicamente dependente ou pelo tomador de serviços contra o outro; IV — ato de improbidade cometido pelo trabalhador autônomo economicamente dependente; V — violação de segredo de empresa; VI — violação da cláusula de não concorrência e exclusividade, quando esta for firmada, por escrito, entre as partes; § 1º Na hipótese de rescisão por justa causa pelo tomador de serviços, o trabalhador autônomo economicamente dependente não receberá o pagamento de aviso prévio, férias proporcionais e 13º salário proporcional. § 2º Na hipótese de rescisão por justa causa pelo trabalhador autônomo economicamente dependente, o tomador de serviços deverá pagar uma indenização equivalente um pagamento mensal, além das parcelas vencidas, férias proporcionais e 13º salário proporcional.

interrupção ou suspensão não poderá ensejar a rescisão do contrato mantido entre as partes.

Inicialmente, convém destacar a diferença entre suspensão e interrupção do contrato mantido entre as partes. Consoante ressalta *Alice Monteiro de Barros* (1997, p. 386), a interrupção do contrato de emprego é a paralisação temporária da prestação do serviço, sendo que o tempo de afastamento é computado para todos os efeitos legais, inclusive no que tange ao pagamento dos salários. De forma semelhante, na hipótese de contrato de trabalho autônomo economicamente dependente, a interrupção dos serviços não acarreta a interrupção do pagamento da contraprestação.

Já na suspensão do contrato de trabalho, assinala *Barros* (1997, p. 386) que ocorre a suspensão temporária da prestação de serviços, bem como a suspensão do pagamento de salários e demais vantagens. Assim, da mesma maneira, no contrato mantido com o trabalhador autônomo economicamente dependente, a suspensão do contrato elide a obrigação de contraprestação pelo tomador de serviços.

As hipóteses previstas no art. 17 do anteprojeto[25] são relativamente diferenciadas em comparação às hipóteses de suspensão e interrupção do contrato de emprego. Com efeito, prevê o inciso I do referido dispositivo a possibilidade de suspensão ou interrupção por mútuo acordo entre as partes. Nesse caso, o trabalhador autônomo economicamente dependente não tem o direito potestativo de ausentar-se do serviço, devendo estabelecer o prazo e condições de afastamento com o seu tomador de serviços. Assim, essa paralisação na prestação de serviços poderá ser caracterizada como interrupção ou suspensão do contrato, a depender das cláusulas pactuadas.

O inciso II cuida da hipótese de interrupção ou suspensão do contrato para atender responsabilidades familiares urgentes, por prazo não superior a oito dias. Nessa hipótese, o trabalhador autônomo economicamente dependente tem o direito de ausentar-se do serviço, sendo as

---

(25) Art. 17. São consideradas causas justificadas para a interrupção ou suspensão do contrato de prestação de serviços pelo trabalhador autônomo economicamente dependente as fundadas em: I — mútuo acordo entre as partes; II — necessidade de atender responsabilidades familiares, por prazo não superior a oito dias, hipótese em que as partes deverão transacionar acerca da permanência ou não da contraprestação salarial; III — licenças médicas; IV — caso fortuito e força maior; V — motivos de ordem técnica ou econômica a cargo do tomador de serviços. § 1º A interrupção ou suspensão do contrato de trabalho economicamente dependente estabelecida neste artigo não poderá ensejar a rescisão do contrato de trabalho. § 2º Na hipótese do inciso V, a suspensão do contrato, caso não seja recuperada nos três meses seguintes, gerará ao trabalhador autônomo economicamente dependente o direito a indenização em valor equivalente à metade da retribuição correspondente ao período de suspensão ou, não sendo possível a sua apuração, metade da retribuição média, calculada levando-se em conta a média das remunerações auferidas nos últimos 12 meses ou nos meses de execução do contrato, caso seja de duração inferior.

consequências negociadas posteriormente. Assim, a depender do caso concreto, poderá ou não remanescer a obrigação de o tomador de serviços continuar a efetivar a contraprestação. Difere-se, portanto, da hipótese prevista no inciso I porque, nesse segundo caso, o tomador de serviços não poderá impedir o afastamento do trabalhador, embora possa considerá-lo como suspensão do contrato.

Conforme se verifica, o tratamento é bastante diferenciado em relação ao empregado comum, que dispõe de um prazo mais reduzido para atendimento às necessidades familiares, tais como o afastamento por falecimento de cônjuge, ascendentes e descendentes previsto no art. 473 da CLT. A depender do caso concreto, porém, o tomador de serviços pode considerar o período como de suspensão do contrato, não havendo, portanto, a manutenção da contraprestação. A ampliação do prazo de afastamento do trabalhador autônomo economicamente dependente vem ao encontro da necessidade de conciliação da vida pessoal com a laboral. Esse tema já foi ressaltado quando da análise do inciso VIII do art. 4º do anteprojeto, que prevê a fórmula genérica de conciliação de vida pessoal e laboral.

No inciso III do art. 17, há a previsão de suspensão ou interrupção do contrato em virtude de licenças médicas. Nesse caso, há tratamento jurídico bastante diferenciado em relação aos empregados comuns. Com efeito, para os empregados, a hipótese é de interrupção do contrato até o 15º dia e de suspensão a partir do 16º dia, consoante previsão do art. 60, *caput*, da Lei n. 8.213/91. Contudo, conforme dispõe o citado dispositivo, no caso de trabalhadores autônomos, o ônus é assumido integralmente pela previdência social, tratando-se, assim, de hipótese de suspensão do contrato com o trabalhador autônomo economicamente dependente[26].

O inciso IV prevê a hipótese de caso fortuito e força maior. Várias situações concretas podem enquadrar-se nessas hipóteses, devendo-se ressaltar que poderão ocorrer circunstâncias que impeçam a prestação de serviços pelo trabalhador autônomo economicamente dependente ou que gerem a inutilidade ou inviabilidade dessa prestação. Em qualquer caso, as partes deverão transacionar as consequências financeiras daí decorrentes, podendo o período ser considerado como interrupção ou suspensão do contrato de trabalho.

Finalmente, na hipótese do inciso V, a suspensão ou interrupção do contrato ocorre por motivos de ordem técnica ou econômica, gerados

---

(26) Art. 60 da Lei n. 8.213/91: O auxílio-doença será devido ao segurado empregado a contar do décimo sexto dia do afastamento da atividade, e, no caso dos demais segurados, a contar da data do início da incapacidade e enquanto ele permanecer incapaz.

pelo tomador de serviços. Nesse caso, adotou-se a solução semelhante ao direito português que, no art. 22 da Lei n. 35/04, fixa a compensação pela suspensão da atividade. Assim, considerando-se que o trabalhador depende economicamente da relação estabelecida com o tomador de serviços, este será devedor de indenização equivalente à metade dos valores devidos durante o período de suspensão, salvo se nos três meses seguintes à suspensão ocorrer recuperação dos valores que deveriam ter sido recebidos durante o período de suspensão.

3.2.3. Do privilégio dos créditos do trabalhador autônomo economicamente dependente

O capítulo III do anteprojeto cuida de matéria relevante do ponto de vista de garantia do adimplemento dos créditos do trabalhador autônomo economicamente dependente. Nesse sentido, dispõe o art. 18[27] que os pagamentos destinados a esse trabalhador gozam dos mesmos privilégios no concurso de credores outorgados aos créditos decorrentes da relação de emprego.

A previsão é fundamental. Com efeito, dentre os privilégios outorgados aos créditos trabalhistas, encontra-se a previsão do art. 151 da Lei n. 11.101/05. Dispõe o citado dispositivo que os créditos trabalhistas de natureza estritamente salarial vencidos nos três meses anteriores à decretação da falência, até o limite de cinco salários mínimos por trabalhador, serão pagos tão logo haja disponibilidade em caixa.

O art. 83 da referida lei estabelece, no seu inciso I, o privilégio, em primeiro plano, dos créditos derivados da legislação do trabalho, limitados a cento e cinquenta salários mínimos por credor, bem como os créditos decorrentes de acidentes de trabalho, nesse caso, sem limite. O mesmo artigo estabelece, no seu inciso VI, que constituem créditos quirografários os saldos dos créditos derivados da legislação do trabalho que excederem o limite de cento e cinquenta salários mínimos.

Sabe-se que tais privilégios conferidos aos créditos resultantes da relação de emprego constituem um mínimo de proteção ao trabalhador, o que foi bastante restringido pela Lei n. 11.105/05, na medida em que a legislação anterior não limitava o crédito privilegiado trabalhista a cento e cinquenta salários mínimos. Assim, a regra estabelecida no art. 18 do anteprojeto visa a assegurar os mesmos privilégios dos créditos resultantes da relação de emprego ao trabalhador autônomo economicamente dependente.

---

(27) Art. 18. Os pagamentos destinados ao trabalhador autônomo economicamente dependente gozam dos mesmos privilégios no concurso de credores outorgados aos créditos decorrentes da relação de emprego.

3.2.4. Do fomento público às iniciativas profissionais autônomas

O capítulo IV do anteprojeto dispõe sobre o fomento público às iniciativas profissionais autônomas, que estão fixadas no art. 19[28]. Inicialmente, o *caput* do artigo estabelece que os poderes públicos, no âmbito das respectivas competências, adotarão políticas destinadas ao estabelecimento e desenvolvimento de iniciativas econômicas e profissionais autônomas.

Essa política de fomento é muito importante para promover uma base de igualdade, capaz de permitir a inserção dos trabalhadores de todos os tipos. Busca também evitar discriminações por razão de nascimento, origem racial ou étnica, sexo, idade, estado civil, religião, convicções, deficiências físicas ou mentais, orientação sexual ou qualquer outra condição ou circunstância social ou pessoal do trabalhador. Tal propósito, inclusive, vem expressamente previsto no § 1º do art. 19.

O § 2º do art. 19 estabelece que o fomento do trabalho autônomo se destinará especialmente a propiciar a formação e readaptação profissional dos trabalhadores autônomos, facilitando seu acesso aos programas de formação profissional, que terão por objetivo a melhoria de sua capacitação profissional e o desenvolvimento de sua capacidade gerencial.

Por fim, o § 3º estabelece que o fomento do trabalho também atenderá as necessidades de informação e assessoramento técnico para sua criação, consolidação e renovação, promovendo a comunicação e cooperação entre os trabalhadores autônomos economicamente dependentes.

A importância do fomento público nas atividades empreendedorísticas é muito relevante, o que inclusive vem sendo alvo de grandes debates a partir da Lei Complementar n. 123/06[29]. Sem dúvida, o fomento

---

(28) Art. 19. Os poderes públicos, no âmbito das respectivas competências, adotarão políticas destinadas ao estabelecimento e desenvolvimento de iniciativas econômicas e profissionais autônomas. § 1º A elaboração dessa política de fomento deverá promover a igualdade de oportunidades com objetivo de promover a integração dos trabalhadores inseridos na hipótese do art. 4º, inciso III, desta lei. § 2º O fomento ao trabalho autônomo se destinará especialmente a propiciar a formação e readaptação profissional dos trabalhadores autônomos, facilitando seu acesso aos programas de formação profissional, que se orientarão à melhoria de sua capacitação profissional e ao desenvolvimento de sua capacidade gerencial. § 3º Esse fomento também atenderá as necessidades de informação e assessoramento técnico para sua criação, consolidação e renovação, promovendo a comunicação e cooperação entre os trabalhadores autônomos economicamente dependentes.
(29) A Lei Complementar n. 123, de 14 de dezembro de 2006, estabelece as normas gerais relativas ao tratamento diferenciado e favorecido a ser dispensado às microempresas e empresas de pequeno porte no âmbito dos Poderes da União, dos Estados, do Distrito Federal e dos Municípios, consagrando o disposto no art. 146 da Constituição. A lei cuida especialmente da apuração e recolhimento dos impostos e contribuições da União, dos Estados, do Distrito Federal e dos Muni-

público para o desenvolvimento de atividades autônomas é medida necessária para a redução das taxas de desemprego e incentivo ao crescimento econômico de uma forma mais ampla.

3.2.5. Das disposições finais

As disposições finais, integrantes do capítulo V do anteprojeto, são compostas de normas de ordem geral, com vistas a oferecer regras interpretativas e cláusulas de vigência das normas insertas no anteprojeto. O art. 20[30] consagra o princípio da proteção, estabelecendo que os direitos assegurados na lei não elidem outros que derivem das normas especiais de profissões regulamentadas, das normas coletivas e dos contratos individuais celebrados entre as partes.

O princípio da proteção deve ser aplicado nas relações trabalhistas *lato sensu* por ser a que mais evidencia a desigualdade de fato entre os sujeitos da relação jurídica. Dessa forma, surge a necessidade de promover a atenuação da inferioridade econômica, hierárquica e intelectual dos trabalhadores por meio do reconhecimento de que as regras estabelecidas no anteprojeto apenas constituem um patamar mínimo de proteção, sem prejuízo de normas mais benéficas que devem ser aplicadas no caso concreto de cada relação específica com o trabalhador autônomo economicamente dependente.

Outro dispositivo de relevância é a norma inserta no art. 21[31] ao exigir que os poderes públicos devem garantir a efetividade dos direitos consagrados nesta lei. Cuida-se de norma que visa estabelecer um comando de políticas públicas a serem elaboradas no sentido de garantir a efetividade do regime jurídico especial aplicável ao trabalhador autônomo economicamente dependente. Com esse objetivo, o Ministério do Trabalho e Emprego deverá fiscalizar o correto cumprimento do Estatuto do Trabalhador Autônomo Economicamente Dependente.

De grande importância, também, é a regra exposta no art. 22[32] ao estabelecer que serão considerados nulos de pleno direito quaisquer atos praticados com o objetivo de desvirtuar, impedir ou fraudar a

---

cípios, mediante regime único de arrecadação, inclusive obrigações acessórias; do cumprimento de obrigações trabalhistas e previdenciárias; e do acesso a crédito e ao mercado, inclusive quanto à preferência nas aquisições de bens e serviços pelos Poderes Públicos, à tecnologia, ao associativismo e às regras de inclusão.
(30) Art. 20. Os direitos consagrados nesta lei não elidem outros que derivem das normas especiais de profissões regulamentadas, das normas coletivas e dos contratos individuais celebrados entre as partes.
(31) Art. 21. Os poderes públicos devem garantir a efetividade dos direitos consagrados nesta lei.
(32) Art. 22. Serão considerados nulos de pleno direito quaisquer atos praticados com o objetivo de desvirtuar, impedir ou fraudar a aplicação dos preceitos previstos nesta lei.

aplicação dos preceitos previstos no Estatuto. Trata-se de norma semelhante ao art. 9º da CLT, de larga aplicação no campo das relações de emprego. O artigo, portanto, visa evitar a incidência de fraudes, ao reconhecer a nulidade de quaisquer atos que ensejem tal sistemática.

O art. 23 do anteprojeto[33] estabelece a cláusula de vigência no sentido de fixar o prazo de *vacatio legis* em cento e oitenta dias, a partir da publicação do novo regime jurídico do trabalhador autônomo economicamente dependente. Esse prazo ampliado é importante, na medida em que o anteprojeto apresenta várias modificações nas regras aplicáveis a essa espécie de trabalho. Com efeito, a teor do art. 8º da Lei Complementar n. 95/98, a vigência da lei deve contemplar prazo razoável para que dela se tenha amplo conhecimento, reservada a cláusula "entra em vigor na data de sua publicação" para as leis de pequena repercussão. Frise-se, por fim, que o período da *vacatio legis* é fixado em dias, tendo em vista expressa disposição nesse sentido do § 2º da Lei Complementar n. 95/98[34].

Nesse aspecto, nos termos do art. 6º da Lei de Introdução ao Código Civil, a lei em vigor terá efeito imediato e geral, respeitados o ato jurídico perfeito, o direito adquirido e a coisa julgada. Assim, desnecessária seria a previsão do art. 24 do anteprojeto[35], no sentido de que a aplicabilidade da lei aos contratos em vigor por ocasião da entrada em vigência do Estatuto é imediata, fluindo os direitos ali estabelecidos apenas a partir da sua vigência. Contudo, o dispositivo foi inserido apenas para que não se suscitem dúvidas acerca da aplicabilidade retroativa do disposto na lei aos meses de trabalho anteriores nos contratos já em vigor por ocasião da celebração. Tem também o objetivo de evitar o entendimento de que a aplicação do regime somente atingiria os contratos firmados após a entrada em vigor da lei. Assim, a aplicabilidade é imediata, alcançando todas as relações jurídicas em curso a partir do mês de sua entrada em vigor.

Por fim, há que ressaltar a ausência, no anteprojeto, de dispositivo estabelecendo que se revogam as disposições em contrário. Isso porque tal é desnecessário a teor do § 1º do art. 2º do Decreto-Lei n. 4.657/42 (Lei de Introdução ao Código Civil). Esse dispositivo estabelece que a lei posterior revoga a anterior quando expressamente o declare, quando seja com ela incompatível ou quando regule inteiramente a matéria

---

(33) Art. 23. Esta lei entra em vigor após decorridos 180 dias de sua publicação oficial.
(34) Art. 8º, § 2º Lei Complementar n. 95/98 — As leis que estabeleçam período de vacância deverão utilizar a cláusula "esta lei entra em vigor após decorridos (o número de) dias de sua publicação oficial".
(35) Art. 24. A aplicabilidade da lei aos contratos em vigor por ocasião da entrada em vigência desta lei é imediata, fluindo os direitos aqui estabelecidos apenas a partir da sua vigência.

de que tratava a lei anterior. Por outro lado, o dispositivo não vem expresso no anteprojeto por força do art. 9º da Lei Complementar n. 95/98 que estabelece que a cláusula de revogação deverá enumerar, expressamente, as leis ou disposições legais revogadas.

A análise do anteprojeto, empreendida nas páginas anteriores permite constatar que o regime aqui proposto tem alguma influência do tratamento jurídico estrangeiro, em especial do regime jurídico espanhol. Contudo, foi realizada a adaptação às peculiaridades do direito e do meio social brasileiro, procurando-se adequar o nível protetivo pretendido às circunstâncias nacionais. O anteprojeto, em sua essência, responde a um dos anseios de proteção jurídica a essa classe de trabalhadores autônomos que vem crescendo ultimamente, a partir das alterações empreendidas na economia, que geraram reflexos no mundo do trabalho.

Conforme foi evidenciado, embora o tratamento jurídico por meio de lei específica regulamentadora fosse dispensável a partir de uma hermenêutica constitucional concretizadora dos direitos fundamentais, na realidade, a especificação de alguns direitos e a regulamentação de outros tantos contribuem para a adequada compreensão e regulação do tratamento jurídico aplicável ao trabalhador autônomo economicamente dependente.

CONSIDERAÇÕES FINAIS

Após todas as considerações feitas ao longo deste trabalho, pode-se extrair uma síntese das ideias desenvolvidas. O primeiro ponto a destacar é que o direito do trabalho surgiu no contexto de inúmeras circunstâncias que criaram o ambiente propício para o seu desenvolvimento em escala mundial. Com isso, serviu de modelo para um modo de produção próprio que se desenvolveu após a Revolução Industrial, mas que hoje sofre para resistir às mudanças provocadas pela sociedade pós-industrial.

O paradigma do mundo do trabalho na sociedade atual está premido pela evolução tecnológica empreendida nas últimas décadas. A partir dos eventos desencadeados pela crise do petróleo de 1973, deu-se a articulação de uma série de tecnologias que vinham sendo desenvolvidas de forma isolada, em especial no interior do complexo militar que dava sustentação à "guerra fria". O uso combinado da informatização, automação e biotecnologia implicaram na destruição progressiva das estruturas de produção tayloristas-fordistas-toyotistas que marcaram o desenvolvimento industrial até o terceiro quartel do século XX. A divisão do trabalho e a cooperação no plano da produção foram substituídas pela cooperação competitiva no plano da criação ininterrupta de novos produtos e serviços.

O famoso relatório Supiot é fruto de uma pesquisa multidisciplinar no âmbito da Comunidade Europeia, levada a efeito no final do século XX, com o objetivo de demonstrar as transformações no mundo do trabalho e as alterações no direito do trabalho na Europa. No estudo, demonstra-se que o direito do trabalho é enraizado em um modelo industrial que atualmente vem passando por várias mudanças. Do modelo taylorista-fordista passou-se a uma nova concepção que se desenvolveu a partir de três fatores: o aumento dos níveis de habilidade e autonomia ocupacional; a pressão crescente da competição em mercados cada vez mais abertos ; o ritmo veloz do progresso tecnológico, especialmente nos campos da informação e da comunicação.

A dificuldade maior enfrentada atualmente é que a situação econômica e social não pode ser enquadrada em um único modelo de relação de emprego. Pelo contrário, apresenta uma variedade de ambientes da produção. Isso explica a variedade crescente de tipos de relações de trabalho. Assim, o mundo do trabalho busca adaptar-se à nova realidade advinda do impacto conjunto da revolução tecnológica e da globalização da economia. Esse impacto pôs em xeque as bases em que se assentavam as relações do trabalho assalariado, tanto na dimensão institucional quanto nas abordagens científicas, nos campos da administração, da economia, da sociologia e, até, da psicologia.

Nesse contexto, destaca-se a tendência da flexibilização. A substituição da sociedade industrial pela sociedade pós-industrial aponta para o declínio do assalariamento como forma jurídica elementar de organização do processo de cooperação produtiva. Várias são as soluções apontadas pelos estudiosos do direito do trabalho, cientistas políticos e entidades empresariais e laborais para o enfrentamento da questão do desemprego e modificações no mundo do trabalho na sociedade pós-industrial. Por um lado, há que se frisar a atuação dos sindicatos na luta pela permanência dos direitos trabalhistas. Ao lado da atuação destes, é preciso destacar, também, em nosso país, a criação do Fórum Nacional do Trabalho, constituído majoritariamente de forma tripartite, por representantes institucionais, indicados pelas entidades do mundo do trabalho, além de elementos da esfera pública.

Dentro do panorama de mudanças no mundo do trabalho, gerado pelas alterações estruturais no campo da economia e do emprego, merece também destaque a alteração levada a efeito pela Emenda Constitucional n. 45 no art. 114 da Constituição, que ensejou grande mudança de competência da Justiça do Trabalho. Em meio a inúmeras discussões sobre a flexibilização e a necessidade de permanência de padrões mínimos para os trabalhadores, a questão tem-se deslocado para um balanço adequado entre flexibilidade — como requisito da gestão empresarial competitiva — e segurança — como necessidade do trabalhador e condição da paz social. É a chamada flexissegurança.

Outra espécie de reflexo do novo paradigma no mundo do trabalho é a proliferação de cooperativas. No Brasil, houve uma regulamentação jurídico-positiva no começo do século XX sobre o cooperativismo. Coincidentemente, foi a mesma que criou os primeiros sindicatos no território nacional, autorizando-os expressamente ao exercício do cooperativismo. Contudo, atualmente, as cooperativas vêm sendo um campo aberto às mais diversas fraudes contra a aplicação da legislação trabalhista.

Tradicionalmente, a expressão "relação de trabalho" engloba a relação de emprego, a relação de trabalho autônomo, a relação de trabalho parassubordinado, de trabalho avulso e outras modalidades. É, portanto, o gênero, no qual se inserem as demais. A diferenciação e atribuição de regimes jurídicos diversos a essas diferentes espécies de relação de trabalho encontram-se em plena discussão diante das alterações que o mundo do trabalho tem enfrentado.

Nesse aspecto, acesa é a controvérsia para a caracterização da relação de emprego. No que se refere ao vínculo empregatício, estabelece o art. 3º da CLT que: "considera-se empregado toda pessoa física que prestar serviços de natureza não eventual a empregador, sob a dependência deste e mediante salário". A partir de tal definição legal, são extraídos os elementos da configuração do vínculo empregatício, dos quais o mais estudado é a subordinação jurídica.

Fora da relação de emprego, encontra-se a prestação de serviços autônomos, que vem cada vez mais ganhando espaço no mundo do trabalho. Saliente-se que essa modalidade não tem como característica a pessoalidade da prestação, podendo, desde que haja anuência do tomador, ocorrer a substituição do prestador, nos termos do art. 605 do Código Civil. A exemplo do que vem ocorrendo em relação a outras formas de exclusão da relação de emprego, também a natureza autônoma da prestação de serviços vem sendo discutida em juízo, existindo forte corrente jurisprudencial no sentido de impedir as tentativas de burla à incidência da legislação trabalhista.

Quando se cuida de analisar a prestação de serviços autônoma, há que se destacar a figura do trabalhador autônomo economicamente dependente. Com efeito, embora a natureza da prestação de serviços seja autônoma e não juridicamente subordinada, o prestador de serviços tem uma peculiar dependência econômica, que leva à necessidade de estabelecimento de um regime jurídico próprio.

Nesse campo, uma das críticas lançadas à atual realidade do direito do trabalho baseia-se no fato de que trabalhadores empregados recebem, por serem empregados, por estarem subordinados ao empregador, ampla proteção legal. Já outros trabalhadores, igualmente necessitados e hipossuficientes, nada recebem de tutela justrabalhista, em razão da ausência de subordinação jurídica. A tipificação da parassubordinação serviria, assim, para minorar a situação em que se encontram alguns contratantes fracos que, embora trabalhadores, não são empregados.

Diante dos efeitos da globalização econômica no mundo do trabalho, acendeu-se uma forte controvérsia na doutrina trabalhista no sentido de descaracterizar a exigência de subordinação jurídica para o reconhecimento dos direitos trabalhistas. No caso brasileiro, ampliou-se a discussão sobre a interpretação do art. 3º da CLT para entendê-lo como protetivo das relações dependentes *lato sensu*. Alega-se, nesse sentido, que a dicotomia entre a subordinação jurídica e a autonomia não se mostraria suficiente frente à realidade atual do mundo do trabalho. Surgem, assim, as discussões em torno da caracterização da subordinação jurídica, em cotejo com a dependência em sentido amplo, existindo uma tendência em ampliar a conceituação da subordinação jurídica, tendo em vista a necessidade de atribuir proteção aos trabalhadores engajados nas novas formas de produção.

Outra grande questão consiste em caracterizar essa dependência econômica ou debilidade contratual capaz de caracterizar esse novo eixo do direito do trabalho. Nesse aspecto, podem-se indicar algumas condições caracterizadoras: a) existência de condições gerais do contrato dispostas pelo tomador de serviços que excluem a possibilidade de tratativas; b) o caráter prevalecentemente pessoal da prestação de trabalho; c) a existência de cláusulas do contrato que limitam a faculdade de opção por parte do colaborador; d) a importância econômica dos valores recebidos do tomador de serviços, sem dispor o prestador de alternativa.

Há que se destacar a ideia atual no sentido de se estabelecer um patamar mínimo de proteção, que abranja não apenas os empregados, mas também os demais tipos de trabalhadores. Nessa linha é que realmente se orienta o presente trabalho, na medida em que procura fixar os direitos fundamentais trabalhistas. Tais direitos seriam aplicados não apenas aos empregados tradicionais, mas também aos trabalhadores que, embora não se caracterizem como subordinados juridicamente dentro do conceito clássico do direito do trabalho, possuem dependência econômica do tomador de mão de obra capaz de ensejar a necessidade de proteção de um direito do trabalho mais amplo.

Sabe-se que, historicamente, o critério da dependência econômica foi superado pelo da subordinação jurídica, no campo da doutrina do direito do trabalho, forjada em um modelo fordista de produção. Porém, a retomada do critério da subordinação econômica surge no momento em que têm destaque as formas pós-fordistas de produção, como o teletrabalho, trabalhadores em domicílio e uma série de profissionais tecnicamente autônomos, mas economicamente dependentes. Diante desse novo panorama do mundo do trabalho, ressurge a discussão em torno da retomada da subordinação econômica.

Dentre as diversas soluções apontadas para o direito do trabalho na pós-modernidade, essa linha merece destaque, porque ao invés de flexibilizar e diminuir direitos trabalhistas, resolve ampliar a atuação dos direitos fundamentais nas relações de trabalho. Assim, busca-se com esse trabalho, a partir da necessidade de ampliação da eficácia dos direitos fundamentais, apontar como solução para o direito do trabalho na sociedade pós-industrial não apenas a eventual alteração legislativa, que é aqui proposta, mas principalmente a máxima aplicação dos preceitos da própria Constituição.

Para a elaboração da proposta legislativa de um novo tratamento jurídico para os trabalhador, foi necessário a busca de subsídios do direito estrangeiro, em especial de países da família romano-germânica.

No estudo do direito estrangeiro, há que se destacar o reconhecimento dos direitos fundamentais pelo direito comunitário europeu por meio da carta europeia dos direitos fundamentais. Além disso, deve-se ressaltar o tratamento jurídico atribuído às relações de trabalho autônomas e economicamente dependentes na Espanha, Itália, Alemanha e Portugal. A forma mais relevante de expansão do direito do trabalho na Espanha consiste em equiparar a técnica protetiva do direito do trabalho a pessoas que não são empregados em sentido estrito. No tocante ao tratamento jurídico das relações trabalhistas não empregatícias, vale apontar, de forma mais destacada, a Lei n. 20 de 11 de julho de 2007, que cria o estatuto do trabalhador autônomo. Tal lei é interessante porque cria a figura do "trade" — trabalhador autônomo economicamente dependente.

Por sua vez, a Constituição Italiana, em vigor desde 1948, em que pesem as sucessivas alterações, reconhece, em seu corpo, o direito do trabalho. Quando se fala no tratamento jurídico das relações de trabalho *lato sensu* no direito italiano, imediatamente se deve ressaltar o desenvolvimento do conceito da parassubordinação e a tipificação do contrato de trabalho a projeto.

Por seu lado, a Constituição alemã não prevê direitos sociais, na medida em que o legislador constituinte optou por não regular os direitos fundamentais sociais, satisfazendo-se com a consolidação do princípio do Estado Social. Entre os extremos do trabalho com relação de emprego e o trabalho autônomo, existem diversas formas intermediárias de trabalho na Alemanha. Entre elas, uma das que chama mais atenção é o trabalhador em domicílio, que possui uma legislação específica (HAG) prevendo, especialmente, a fixação de um piso salarial e de condições mínimas de trabalho. A dicotomia entre os trabalhadores autônomos excluídos da lei trabalhista e os empregados protegidos pelo direito do trabalho nunca foi bem aceita pela doutrina alemã, criando-se, em consequência, a figura dos assemelhados a empregados.

A noção dos quase empregados foi desenvolvida pelos tribunais alemães levando em conta os seguintes critérios: os assemelhados a empregados devem cumprir seus deveres contratuais de forma pes-soal, essencialmente sem a ajuda de empregos; a maior parte do seu trabalho deve ser feita para uma pessoa ou instituição ou mais da metade de seu sustento deve ser pago por uma pessoa ou instituição. Por outro lado, o legislador não regulamentou o direito de tais pessoas em situação análoga à relação de emprego de modo sistematizado, existindo uma série importante de normas esparsas sobre essa matéria.

A Constituição da República Portuguesa estabelece a todos os trabalhadores diversos direitos apontados no seu art. 59, fazendo especial referência à necessidade de observância da dignidade da pessoa humana. Esse caráter protecionista, expresso na constituição, vem refletir na normativa infraconstitucional pertinente às relações de trabalho. O Código do Trabalho Português (Lei n. 99/03) estabelece, em seu art. 12, a presunção de que existe um contrato de trabalho sempre que o prestador esteja na dependência e inserido na estrutura organizativa do beneficiário da atividade e realize a sua prestação sob ordens, direção e fiscalização desse último, mediante retribuição.

Já em seu art. 13, o Código do Trabalho Português determina que ficam sujeitos aos princípios definidos em seu texto, em especial quanto a direitos de personalidade, igualdade e não discriminação, segurança, higiene e saúde no trabalho, os contratos que tenham por objeto a prestação de trabalho, sem subordinação jurídica, sempre que o trabalhador deva considerar-se na dependência econômica do beneficiário da atividade.

O exame efetivado no direito estrangeiro permite demonstrar que várias soluções adotadas pelos citados países podem ser condensadas e compatibilizadas com o direito brasileiro, a ponto de servir de fonte de inspiração para a elaboração do anteprojeto de regulamentação do trabalho autônomo economicamente dependente. Após as análises empreendidas, relativas ao tratamento jurídico estrangeiro dos contratos de trabalho de natureza não empregatícia, verificam-se semelhanças entre os sistemas, que procuram conceder um regime protetivo intermediário às categorias não abrangidas pela relação de emprego tradicional.

No Brasil, inexiste legislação regulamentadora sistematizada que assegure direitos intermediários a tais categorias. Assim, levando-se em conta a necessidade de pronta proteção a essas categorias, independentemente de alteração legislativa, essa tese procura, a partir desses subsídios, trazer uma proposta de tratamento jurídico para os contratos de trabalho não enquadrados na relação de emprego, a partir da interpretação dos direitos e princípios fundamentais.

Os direitos trabalhistas fundamentais estão previstos em diversos instrumentos normativos supranacionais, tais como a Declaração Universal dos Direitos Humanos, a Declaração dos Direitos e Princípios Fundamentais da OIT e o Pacto Internacional de Direitos Econômicos, Sociais e Culturais.

Estabelece o art. 1º da Constituição que a República Federativa do Brasil constitui-se em Estado Democrático de Direito e tem como fundamento, dentre outros ali discriminados, os valores sociais do trabalho e da livre iniciativa. O fato de os valores sociais do trabalho e da livre iniciativa virem no mesmo inciso já demonstra a necessidade de ponderação de princípios e valores. Esse tema que é a tônica do atual estágio de estudos da aplicação dos direitos fundamentais, que se aplicam com base na ponderação de princípios e valores muitas vezes conflitantes.

O art. 5º da Constituição, ao estabelecer os direitos e deveres individuais e coletivos, fornece o conteúdo mínimo de proteção aos direitos fundamentais, consistindo seu conteúdo em cláusula pétrea da Constituição, de acordo com o disposto em seu art. 60, § 4º, inciso IV. Alguns direitos constantes no art. 5º apresentam íntima ligação com as relações de trabalho, tais como os incisos I, IV, X, XII, XIII, XLVII, alínea *c*, dentre outros que embora não destinados às relações trabalhistas, podem ter nelas o seu campo de aplicação.

No capítulo dos direitos sociais, a Constituição estabelece, no *caput* do seu art. 7º, que são direitos dos trabalhadores urbanos e rurais, além de outros que visem à melhoria de sua condição social, todos aqueles indicados em seus incisos. Tal redação poderia dar margem ao entendimento de que os direitos previstos no art. 7º são aplicáveis a todos os trabalhadores, mas tal leitura do referido dispositivo constitucional acabou não prevalecendo,

Questiona-se se o disposto no art. 7º, inciso I, da Constituição constitui direito fundamental do trabalhador, independentemente de sua qualificação como empregado. Nesse aspecto, convém frisar que a adoção de mecanismos que busquem evitar a despedida abusiva ou sem justa causa vem ao encontro dos princípios básicos de proteção da dignidade do trabalhador, uma vez que sua força de trabalho é a sua forma de sobrevivência. Contudo, é preciso ter em mente que a partir do momento em que se repute o direito como universal para qualquer espécie de trabalhadores, estar-se-ia a desconsiderar as condições peculiares de cada tipo, em especial em relação às relações de trabalho autônomo. Por tais motivos, pode-se concluir que o inciso não consagra um direito fundamental do trabalhador *lato sensu*.

O inciso II do art. 7º da Constituição dispõe sobre o seguro-desemprego, em caso de desemprego involuntário. Porém, esse instituto não constitui direito fundamental do trabalhador, tratando-se de parcela que visa garantir a sua sobrevivência no período de desemprego. Da mesma forma, o direito estabelecido no inciso III do art. 7º, o fundo de garantia do tempo de serviço, não é um direito fundamental do trabalhador. Ao contrário, trata-se de uma criação do legislador brasileiro para elidir a estabilidade decenal do empregado.

Por seu turno, as garantias salariais inseridas nos incisos IV a VII constituem direitos fundamentais do trabalhador, independentemente da sua condição de empregado. Já o inciso VIII do art. 7º da CLT estabelece o direito ao 13º salário com base na remuneração integral ou no valor da aposentadoria. Ressalte-se, aliás, que a medida tem sido uma prática em determinados setores autônomos, mas com relação de continuidade. O inciso IX determina a remuneração do trabalho noturno superior ao diurno. Trata-se de direito fundamental do trabalhador. É necessário salientar, contudo, que as regras da Consolidação das Leis do Trabalho no tocante ao adicional remuneratório não podem ser utilizadas de forma analógica para fixação da remuneração devida a outras categorias que não se inserem na relação de emprego, sendo necessário prévia lei fixadora do *quantum* relativo ao adicional devido.

A participação nos lucros, ou resultados, desvinculada da remuneração e, excepcionalmente, a participação na gestão da empresa, previstas no art. 7º, inciso XI da Constituição, não constituem direitos fundamentais do trabalhador, não gozando das características da historicidade e caráter basilar de direito. Com efeito, trata-se de normas conjunturais que asseguram direitos aos empregados, sendo, inclusive, muitas vezes, utilizadas para disfarçar aumentos salariais aos empregados, principalmente nas hipóteses de empresa que sustentam planos de aposentadoria privadas.

Fixa o inciso XII do art. 7º da Constituição o salário-família, pago em razão do dependente do trabalhador de baixa renda nos termos da lei. O salário-família não constitui direito fundamental do trabalhador. Trata-se, aliás, de parcela que, no Brasil, contribuiu para a manutenção de altas taxas de natalidade nas camadas mais pobres da população, não se justificando, porque ineficaz, enquanto medida para promover a inserção social do trabalhador e sua prole.

O inciso XIII do art. 7º prescreve que a duração do trabalho normal não pode ser superior a oito horas diárias e quarenta e quatro semanais, facultada a compensação de horários e a redução da jornada, mediante acordo ou convenção coletiva de trabalho. Fixa, ainda, no inciso XIV a jornada de seis horas para o trabalho realizado em turnos ininterruptos de revezamento, salvo negociação coletiva. Por sua vez, o inciso XVI estabelece a remuneração do serviço extraordinário superior, no mínimo, em cinquenta por cento à do normal. As regras sobre a duração do trabalho previstas Constituição constituem direito fundamental de todos os trabalhadores, devendo ser observados os critérios constitucionais para a fixação de carga horária máxima de trabalho.

A Constituição consagra o repouso semanal remunerado, preferencialmente aos domingos no inciso XV do art. 7º, ao tempo em que estabelece, no inciso XVII, o gozo de férias anuais remuneradas com, pelo menos, um terço a mais do que o salário normal. Da mesma forma que as regras relativas à duração do trabalho, também a proteção ao descanso do trabalhador pode ser considerada direito fundamental a ser atribuído a todas as categorias de trabalhadores e não somente aos empregados. Há que salientar, porém, especialmente em relação às férias, que esse direito somente se poderá efetivar em relação às prestações de serviços de natureza contínua no decorrer do ano, não havendo como se verificar nas relações de trabalho meramente eventuais.

O inciso XVIII do art. 7º estabelece a proteção à maternidade e fixa a licença à gestante. Já o inciso XIX do art. 7º prevê a licença-paternidade, nos termos fixados em lei. Tanto a licença-maternidade quanto a licença-paternidade constituem direito fundamental do trabalhador, independentemente da sua condição de empregado. Na verdade, cuida-se de proteção à infância e, dessa forma, trata-se de ônus para toda a sociedade, impondo-se o seu respeito.

O art. 7º estabelece, ainda, em seu inciso XXI, o aviso prévio proporcional ao tempo de serviço. Cuida-se de direito fundamental do trabalhador nas hipóteses de relação jurídica de trabalho de natureza continuativa e por tempo indeterminado, em que o prestador de serviços desenvolve suas atividades de modo continuado e deve tanto conceder aviso prévio de que não mais deseja continuar na prestação de serviços, como tem o direito de ser pré-avisado da intenção de resilição contratual.

O art. 7º da Constituição estabelece, também, em seu inciso XXII a redução dos riscos inerentes ao trabalho, por meio de normas de saúde, higiene e segurança. Por outro lado, o inciso XXVIII determina a obrigatoriedade de seguro contra acidentes de trabalho, a cargo do empregador, sem excluir a indenização a que este está obrigado, quando incorrer em dolo. Os direitos estabelecidos nos incisos XXII e XXVIII da Constituição constituem em direitos fundamentais dos trabalhadores, não apenas dos empregados, devendo ser salientado que, nesse caso, a redução dos riscos inerentes ao trabalho deve ser aplicada a qualquer hipótese de trabalho humano, eventual ou contínua, subordinada ou não, tendo em vista a necessidade de se assegurar a dignidade do homem trabalhador.

A Constituição estabelece, em seu inciso XXIII do art. 7º, o adicional de remuneração para as atividades penosas, insalubres ou perigosas, na forma da lei. Pode-se afirmar que os adicionais de insalubridade, periculosidade e penosidade não constituem direitos fundamentais do trabalhador, uma vez que, na realidade, o direito fundamental refere-se a um meio ambiente que não tenha agentes insalubres, perigosos ou penosos. Com efeito, ao se aceitar a tarifação empreendida pela regulamentação dos adicionais, está-se a tolerar o trabalho humano em tais condições, o que, sem dúvida, não pode ser alçado à condição de direito fundamental do empregado. Assim, a existência dos adicionais e a consequente permanência dos agentes insalubres, perigosos e penosos é uma característica para funcionamento do sistema econômico, sem, contudo, configurar direito fundamental do trabalhador.

Estabelece o inciso XXIV do art. 7º, o direito à aposentadoria, que é um direito fundamental do trabalhador. Com efeito, trata-se de um benefício de ordem previdenciária, sujeito, portanto, às contribuições do trabalhador e sua filiação ao regime de previdência social. Como o trabalhador, em geral, conta apenas com a sua força de serviço, é necessário algum mecanismo para assegurar sua subsistência no momento em que a prestação de serviços se torna mais dificultosa.

O inciso XXV do art. 7º da Constituição prevê que é assegurada a assistência gratuita aos filhos e dependentes desde o nascimento até cinco anos de idade em creches e pré-escolas. A previsão constitui direito fundamental do trabalhador, que deverá ser atendido prioritariamente pelo Estado e subsidiariamente pela iniciativa privada, por meio da necessária regulamentação da exigência de creches patrocinadas pelos empregadores. Vale dizer, antes da necessária regulamentação, a exigência inserta no inciso sob exame somente se sustenta nas hipóteses em que as normas coletivas da categoria regulamentem o dever de criação de creches e educação pré-escolar patrocinadas pelo empregador.

O art. 7º, inciso XXVI da Constituição prega o reconhecimento das convenções e acordos coletivos de trabalho, que constitui um direito fundamental do trabalhador, intimamente ligado com os direitos fundamentais coletivos dos trabalhadores, como o direito de sindicalização e de greve.

De acordo com o inciso XXIX do art. 7º da Constituição, o direito de ação, quanto aos créditos resultantes das relações de trabalho, tem prazo prescricional de cinco anos para os trabalhadores urbanos e rurais, até o limite de dois anos após a extinção do contrato de trabalho. A inserção do inciso XXIX no art. 7º causa estranheza porque se está a tratar de extinção do direito de ação e não propriamente de direito assegurado ao empregado. Não se trata, assim, de direito fundamental do homem trabalhador, sendo, ao contrário, medida apenas conjuntural, de verificação dos prazos hábeis ao reconhecimento da prescrição.

O art. 7º da Constituição fixa, ainda, um rol de medidas antidiscriminatórias e protetivas, com o objetivo de favorecer o mercado de trabalho para categorias especialmente prejudicadas. Assim, estabelece, em seu inciso XX, a proteção do mercado de trabalho da mulher, mediante incentivos específicos, nos termos da lei. Outrossim, no inciso XXVII fixa a proteção em face da automação, na forma da lei. Em relação à vedação de práticas discriminatórias, estabelece, em seu inciso XXX, a proibição de diferença de salários, de exercício de funções e de critério de admissão por motivo de sexo, idade, cor ou estado civil. Já no inciso XXXI, a proibição de qualquer discriminação no tocante a salário e critérios de admissão do trabalhador portador de deficiência. Por fim, no inciso XXXII, preceitua a proibição de distinção entre trabalho manual, técnico e intelectual ou entre os profissionais respectivos. A Constituição, ao vedar práticas discriminatórias e ao promover o mercado de trabalho das mulheres, atende à promoção do princípio constitucional da igualdade. Trata-se, portanto, de direitos fundamentais dos trabalhadores, aplicáveis não apenas às hipóteses de relação de emprego, mas também às diversas formas de relação de trabalho.

Estabelece o inciso XXXIII do art. 7º da Constituição a proibição de trabalho noturno, perigoso ou insalubre a menores de dezoito e de qualquer trabalho a menores de dezesseis anos, salvo na condição de aprendiz, a partir de quatorze anos. Trata-se da proteção constitucional contra o trabalho infantil e adolescente, indo ao encontro de todo o normativo internacional protetivo, configurando-se, assim, direito fundamental dos trabalhadores.

O inciso XXXIV do art. 7º da Constituição estabelece a igualdade de direitos entre o trabalhador com vínculo empregatício permanente e o trabalhador avulso. A igualdade de direitos, propiciada pela Constituição de 1988, entre avulsos e empregados faz ganhar força a tese de que também alguns direitos, dado o seu caráter de direitos fundamentais, devem ser assegurados às categorias não inseridas nas relações de emprego.

A Constituição, em seus arts. 8º a 11, estabelece os chamados direitos coletivos dos trabalhadores, abrangendo, dentre outros, a liberdade sindical, o direito à greve e o direito de participação nas empresas.

O art. 8º da Constituição, ao fixar as regras básicas sobre liberdade sindical, unicidade sindical, receitas sindicais e prerrogativas sindicais, aplica-se aos sindicatos urbanos e rurais, bem como às colônias de pescadores, na forma de seu parágrafo único. Tanto a liberdade sindical, como as prerrogativas sindicais fixadas no art. 8º da Constituição constituem direitos fundamentais do trabalhador.

O art. 9º da Constituição estabelece que é assegurado o direito de greve, competindo aos trabalhadores decidir sobre a oportunidade de exercê-lo e sobre os interesses que devam por meio dele defender. O direito à greve é direito fundamental do trabalhador dentro de um estado democrático de direito. O art. 10 dispõe que é assegurada a participação dos trabalhadores e empregadores nos colegiados dos órgãos públicos em que seus interesses profissionais ou previdenciários sejam objeto de discussão e deliberação, o que também configura direito fundamental do trabalhador.

O art. 11 da Constituição institui o chamado representante de fábrica, ao definir que, nas empresas com mais de duzentos empregados, é assegurada a eleição de um representante destes com a finalidade exclusiva de promover o entendimento direto com os empregadores. O direito aqui assegurado não se configura como direito fundamental do trabalhador a ser aplicável às outras espécies de relação de trabalho distintas da relação de emprego. Com efeito, o representante estabelecido na Constituição nada mais é do que um facilitador das relações em que existe a subordinação jurídica. Portanto, sua presença não teria sentido nas hipóteses distintas da relação de emprego.

Podem-se apontar como aplicáveis às relações de trabalho dos trabalhadores autônomos economicamente dependentes os seguintes direitos trabalhistas fundamentais indicados no art. 7º da Constituição Federal: incisos IV (salário mínimo hora), V (proporcionalidade da contraprestação à extensão e complexidade do trabalho), VI (irredutibilidade da contraprestação), VII (garantia do salário mínimo), VIII (13º salário), IX (contraprestação noturna superior à diurna), X (proibição da retenção dolosa da contraprestação), XIII (limitação da jornada de trabalho) XV (repouso semanal remunerado), XVI (remuneração superior do trabalho extraordinário) XVII (férias), XVIII (licença à gestante), XIX (licença-paternidade), XX (proteção do mercado da mulher),XXI (aviso-prévio) XXII (redução dos riscos inerentes ao trabalho) XXIV (aposentadoria), XXV (assistência gratuita aos filhos e dependentes), XXVI (reconhecimento dos acordos e convenções coletivas), XXVII (proteção em face da automação), XXVIII (seguro contra acidentes de trabalho), XXX (proibição de diferença de salários, de exercício de funções e de critério de admissão por motivos discriminatórios), XXXI (proibição de discriminação com o portador de deficiência), XXXII (proibição de distinção entre trabalhadores intelectuais e manuais), XXXIII (proibição de trabalho noturno, insalubre ou perigoso ao menor de dezoito anos e de qualquer trabalho ao menor de dezesseis anos).

Além dos direitos trabalhistas fundamentais individuais citados, são também aplicáveis às relações de trabalho economicamente dependentes os direitos fundamentais trabalhistas coletivos inseridos nos arts. 8º a 10 da Constituição Federal.

Independentemente da aplicação direta dos dispositivos constitucionais citados, viu-se a necessidade de apresentar uma proposta de tratamento jurídico protetivo em nível infraconstitucional para os trabalhadores autônomos economicamente dependentes. Tal proposta se sustenta na necessidade de consolidar os direitos dos trabalhadores dessa categoria. Entretanto, deve-se reconhecer que a aplicação direta dos direitos fundamentais estabelecidos na Constituição seja a alternativa mais adequada do ponto de vista da hermenêutica dos direitos fundamentais, embora não a que mais resultados práticos traria.

Não são poucos os projetos de lei em tramitação no Congresso Nacional que cuidam da área trabalhista e sindical, até porque o momento político de reforma dos pilares do direito do trabalho torna o tema efervescente. Destaque-se, nesse aspecto, o Projeto de Lei n. 6.012/05 de autoria do deputado Leonardo Picciani — PMDB /RJ. Trata-se de uma proposta no sentido de criar um sistema integrado e simplificado de pagamento de tributos e contribuições, para trabalhadores por conta própria de baixa renda e para proprietários de empreendimentos cuja receita bruta anual seja muito pequena. Outra proposição sobre o regime jurídico dos trabalhadores autônomos digna de destaque é o Projeto de Lei n. 7.176/06, de autoria do deputado Paes Landim — PTB/PI, apresentado em junho de 2006.

O anteprojeto apresentado neste livro, constante do apêndice (disponível em: <www.ltr.com.br>), inicia fixando o objeto da lei, estabelecendo que é criado o Estatuto do Trabalhador Autônomo Economicamente Dependente. Nos termos do anteprojeto, serão regidos pelo Estatuto os trabalhadores pessoas físicas sem vínculo empregatício que realizem de forma habitual, pessoal, e por conta própria, uma atividade laborativa a título oneroso, com dependência econômica do tomador de serviços, mas sem subordinação jurídica.

Os arts. 3º a 17 do anteprojeto formam o capítulo II, que cuida do regime profissional do trabalhador autônomo economicamente dependente. O capítulo abrange os direitos e deveres dessa classe de trabalhadores, além de estabelecer critérios no que tange à regulamentação de direitos específicos, dadas as peculiaridades da espécie. Assim, há seções próprias para análise das hipóteses de rescisão do contrato, de duração do trabalho, da contraprestação pecuniária, da formalização do contrato e da interrupção ou suspensão do contrato.

O capítulo III do anteprojeto cuida de matéria relevante do ponto de vista de garantia do adimplemento dos créditos do trabalhador autônomo economicamente dependente. Nesse sentido, dispõe o art. 18 que os pagamentos destinados a esses trabalhadores gozam dos mesmos privilégios, no concurso de credores, outorgados aos créditos decorrentes da relação de emprego. O capítulo IV dispõe sobre o fomento público às iniciativas profissionais autônomas, o que é fixado no art. 19 do estatuto. As disposições finais, integrantes do capítulo V, são compostas de normas de ordem geral, com vista a oferecer regras interpretativas e cláusulas de vigência das normas insertas no anteprojeto.

Conforme se vê, a proposta de um novo regime jurídico aplicável ao trabalhador autônomo economicamente dependente, aqui empreendida, recebeu influências da regulamentação estrangeira, em especial do regime jurídico do direito espanhol. Contudo, fez-se a necessária adaptação às peculiaridades do direito e do meio social brasileiro, procurando-se adequar o nível protetivo pretendido às circunstâncias nacionais, à luz dos direitos fundamentais trabalhistas insertos na Constituição Federal.

REFERÊNCIAS BIBLIOGRÁFICAS

ABBAGNANO, Nicola. *Dicionário de filosofia.* Tradução de Alfredo Bosi e Ivone Castilho Benedetti. 4. ed. São Paulo: Martins Fontes, 2000.

ALEXY, Robert. *Colisão e ponderação como problema fundamental da dogmática dos direitos fundamentais.* Rio de Janeiro: Mimeo, 1998.

_____ . *Teoria da argumentação jurídica:* a teoria do discurso racional como teoria da justificação jurídica. Tradução de Zilda Hutchinson Shild Silva. 2. ed. São Paulo: Landy, 2005.

_____ . *Teoria de los derechos fundamentales.* Madrid: Centro de Estudios Políticos y Constitucionales, 2002.

_____ . Tres escritos sobre los derechos fundamentales y la teoría de los principios. Tradução de Carlos Bernal Pulido. *Serie de Teoría Jurídica y Filosofía del Derecho.* Bogotá: Universidad Externado de Colombia n. 28, 2003.

ALMEIDA, Renato Rua de. Proteção contra a despedida arbitrária. Aviso prévio proporcional ao tempo de serviço. In: ROMITA, Arion Sayão. *Curso de direito constitucional do trabalho:* estudos em homenagem a Amauri Mascaro Nascimento. São Paulo: LTr, 1991.

ALVES, Amauri César. *Novo contrato de emprego:* parassubordinação trabalhista. São Paulo: LTr, 2004.

ANCEL, Marc. *Utilidade e métodos do direito comparado.* Tradução de Sérgio José Porto. Porto Alegre: Fabris, 1980.

ANDRADE, José Carlos Vieira de. Os direitos, liberdades e garantias no âmbito das relações entre particulares. In: SARLET, Ingo Wolfgang (org.). *Constituição, direitos fundamentais e direito privado.* Porto Alegre: Livraria do Advogado, 2003.

ARAÚJO, José Carlos E. Transformações no conceito de trabalho e sociedade pós-industrial. In: VIDOTTI, Tárcio José; GIORDANI, Francisco Alberto da Motta Peixoto (coords.). *Direito coletivo do trabalho em uma sociedade pós-industrial.* São Paulo: LTr, 2003.

ARTUR, Karen. Resenha do livro Beyond employment: changes of work and the future of labour law in Europe de Alan Supiot. *Tempo social — Revista de Sociologia da USP,* v. 16, n. 2, nov. 2004. Disponível em: <www.scielo.br/pdf/ts/v16n2/v16n2a17.pdf> Acesso em: 1º fev. 2007.

ATIENZA, Manuel. *As razões do direito:* teorias da argumentação jurídica. Tradução de Maria Cristina Guimarães Cupertino. São Paulo: Landy, 2002.

BAHIA, Saulo José Casali. *Tratados internacionais no direito brasileiro*. Rio de Janeiro: Forense, 2000.

BALDASSARRE, Antonio. *Los derechos sociales*. Tradução de Santiago Perea Latorre. *Serie de Teoría Jurídica y Filosofía del Derecho*, n. 20. Bogotá: Universidad Externado de Colombia, 2001.

BARCELOS, Ana Paula. *Neoconstitucionalismo, direitos fundamentais e controle das políticas públicas*. Consultor Jurídico. Disponível em: <http//:www.consultorjuridico.com.br> Acesso em: 1º nov. 2006.

BARROS, Alice Monteiro de. Suspensão e interrupção contratual. In: BARROS, Alice Monteiro. *Curso de Direito do trabalho:* estudos em homenagem a Célio Goyatá. 3. ed. São Paulo: LTr, 1997. v. II.

BARROSO, Luís Roberto. Neoconstitucionalismo e constitucionalização do direito: o triunfo tardio do direito constitucional no Brasil. *Jus Navigandi*, Teresina, ano 9, n. 851, 1º nov. 2005. Disponível em: <http://jus2.uol.com.br/doutrina/texto.asp?id=7547> Acesso em: 16 nov. 2006.

BARROSO, Luís Roberto; BARCELOS, Ana Paula. O começo da história. A nova interpretação constitucional e o papel dos princípios no direito brasileiro. In: BARROSO, Luís Roberto (org.). *A nova interpretação constitucional:* ponderação, direitos fundamentais e relações privadas. Rio de Janeiro: Renovar, 2006.

BARROSO, María de los Reyes Martínez. La cobertura de los riesgos profesionales en el trabajo autónomo. *Evocati Revista*, Aracaju, n. 21, set. 2007. Disponível em: <http://www.evocati.com.br/evocati/artigos.wsp?tmp_codartigo=149> Acesso em: 2 set. 2007.

_____ . *Protección de la salud y seguridad los trabajadores autónomos:* reflexiones a raiz de la propuesta de estatuto del trabajador autónomo. Albacete: Bomarzo, 2006.

BASTOS, Aurélio Wander. *Prefácio à edição brasileira da essência da Constituição*. 6. ed. Rio de Janeiro: Lumen Juris, 2001.

BELL, Daniel. *O advento da sociedade pós-industrial*: uma tentativa de previsão social. Tradução de Heloysa de Lima Dantas. São Paulo: Cultrix, 1977.

BELTRAN, Ari Possidônio. *Trabalho e direitos fundamentais*. São Paulo: LTr, 2006.

BOAVENTURA, Edivaldo M. *Como ordenar as idéias*. 8. ed. São Paulo: Ática, 2004.

_____ . *Metodologia da pesquisa:* monografia, dissertação e tese. São Paulo: Atlas, 2004.

BOBBIO, Norberto. *Teoria do ordenamento jurídico*. Tradução de Cláudio de Cicco e Maria Celeste. Brasília: Unb, 1989.

BOLDRINI, Rodrigo Pires da Cunha. A proteção da dignidade da pessoa humana como fundamentação constitucional do sistema penal. *Jus Navigandi*, Teresina, ano 7, n. 66, jun. 2003. Disponível em: <http://jus2.uol.com.br/doutrina/texto.asp?id=4171> Acesso em: 24 dez. 2006.

BONAVIDES, Paulo. *Curso de direito constitucional.* 11. ed. São Paulo: Malheiros, 2001.

BORGES, José Souto Maior. *Curso de direito comunitário:* instituições de direito comunitário comparado — União Europeia e Mercosul. São Paulo: Saraiva, 2005.

BOROWSKI, Martin. La estructura de los derechos fundamentales. Tradução de Carlos Bernal Pulido. *Serie de Teoría Jurídica y Filosofía del Derecho,* Bogotá: Universidad Externado de Colombia, n. 25. 2003.

BRASIL. *Constituição Federal, consolidação das leis do trabalho, legislação trabalhista e previdenciária.* Nelson Mannrich (org.). São Paulo: RT, 2006.

_____ . *Constituição Federal, código civil, código de processo civil.* Yussef Said Cahali (org.). 9. ed. São Paulo: RT, 2007.

_____ . *Constituição Federal, código penal, código de processo penal.* Luiz Flávio Gomes (org.). 9. ed. São Paulo: RT, 2003.

_____ . *Livro de Enunciados, Orientação Jurisprudencial — SDI-1 e SDI-2 e Precedentes Normativos.* Disponível em <http://www.tst.gov.br> Acesso em: 2 ago. 2007.

_____ . Supremo Tribunal Federal, Tribunal Pleno. *Ação direta de inconstitucionalidade 639-8.* Relator Min. Joaquim Barbosa. DJ 2.6.2005. Disponível em: <http://www.stf.gov.br> Acesso em: 2 ago. 2007.

_____ . Supremo Tribunal Federal, Tribunal Pleno. *Ação direta de inconstitucionalidade-Medida Cautelar n. 3.395*, Tribunal Pleno, Med. Caut. em Ação Direta de Inconstitucionalidade n. 3.395-6. Distrito Federal, Relator: Min. Cezar Peluso, DJ 5.4.2006. Disponível em:< http://www.stf.gov.br> Acesso em: 2 ago. 2007.

_____ . Supremo Tribunal Federal, Tribunal Pleno, CC n. 7.204. *Conflito de competência n. 7.204-1.* Minas Gerais Relator: Min. Carlos Britto, DJ 29.6.2005. Disponível em: <http://www.stf.gov.br> Acesso em: 2 ago. 2007.

_____ . Supremo Tribunal Federal, 2ª Turma. *Recurso Extraordinário n. 20.1819.* Relatora: Min. Ellen Gracie, Redator Min. Gilmar Mendes, Julgamento: 11.10.2005. Disponível em: <http://www.stf.gov.br> Acesso em: 2 dez. 2007.

_____ . Supremo Tribunal Federal. Tribunal Pleno. *Ação de Descumprimento de Preceito fundamental n. 45 MC/DF*, DJ 24 abr. 2004. Rel. Min. Celso de Mello. Disponível em: <http://www.stf.gov.br> Acesso em: 22 jan. 2008.

_____ . Tribunal Superior do Trabalho. 1ª Turma, *PROC. TST-RR-613/2000-013-10-00.7*, Relator. Min. João Oreste Dalazen. DJ 10.6.2005 Disponível em: <http://www.tst.gov.br> Acesso em: 2 ago. 2007.

_____ . Tribunal Superior do Trabalho. *Recurso Ordinário em Dissídio Coletivo n. 12/2005-000-04-00*, Rel. Min. João Oreste Dalazen. DJ 23.11.2007. Disponível em: <http://www.tst.gov.br> Acesso em: 2 fev. 2008.

BREDGAARD, Thomas. *Comparing flexicurity in Denmark and Japan.* Dinamarca, 2007. Disponível em: <http://www.tilburguniversity.nl/faculties/law/research/flexicurity/publications/papers/> Acesso em: 15 set. 2007.

BRITO FILHO, José Claudio Monteiro. *Trabalho decente — análise jurídica da exploração do trabalho — trabalho forçado e outras formas de trabalho indigno*. São Paulo: LTr, 2005. Versão Eletrônica.

BRONSTEIN, Arturo. Ámbito de relación del trabajo: el debate em la OIT. In: BRONSTEIN, Arturo S. et al. *La subordinación o dependencia en el contrato de trabajo en el proceso de transformación de la empresa*. Santiago: Lexis Nexis, 2005.

CALDANI, Miguel Angel Ciúro. Bases culturales del derecho comparado. *Revista del Centro de Investigaciones de Filosofía Jurídica y Filosofía Social*, n. 29, 2006. Disponível em: <www.centrodefilosofia.org.ar/revcen/RevCent2910.pdf> Acesso em: 5 fev. 2007.

CAMARGO, Margarida Maria Lacombe. *Hermenêutica e argumentação:* uma contribuição ao estudo do direito. 2. ed. rev. e ampl. Rio de Janeiro: Renovar, 2001.

CAMPÀ, Helios Prieto. *Antagonismos entre la vida laboral y la vida personal.* Zaragoza: Hacer, 2006.

CANARIS, Claus-Wilhelm. *Direitos fundamentais e direito privado*. Tradução de Ingo Wolfgang Sarlet e Paulo Mota Pinto. Coimbra: Almedina, 2003.

CAÑIZARES, Felipe de Solá. *Introdución al derecho comparado*. Barcelona: Instituto de Direito Comparado, 1954.

CANOTILHO, José Joaquim Gomes. Dogmática de direitos fundamentais e direito privado. In: SARLET, Ingo Wolfgang (org.). *Constituição, direitos fundamentais e direito privado.* Porto Alegre: Livraria do Advogado, 2003.

_____ . *Direito constitucional e teoria da Constituição*. 6. ed. Coimbra: Almedina, 2003.

_____ . *Estudos sobre direitos fundamentais*. Coimbra: Coimbra, 2004.

CAPITANT, Henri. *La these de doctorat en droit*. Paris: Dalloz, 1951.

CARDONE, Marly. Proteção à maternidade. Licença-paternidade. In: ROMITA, Arion Sayão. *Curso de direito constitucional do trabalho:* estudos em homenagem a Amauri Mascaro Nascimento. São Paulo: LTr, 1991.

CARELLI, Rodrigo de Lacerda. *Formas atípicas de trabalho*. São Paulo: LTr, 2004.

CARINCI, F.; TAMAJO, R. de Luca; TOSI, P.; TREU, T. *Diritto del lavoro*. 4. ed. Torino: UTET, 1998.

CARVALHO, Augusto César Leite de. Dignidad humana y origen del derecho social. *Evocati Revista,* Aracaju, n. 18, jun. 2007. Disponível em: <http://www.evocati.com.br/evocati/artigos.wsp?tmp_codartigo=127> Acesso em: 3 jun. 2007.

_____ . *Direito individual do trabalho*. Rio de Janeiro: Forense, 2004.

CASTELLS, Manuel. *A sociedade em rede.* Tradução de Rosineide Venâncio Mayer. São Paulo: Paz e Terra, 2007. v. I.

_____ . *O poder da identidade.* Tradução de Klauss Brandini Gerhardt. São Paulo: Paz e Terra, 2006. v. II.

CASTRO JÚNIOR, Osvaldo Agripino. *Breves considerações sobre a importância do direito comparado e direito e desenvolvimento para o ensino jurídico.* 2003. Disponível em: <http://www.dipnet.com.br/#_ftn1> Acesso em: 7 set. 2006.

CATALDO, José Luis Ugarte. La crisis de la subordinación y el nuevo trabajo autônomo. In: BRONSTEIN, Arturo S. et al. *La subordinación o dependencia en el contrato de trabajo en el proceso de transformación de la empresa.* Santiago: Lexis Nexis, 2005.

CATHARINO, José Martins. *Direito do trabalho:* estudos, ensaios, pesquisas. Rio de Janeiro: Trabalhistas, 1979.

_____ . *Compêndio de direito do trabalho.* São Paulo: Saraiva, 1982. v. I.

CAVALCANTI FILHO, Theophilo. *O problema da segurança no direito.* São Paulo: RT, 1964.

COMANDUCCI, Paolo. Formas de neoconstitucionalismo: uma análise meta-teórico. Traduzido por Miguel Carbonell. *Revista Isonomia,* n. 16, abr. 2002. Disponível em: <saberderecho.blogspot.com/2006/10/faq-10-qu-es-el-neoconstitucionalismo.html> Acesso em: 12 nov. 2006.

CONSTATINESCO, Leotin-Jean. *Tratado de direito comparado.* Tradução: Maria Cristina de Cicco. Rio de Janeiro: Renovar, 1998.

COSTA, Judith Hofmeister Martins. O direito privado como um "sistema em construção": as cláusulas gerais no Projeto do Código Civil brasileiro. *Jus Navigandi,* Teresina, ano 4, n. 41, maio 2000. Disponível em: <http://jus2.uol.com.br/doutrina/texto.asp?id=513> Acesso em: 24 out. 2006.

COUTINHO, Ana Luísa Celino. Direito comparado e globalização. *Prim@ facie,* João Pessoa, ano 2, n. 3, p. 30-41, jul./dez. 2003. Disponível em: <http: //www.ccj.ufpb.br/primafacie> Acesso em: 3 fev. 2007.

CUNHA JÚNIOR, Dirley. *Controle judicial das omissões do poder público.* São Paulo: Saraiva, 2004.

DANTAS, Ivo. Direito comparado como ciência. *Revista de Informação Legislativa.* Brasília, a. 34, n. 134, abr./jun. 1997. Disponível em: <www.senado.gov.br/web/cegraf/ril/Pdf/pdf_134/r134-20.PDF> Acesso em: 1º fev. 2007.

DÄUBLER, Wolfgang. A flexibilidade do direito do trabalho na Alemanha. Tradução de Flávio Benites. MANNRICH, Nelson (coord.). *Revista do Direito do Trabalho,* São Paulo, RT, n. 111, ano 29, p. 224-225, jul./set. 2003.

DAVID, René. *Grandes sistemas jurídicos contemporâneos.* São Paulo: Martins Fontes, 2002.

DELGADO, Gabriela Neves. *Direito fundamental ao trabalho digno.* São Paulo: LTr, 2006.

DELGADO, Mauricio Godinho. *Curso de direito do trabalho.* 3. ed. São Paulo: LTr, 2004.

_____ . *Capitalismo, trabalho e emprego*: entre o paradigma da destruição e os caminhos da reconstrução. São Paulo: LTr, 2007.

DELGADO, Mauricio Godinho; PORTO, Lorena Vasconcelos (orgs.). *O estado do bem-estar social no século XXI.* São Paulo: LTr, 2007.

DIMOULIS, Dimitri; MARTINS, Leonardo. *Teoria geral dos direitos fundamentais.* São Paulo: RT, 2007.

DURHAM, Ralf Michaels. *The funcional method of comparative law.* Disponível em: <www.law.kuleuven.be/ccle/pdf/Michaels%20-%20Functional%20Method%20-%20edited.pdf> Acesso em: 9 jan. 2007.

DWORKIN, Ronald. *Levando os direitos a sério.* São Paulo: Martins Fontes, 2007.

_____ . *Uma questão de princípio.* São Paulo: Martins Fontes, 2001.

EFING, Antônio Carlos. *Prestação de serviços:* uma análise jurídica, econômica e social a partir da realidade brasileira. São Paulo: Revista dos Tribunais, 2005.

ENGISCH, Karl. *Introdução ao pensamento jurídico.* 5. ed. Tradução de J. Baptista Machado. Lisboa: Fundação Calouste Gulbenkian, 1979.

ERP, J. H. M. Van. European private law: postmodern dilemmas and choices. towards a method of adequate comparative legal analysis. *Electronic Journal of Comparative Law,* v. 31, ago. 1999. Disponível em: <http://www.ejcl.org/31/art31-1.html> Acesso em: 1º out. 2006.

ESPANHA. *Constitución española.* 31 out. 1978. Disponível em: <http://www.scribd.com/doc/22848/Constitucion-de-Espana> Acesso em: 1º set. 2007.

_____ . *Ley n. 20/07,* 11 jul. 2007. *Estatuto del trabajo autónomo.* Disponível em: <http://www.boe.es/g/es/.> Acesso em: 1º set. 2007.

_____ . *Ley Orgánica n. 11,* 2 ago.1985. Ley de Libertad Sindical. Disponível em: <http://www.upm.es/normativa/laboral/Ley_Organica_de_Libertad_Sindical.pdf> Acesso em: 1º set. 2007.

_____ . *Ley n. 31,* 8 nov. 1995. Ley de prevencion de riesgos laborales. Disponível em : <http://www.mtas.es/INSHT/legislation/L/lprl.htm> Acesso em: 2 set. 2007.

_____ . *Ley n. 53,* 30. dez.2002. Ley de medidas fiscales, administrativas y del orden social. Disponível em: <http://www.derecho.com/ley/56594> Acesso em: 2 set 2007.

_____ . *Real Decreto Legislativo,* n. 1, 24 mar. 1995. Ley del Estatuto de los Trabajadores Autónomos. Disponível em: < http://www.ugt.es/DatoBasico/datobasico.html> Acesso em: 5 dez. 2007.

_____ . *Ley n. 20,* 11 jul. 2007. Ley del Estatuto de los Trabajadores Autónomos. Disponível em: <http://www.ugt.es/DatoBasico/datobasico.html> Acesso em: 5 dez. 2007.

FAVA, Marcos Neves. *Justiça do trabalho:* competência ampliada. São Paulo: LTr, 2005.

FELICIANO, Guilherme Guimarães. *Meio ambiente do trabalho e responsabilidade civil por danos causados ao trabalhador:* dupla face ontológica. Tese aprovada no Congresso Nacional de Magistrados do Trabalho — Conamat, 2006. Disponível em <http://www.anamatra.org.br/hotsite/conamat06/trab_cien tificos/teses_aprovadas.cfm> Acesso em: 30 jul. 2007.

_____ . Direito do trabalho, terceirização e contratos de fornecimento industrial — notas sobre a responsabilidade jurídica de clientes e fornecedores. *Evocati Revista*, n. 21, Aracaju, set. 2007. Disponível em: <http://www.evocati.com.br/evocati/artigos.wsp?> Acesso em: 5 dez. 2007.

FERRAJOLI, Luigi et al. *Los fundamentos de los derechos fundamentales*. Madrid: Trotta, 2005.

FILAS, Rodolfo Capón. Desarrollo latinoamericano, Desarrollo, Justicia. Argentina. *Equipo Federal del Trabajo,* nov. 2007, año I, Revista n. 11, p. 23-49. Disponível em: <http://www.eft.org.ar/pdf/eft2006_11pp23-49.pdf> Acesso em: 1º fev. 2008.

_____ . Protección del Mundo del Trabajo: primera aproximación. *Evocati Revista*, n. 17, Aracaju, maio 2007. Disponível em: <http://www.evocati.com.br/evocati/artigos.wsp?tmp_codartigo=121> Acesso em: 22 jan. 2008.

FONTOURA, Jorge. A construção jurisprudencial do direito comunitário europeu. *Revista de Informação Legislativa*. Brasília a. 35, n. 140, p. 163-170, out./dez. 1998.

FRIEDMAN, Thomas L. *O mundo é plano*: uma breve história do século XXI. São Paulo: Objetiva, 2005.

GADAMER, Hans-Georg. *Verdade e método*: traços fundamentais de uma hermenêutica filosófica. Tradução de Flávio Paulo Meurer. 5. ed. São Paulo: Vozes, 2003.

GAGLIANO, Pablo Stolze; PAMPLONA FILHO, Rodolfo. *Novo curso de direito civil:* contratos. São Paulo: Saraiva, 2007. tomo 2, v. IV.

GALBRAITH, John Kenneth. *Galbraith esencial.* Org. Andrea Williams. Tradução de Clara Colotto. São Paulo: Futura, 2007.

_____ . *O novo estado industrial*. Tradução de Leônicas Gontijo de Carvalho. São Paulo: Nova Cultural, 1988.

GODOY, Dagoberto Lima. *Reforma trabalhista no Brasil:* princípios, meios e fins. São Paulo: LTr, 2005.

GOLDIN, Adrián O. Las fronteras de la dependencia. In: BRONSTEIN, Arturo S. et al. *La subordinación o dependencia en el contrato de trabajo en el proceso de transformación de la empresa*. Santiago: Lexis Nexis, 2005.

GOMES, Júlio Manuel Vieira. *Direito do trabalho:* relações individuais de trabalho. Coimbra: Coimbra, 2007.

GOMES, Orlando. *A crise do direito*. São Paulo: Max Limonad, 1955.

_____ . *Contratos*. Rev. atual. e aum. de acordo com o Código Civil de 2002 por Antônio Junqueira de Azevedo e Francisco Paulo de Crescenzo Marino. Edvaldo Brito (coord.). 26. ed. Rio de Janeiro: Forense, 2007.

GOMES, Orlando; GOTTSCHALK, Élson. *Curso de direito do trabalho*. 3. ed. Rio de Janeiro: Forense, 1994.

GOMEZ, María Isabel Garrido. La utilidad del iuscomparatismo en la armonización de los sistemas jurídicos. *Boletín Mexicano de Derecho Comparado*. [online]. dic. 2003, v. 36, n. 108, p. 907-926. Disponível em: <http://www.mexico.scielo.org/scielo.php?script=sci_arttext&pid=S0041-86332003000200005&lng=es&nrm=iso> Acesso em: 2 fev. 2007.

GRIMM, Dieter. *Constitucionalismo y derechos fundamentales*. Tradução de Raul Sanz Burgos e José luis Muñoz de Baena Simon. Madrid: Trotta, 2006.

GUERRA FILHO, Willis Santiago. Comparative civil procedures in Brazil. *Revista de direito comparado,* Belo Horizonte, UFMG, v. II, n. 2, 1998.

_____ . *Teoria da ciência jurídica*, São Paulo: Saraiva, 2001.

GUERRERO, Francisco J. Tapia. Trabajo subordinado y tutela de los derechos laborales. In: BRONSTEIN, Arturo S. *et al. La subordinación o dependencia en el contrato de trabajo en el proceso de transformación de la empresa*. Santiago: Lexis Nexis, 2005.

HABERMAS, Jurgen. *O futuro da natureza humana:* a caminho de uma eugenia liberal? Tradução de Karina Jannini, São Paulo: Martins Fontes, 2004.

_____ . Por qué la unión europea necesita de um marco constitucional? *Boletín Mexicano de Derecho Comparado*. nova série, ano XXXV, n. 105, p. 947-978, set./dez. 2002.

HEIDEGGER. Martin. *Ser e tempo*. Tradução de Márcia de Sá Cavalcante. 7. ed. Petrópolis: Vozes, 1988.

HESSE, Konrad. *A força normativa da constituição*. Tradução de Gilmar Ferreira Mendes. Porto Alegre: Sérgio Antonio Fabris, 1991.

_____ . *Elementos de direito constitucional da república federativa da Alemanha*. Tradução de Luís Afonso Heck. 20. ed. Porto Alegre: SAFE, 1998.

_____ . *Escritos de direito constitucional*. 2. ed. Madrid: Centro de Estudios Constitucionales, 1992.

IGLESIAS, Begoña Cueto. Autoempleo, autónomos y economia social en España. In: SANCHES, Victorio Valle (org.). *Perspectivas del sistema financiero:* autónomos, emprendedores, economia social y su financiación. Madrid: Fundación de Las Cajás de Ahorros, 2006.

ITALIA. *Decreto Legislativo 10 settembre 2003,* n. 276. Attuazione delle deleghe in materia di occupazione e mercato del lavoro, di cui alla legge 14 febbraio 2003, n. 30. Disponível em: <http://www.parlamento.it/parlam/leggi/> Acesso em: 5 out. 2007.

_____ . *Il Codice Civile italiano*. 16 mar 1942. Disponível em: <www.jus.unitn.it/Cardozo/Obiter_Dictum/codciv/Codciv.htm> Acesso em: 5 out. 2007.

_____ . *La Constituzione della repubblica italiana*. 27. dez. 1947. Disponível em: <http://www.parlamento.it/parlam/leggi/> Acesso em: 5 out. 2007.

_____. *Legge n. 741, 14 jul. 1959*. Legge Vigorelli. Disponível em: <http://www.lavoroprevidenza.com/index.php?iddoc=246> Acesso em: 15 out. 2007.

KANT, Emmanuel. *Doutrina do direito*. 2. ed. São Paulo: Ícone, 1993.

KELSEN, Hans. *Teoria geral do direito e do Estado*. 4. ed. Tradução de Luis Carlos Borges. São Paulo: Martins Fontes, 2005.

KIEKBAEV, Djalil. Comparative law: method, science or educational discipline? *Electronic Journal of Comparative Law,* v. 7.3, set. 2003. Disponível em: <http://www.ejcl.org/73/art73-2.html> Acesso em: 3 out. 2006.

KÓVACS, Ilona. *Flexible employment in Portugal. Sociologias,* Porto Alegre, n. 12, 2004. Disponível em: <http://www.scielo.br/scielo.php?script=sci_arttext&pid=S1517-45222004000200003&lng=en&nrm=iso> Acesso em: 25 nov 2007.

KRELL, Andréas. Realização dos direitos fundamentais sociais mediante controle judicial da prestação de serviços públicos básicos (uma visão comparativa). *Revista de Informação Legislativa,* Brasília a. 36, n. 144, p. 239-260, out./dez. 1999.

LAC — Labour Action China. *General overview on occupational disease conditions in China with special reference to silicosis*. Disponível em: <http://www.lac.org.hk/en/modules/magazine/article.php?articleid=49> Acesso em: 10 jun. 2007.

LAER, C. J. P. van. The applicability of comparative concepts, *Electronic Journal of Comparative Law,* v. 22, ago. 1998, Disponível em: <http://www.ejcl.org/22/art22-1.html> Acesso em: 1º out. 2006.

LASSALE, Ferdinand. *A essência da Constituição*. 6. ed. Rio de Janeiro: Lumen Juris, 2001.

LEITE, Carlos Henrique Bezerra. *Curso de direito processual do trabalho*. 3. ed. São Paulo: LTr, 2005.

_____. A greve do servidor público civil e os direitos humanos. *Jus Navigandi,* Teresina, ano 6, n. 54, fev. 2002. Disponível em: <http://jus2.uol.com.br/doutrina/texto.asp?id=2612> Acesso em: 31 jul. 2007.

_____. Os direitos da personalidade na perspectiva dos direitos humanos e do direito constitucional do trabalho. In: BRAMANTE, Ivani Contini; CALVO, Adriana (orgs.). *Aspectos polêmicos e atuais do direito do trabalho*: homenagem ao prof. Renato Rua de Almeida. 1. ed. São Paulo: LTr, 2007.

_____. A negociação coletiva no direito do trabalho brasileiro. *Revista LTr,* v. 70, p. 793-807, 2006.

LIMA, Francisco Meton Marques de. Por que se aplicam os princípios trabalhistas nas relações de trabalho não subordinado. *Revista LTr,* São Paulo: LTr, abr. 2005.

LIMA, Leonardo D. Moreira. Stare decisis e súmula vinculante: um estudo comparado. *Revista Direito, Estado e Sociedade,* n. 14, 2002. Disponível em: <http://www.puc-rio.br/sobrepuc/depto/direito/revista/online/rev14_leonardo.html#_ftn10> Acesso em: 7 fev. 2007.

LOBO, Maria Teresa de Carcomo. *Manual de direito comunitário:* 50 anos de integração. 3. ed. rev. e atual. Curitiba: Juruá, 2007.

LOPES, Cristiane Maria Sbalqueiro. *Direito do trabalho da mulher:* da proteção à promoção. *Cadernos Pagu,* n. 26, jan./jun. 2006. p.405-430.

LOPES, Otávio Brito. A questão da discriminação no trabalho. *Revista Jurídica,* n. 17, v. II, out. 2000. Disponível em : <http://www.planalto.gov.br/ccivil_03/revista/revistajuridica/Indices/IndiceArtigos.htm> Acesso em: 1º ago. 2007.

LORENTZ, Lutiana Nacur. *A norma da igualdade e o trabalho das pessoas portadoras de deficiência.* São Paulo: LTr, 2006.

LUNARDON, Fiorella. Lavoro a progetto e lavoro ocasionale. In: CARINCI, Franco (coord.). *Comentario al D. Lgs. 10 settembre 2003.* Roma: Ipsoa, n. 276: Tipologie contrattuali a progetto e Occasionali. Certificazione dei rapporti di lavoro, 2004.

LUÑO, Antônio-Enrique Pérez. *Los derechos fundamentales.* 8. ed. Madrid: Tecnos, 2005.

_____ . La universalidad de los derechos humanos y el Estado constitucional. *Serie de Teoría Jurídica y Filosofía del Derecho.* Bogotá: Universidad Externado de Colombia, n. 23, 2002.

LYON-CAEN, Antoine. Garantias de los derechos de los trabajadores dependientes. In: BRONSTEIN, Arturo S. et al. *La subordinación o dependencia en el contrato de trabajo en el proceso de transformación de la empresa.* Santiago: Lexis Nexis, 2005.

MACHADO, Sidnei. *A subordinação jurídica na relação de trabalho:* uma perspectiva reconstrutiva. Tese de doutorado. Curitiba: UFPR, 2003.

MAFFETTONE, Sebastiano; VECA, Salvatore (orgs.). *A ideia de justiça de Platão a Rawls.* São Paulo: Martins Fontes, 2005.

MALTA, Tostes e ALVES, Ivan Dias. *Você conhece direito do trabalho?* 5. ed. Rio de Janeiro: Rio, 1979.

MANNRICH, Nelson. Relações de trabalho autônomo e subordinado: proposta para instituir critérios para sua distinção. In: BRAMANTE, Ivani Contini; CALVO, Adriana (orgs.). *Aspectos polêmicos e atuais do direito do trabalho:* homenagem ao professor Renato Rua de Almeida. São Paulo: LTr, 2007.

_____ . Legislação trabalhista: garantias de patamares mínimos. In: ROMAR, Carla Teresa Martins; SOUSA, Otávio Augusto Reis de (orgs.). *Temas relevantes de direito material e processual do trabalho.* São Paulo: LTr, 2000.

_____ . Saúde, higiene e segurança. In: ROMITA, Arion Sayão. *Curso de direito constitucional do trabalho:* estudos em homenagem a Amauri Mascaro Nascimento. São Paulo: LTr, 1991.

_____. O caso do poder normativo. *Revista da Academia Nacional de Direito do Trabalho,* São Paulo: LTr, ano XIII, n. 13, 2005.

_____. Mercosul e União Europeia: paradigma para a negociação coletiva. In: ALVES NETO, João. *As novas faces do direito do trabalho:* estudos em memória de Gilberto Gomes. Salvador: Quarteto, 2006.

MARANHÃO, Délio. *Direito do trabalho.* 14. ed. Rio de Janeiro: FGV, 1997.

MARCONI, Marina de Andrade. *Metodologia científica para o curso de direito.* 2. ed. São Paulo: Atlas, 2001.

MARINONI, Luiz Guilherme. *Ações repetitivas e julgamento liminar.* Disponível em: <www.professormarinoni.com.br/admin/users/35.pdf> Acesso em: 1º fev. 2007.

MARTÍN, Margarita Apilluelo. *Los derechos sociales del trabajador autónomo:* especialmente del pequeno y del dependiente. Valencia: Tirant lo Blanch, 2006.

MARTINEZ, Gregório Peces-Barba. *La dignidade de la persona desde la filosofía del derecho.* 2. ed. Madrid: Dykinson, 2003.

MARTINEZ, Pedro Romano. *Direito do trabalho.* 4. ed. Coimbra: Almedina, 2007.

MARTINS, Eliane Maria Octaviano. Direito comunitário: União Europeia e Mercosul. *Revista Jurídica Virtual,* v. 5, n. 57, fev. 2004. Disponível em : <http://www.planalto.gov.br/ccivil_03/revista/Rev_57/> Acesso em: 1º fev. 2007.

MARTINS, Sergio Pinto. *Contribuições sindicais:* direito comparado e internacional. 3. ed. São Paulo: Atlas, 2001.

MARTINS FILHO, Ives Gandra da Silva. Os direitos fundamentais e os direitos sociais na Constituição de 1988 e sua defesa. *Revista Jurídica,* Brasília, v. 1, n. 4, ago. 1999. Disponível em: <http://www.planalto.gov.br/ecivil_03/revista/Rev_04/direi tos_fundamentais.htm> Acesso em: 1º abr. 2007.

MASI, Domenico de. *A sociedade pós industrial.* 4. ed. Tradução de Anna Maria Capotilla *et al.* São Paulo: Senac, 2003

MELHADO, Reginaldo. Os sindicatos e a mundialização do capital: desafios, horizontes e utopias. In: VIDOTTI, Tárcio José; GIORDANI, Francisco Alberto da Motta Peixoto (coords.). *Direito coletivo do trabalho em uma sociedade pós-industrial.* São Paulo: LTr, 2003.

_____. *Metamorfoses do capital e do trabalho:* relações de poder, reforma do Judiciário e competência da justiça laboral. São Paulo: LTr, 2006.

MELO FILHO, Hugo Cavalcanti. Nova Competência da Justiça do Trabalho: contra a interpretação reacionária da Emenda n. 45/04. In: COUTINHO, Grijalbo Fernandes; FAVA, Marcos Neves. *Nova competência da justiça do trabalho.* São Paulo: LTr, 2005.

MERCOSUL. *Declaração sócio laboral do Mercosul.* Disponível em: <http://www.mercosur.int/msweb/portal%20intermediario/pt/index.htm> Acesso em: 15 jul. 2007.

MERRYMAN, Jonh. *The civil law tradicion:* an introduction to the legal systems of Western Europe. Califórnia: Stanford University Press, 1999.

MILÃO, Tribunale Milano Sezione Lavoro. *Civile Sentenza* del 5 feb. 2007, n. 337, Rel. Eleonora Porcelli. Disponível em: <http://www.fmb.unimore.it/on-line/Home/IndiceA-Z/articolo3658.html> Acesso em: 5 dez. 2007.

MINAS GERAIS. Tribunal Regional do Trabalho da 3ª Região, 2ª Turma, *RO 17303/1999,* Relatora Juíza Alice Monteiro de Barros, DJMG 26.4.2000. Disponível em: <http://www.mg.trt.gov.br/> Acesso em: 2 ago. 2007.

MORAES FILHO, Evaristo. *Introdução ao direito do trabalho.* 2. ed. São Paulo: LTr, 1978.

MOURA, Paulo C. *A crise do emprego:* uma visão além da economia. Rio de Janeiro: Mauad, 1998.

MULLER, Julio Guilherme. *Direitos fundamentais processuais.* Dissertação de Mestrado apresentada à Universidade Federal do Paraná. Curitiba, 2004.

NASCIMENTO, Amauri Mascaro. *Compêndio de direito sindical.* 3. ed. São Paulo: LTr, 2003.

NÓBREGA, J. Flóscolo. *Introdução ao direito.* 6. ed. São Paulo: Sugestões Literárias, 1981.

OLEA, Manuel Alonso. *Introdução ao direito do trabalho.* Tradução de C. A. Barata da Silva. Porto Alegre: Sulina, 1969.

OLIVEIRA, Carlos Alberto Álvaro de. Garantia do contraditório In: TUCCI, José Rogério Cruz e. *Garantias constitucionais do processo civil.* São Paulo: RT, 1999.

OLIVEIRA, José César de. Formação histórica do direito do trabalho. In: BARROS, Alice Monteiro (coord.). *Curso de direito do trabalho.* 3. ed. São Paulo: LTr, 1997. v. 1.

OLIVEIRA, Murilo Sampaio Carvalho. *Repensando o princípio da proteção na contemporaneidade.* Dissertação de Direito — Universidade Federal da Bahia. Salvador, 2006.

ORGANIZAÇÃO DAS NAÇÕES UNIDAS. *Declaração universal dos direitos humanos.* Disponível em: <http://www.onu-brasil.org.br/documentos.php> Acesso em: 1º jul. 2007.

_____. *Pacto internacional dos direitos econômicos, sociais e culturais.* Disponível em: <http://www.onu-brasil.org.br/documentos.php> Acesso em: 22 jul. 2007.

_____. *Ilolex:* base de dados sobre a organização internacional do trabalho. Disponível em: <http://www.ilo.org/ilolex/spanish/index.htm> Acesso em: 1º ago. 2007.

_____. *Declaração relativa aos princípios e direitos fundamentais no trabalho.* Disponível em: <http://www.ilo.org/dyn/declaris/DECLARATIONWEB.static_jump?var_language=SP&var_pagename=DECLARATIONFOLLOWUP> Acesso em: 1º abr. 2007.

ORIHUEL, Franciso Pérez de los Cobos. La subordinación jurídica frente a la inovacción tecnológica. In: BRONSTEIN, Arturo S. *et al. La subordinación o dependencia en el contrato de trabajo en el proceso de transformación de la empresa*. Santiago: Lexis Nexis, 2005.

ÖRUCU, Esin. Critical comparative law: considering paradoxes for legal systems in transition, v 4.1. *Electronic Journal of Comparative Law*, jun. 2000. Disponível em: <http://www.ejcl.org/41/art41-1.html> Acesso em: 15 out. 2006.

PAMPLONA FILHO, Rodolfo. A nova face do direito do trabalho e a globalização. *Revista Eletrônica Mensal do Centro de Pesquisa Jurídicas da Unifacs*, Salvador, n. 20, jan. 2002. Disponível em : <http://www.unifacs.br/revistajuridica/edicao_janeiro2002/index.htm> Acesso em: 1º ago. 2007.

_____ . Cooperativismo e direito do trabalho. *Jus Navigandi*, Teresina, ano 5, n. 51, out. 2001. Disponível em: <http://jus2.uol.com.br/doutrina/texto.asp?id=2082> Acesso em: 23 set. 2007.

_____ . *O assédio sexual na relação de emprego*. São Paulo: LTr, 2001.

_____ . Nova competência da Justiça do Trabalho: uma contribuição para a compreensão dos limites do novo art. 114 da Constituição Federal de 1988. *Evocati Revista*, Aracaju, set. 2007, n. 21. Disponível em: <http://www.evocati.com.br/evocati/artigos.wsp?tmp_codartigo=148> Acesso em: 2 set. 2007.

PAMPLONA FILHO, Rodolfo; GAGLIANO, Pablo Stolze. *Novo curso de direito civil*. São Paulo: Saraiva, 2007. v. III.

PASSARELLI, Giuseppe Santoro. La dependencia económica y la nueva frontera del derecho del trabajo. In: BRONSTEIN, Arturo S. *et al. La subordinación o dependencia en el contrato de trabajo en el proceso de transformación de la empresa*. Santiago: Lexis Nexis, 2005.

PASTORE, José. *As mudanças no mundo do trabalho:* leituras de sociologia do trabalho. São Paulo: LTr, 2006.

PEDRON, Flávio Quinaud. A controvérsia sobre a única resposta correta: a réplica de Dworkin às críticas positivistas. *Revista de Doutrina da 4ª Região*, Porto Alegre, jul. 2006. Disponível em: <http://www.revistadoutrina.trf4.gov.br/artigos/edicao013/Flavio_Pedron.htm> Acesso em: 1º fev. 2008.

PENALVA, Alejandra Selma. *Los límites del contrato de trabajo en la jurisprudencia española*. Valencia: Editum, 2007.

PERELMAN, Chaïm. *Ética e direito*. Tradução de Maria Ermantina Galvão. São Paulo: Martins Fontes, 1996.

_____ . *Lógica jurídica:* nova retórica. Tradução de Vergínia K. Pupi. São Paulo: Martins Fontes, 1998.

PERELMAN, Chaïm; OLBRECHTS-TYTECA; Lucie. *Tratado de argumentação*: a nova retórica. Tradução de Maria Ermantina Galvão. São Paulo: Martins Fontes, 1996.

PINTO, José Augusto Rodrigues. *O direito do trabalho e as questões do nosso tempo*. São Paulo: LTr, 1998.

_____ . *Direito sindical e coletivo do trabalho*. 2. ed. São Paulo: LTr, 2002.

PIOVESAN, Flávia. A Constituição brasileira de 1988 e os tratados internacionais de proteção dos direitos humanos. In: MARCÍLIO, Maria Luiza (coord.). *Cultura dos direitos humanos*. São Paulo: LTr, 1998.

_____ . *Direitos humanos e o direito constitucional internacional*. 8. ed. São Paulo: Saraiva, 2007.

PORTUGAL. *Lei n. 35, 29. jun. 2004*. Aprova a regulamentação do Código do Trabalho. Disponível em: <http://www.iapmei.pt/iapmei-leg-03.php?lei=3009> Acesso em: 1º nov. 2007.

_____ . *Lei n. 99, 27. ago. 2003*. Aprova o Código do Trabalho. Disponível em <http://www.iapmei.pt/iapmei-leg-02.php> Acesso em: 2 nov. 2007.

_____ . *Decreto-Lei n. 14, 30. abr. 1999*. Regulamenta a Lei n. 100/97, de 13 de setembro, no que respeita à reparação de danos emergentes de acidentes de trabalho. Disponível em:< http://www.iapmei.pt/iapmei-leg-03.php?lei=299> Acesso em: 5. nov. 2007.

_____ . *Decreto-Lei n. 328, 25 de setembro de 1993*. Revê o regime de segurança social dos trabalhadores independentes. Disponível em:<http://www.iapmei.pt/iapmei-leg-02.php> Acesso em: 7 nov. 2007.

POSIÇÃO comum das Confederações Patronais. Disponível em: <http://www.ccp.pt/index.php?option=com_content&task=view&id=167&Itemid=1&lang=> Acesso em: 1º nov. 2007.

QUADROS, Fausto. O modelo europeu. *Revista CEJ*, n. 2, ago. 1997. Disponível em: <http://www.jf.gov.br/> Acesso em: 19 fev. 2007.

RAMÍREZ, Salvador Vergés. *Derechos humanos:* fundamentación. Madrid: Tecnos, 1997.

REALE, Miguel. *Filosofia do direito*. 8. ed. São Paulo: Saraiva, 1978.

_____ . *Horizontes do direito e da história*. São Paulo: Saraiva, 1977.

RECIO, Albert. Sindicatos y globalización económica In: OFFE *et al. ¿Qué crisis?* Retos y transformaciones de la sociedad del trabajo. S. Sebastian: Tercera Prensa, 1997.

REIS, Jair Teixeira dos. *Subordinação jurídica e o trabalho a distância*. São Paulo: LTr, 2007.

ROMAR, Carla Teresa Martins; SOUSA, Otávio Augusto Reis de (orgs.). *Temas relevantes de direito material e processual do trabalho*. São Paulo: LTr, 2000.

ROMITA, Arion Sayão. *A subordinação no contrato de trabalho*. São Paulo: LTr, 1979.

_____ . A flexibilização e os princípios do direito do trabalho. In: *Direito do trabalho*: temas em aberto. São Paulo: LTr, 1998.

_____ . A flexibilização das leis do trabalho em debate: choque e correntes. In: FRANCO FILHO, Georgenor de Sousa (org.). *Presente e futuro nas relações de trabalho*. São Paulo: LTr, 2000.

_____ . *O princípio da proteção em xeque*. São Paulo: LTr, 2003.

_____ . *Direitos fundamentais nas relações de trabalho*. São Paulo: LTr, 2005.

_____ . O Poder Normativo da Justiça do Trabalho: antinomias constitucionais. *Revista LTr,* São Paulo: LTr, v. 65, n. 3, mar. 2001.

ROTENBERG, Lúcia *et al.* Gênero e trabalho noturno: sono, cotidiano e vivências de quem troca a noite pelo dia. *Cadernos de Saúde Pública,* Rio de Janeiro, v. 17, n. 3, maio/jun. 2001. Disponível em: <http://www.scielo.br/scielo.php?pid=s0102-311x2001000300018&script=sci_arttext> Acesso em: 30 jul. 2007.

ROURA, Juan R. Cuadrado *et al.* Empleo autónomo y empleo asalariado: análisis de las características y comportamiento del autoempleo em Espana. Colección Informes y estudius, serie empleo, n. 19. Madrid: Ministério de Trabajo y Asuntos Sociales, 2004.

ROYO, Eduardo Caamaño. La parasubordinación o trabajo autónomo económicamente dependiente: el empleo en las fronteras del derecho del trabajo. *Revista Laboral Chilena,* dic. 2004. Disponível em: <www.profesores.ucv.cl/eduardocaamano/publicaciones/La_parasubordinacion.pdf> Acesso em: 30 ago. 2007.

RUDIGER, Dorothee Susanne. Emancipação em rede: condições jurídicas para a defesa coletiva dos direitos dos trabalhadores no século XXI. In: VIDOTTI, Tárcio José; GIORDANI, Francisco Alberto da Motta Peixoto (coords.). *Direito coletivo do trabalho em uma sociedade pós-industrial.* São Paulo: LTr, 2003.

SACCO, Rodolfo. *Introdução ao direito comparado.* Tradução de Vera Jacob de Fradera. São Paulo: RT, 2001.

SAMPAIO, Marília de Ávila e Silva. *Aplicação dos direitos fundamentais nas relações entre particulares e a boa-fé objetiva.* Rio de Janeiro: Lumen Juris, 2005.

SANTOS, Boaventura de Souza. *A crítica da razão indolente*: contra o desperdício da experiência. São Paulo: Cortez, 2001.

_____ . Uma concepção multicultural de direitos humanos. *Revista Lua Nova,* São Paulo, v. 39, 1997.

SARLET, Ingo Wolfgang. *A eficácia dos direitos fundamentais.* 3. ed. Porto Alegre: Livraria do Advogado, 2006.

SARMENTO, Daniel. A vinculação dos particulares aos direitos fundamentais no direito comparado e no Brasil. In: BARROSO, Luís Roberto (org.). *A nova interpretação constitucional:* ponderação, direitos fundamentais e relações privadas. Rio de Janeiro: Renovar, 2006.

_____ . *Direitos fundamentais e relações privadas.* Rio de Janeiro: Lumen Juris, 2004.

SCALZARETTO, Reinaldo. *Geografia geral:* nova geopolítica. São Paulo: Scipione, 1993.

SERRANO, Pablo Jiménez. *Como utilizar o direito comparado para a elaboração de tese científica.* Rio de Janeiro: Forense, 2006.

SERVAIS, Jean Michel. *Elementos de direito internacional e comparado do trabalho.* Tradução Edílson Alkmim Cunha. São Paulo: LTr, 2001.

SFERRAZZA, Mauro. *Il contratto di lavoro a progetto.* Milano: Giuffrè, 2004.

SICHES, Luis Recaséns. El sentimento jurídico. In: CAVALCANTI, Teófilo (org.). *Estudos em homenagem a Miguel Reale.* São Paulo: Revista dos Tribunais, 1977.

SILVA, Almiro do Couto e. Princípio da segurança jurídica (proteção à confiança) no direito público brasileiro e o direito da administração pública de anular seus próprios atos administrativos: o prazo decadencial do art. 54 da lei do processo administrativo da União (Lei n. 9.784/99). *Revista Eletrônica de Direito do Estado,* Salvador, Instituto de direito Público da Bahia, n. 2, abr./jun. 2005. Disponível em: <http://direitodoestado.com.br> Acesso em: 20 maio 2006.

SILVA, José Afonso da. *Aplicabilidade das normas constitucionais.* 3. ed. São Paulo: Malheiros, 1998.

_____ . *Comentário contextual à Constituição.* São Paulo: RT, 2005.

SILVA, Luiz de Pinho Pedreira da. *Principiologia do direito do trabalho.* São Paulo: LTr, 1997.

_____ . Da velha parassubordinação ao novo contrato de trabalho a projeto. *Evocati Revista,* Aracaju, n. 16, abr. 2007. Disponível em: <http://www.evocati.com.br/evocati/artigos.wsp?tmp_codartigo=114> Acesso em: 24 jan. 2008.

SILVA, Otávio Pinto. *Subordinação, autonomia e parassubordinação nas relações de trabalho.* São Paulo: LTr, 2004.

SILVA, Virgílio Afonso. *A constitucionalização do direito:* os direitos fundamentais nas relações entre particulares. São Paulo: Malheiros, 2005.

SILVA FILHO, Cícero Virgulino. *Cooperativas de trabalho.* São Paulo: Atlas, 2001.

SILVA NETO, Manoel Jorge e. *Curso de direito constitucional.* Rio de Janeiro: Lumen Juris, 2006.

_____ . *O princípio da máxima efetividade e a interpretação constitucional.* São Paulo: LTr, 1999.

_____ . *Direitos fundamentais e o contrato de trabalho.* São Paulo: LTr, 2005.

SIQUEIRA JUNIOR, Antônio Carlos; SIQUEIRA, Fernanda Paula Cerantola e GONCALVES, Bárbara Giséla de Oliveira Gôngora. O trabalho noturno e a qualidade de vida dos profissionais de enfermagem. *Reme: Rev. Min. Enferm* [online], jan. 2006, v. 10, n. 1, p. 41-45. Disponível em: <http://www.portalbvsenf.eerp.usp.br/scielo.php?script=sci_arttext&pid=S1415-27622006000100008&lng=pt&nrm=iso> Acesso em: 30 jul. 2007.

SOUZA, Letícia Godinho de. *Direito do trabalho, justiça e democracia:* o sentido da regulação trabalhista no Brasil. São Paulo: LTr, 2006.

SOUZA NETO, Cláudio Pereira de. *Jurisdição constitucional, democracia e racionalidade prática.* Rio de Janeiro: Renovar, 2002.

STEENHOFF, Gert. Teaching comparative law, comparative law teaching. *Electronic Journal of Comparative Law*, v. 6.4, dez. 2002. Disponível em: <http://www.ejcl.org/64/art64-4.html> Acesso em: 1º out. 2006.

STEINMETZ, Wilson. *A vinculação dos particulares a direitos fundamentais*. São Paulo: Malheiros, 2004.

SUPIOT, Alain et al. *Trabajo y empleo:* transformaciones del trabajo y futuro del derecho del trabajo en Europa. Valência: Tirant lo Blanch, 1999.

SÜSSEKIND, Arnaldo et al. *Instituições de direto do trabalho*. 22. ed. São Paulo: LTr, 2005.

TERRA, Lygia; COELHO, Marcos de Amorim. *Geografia geral:* o espaço natural e socioeconômico. 5. ed. São Paulo: Moderna, 2005.

TOBENÃS, José Castan. *Los derechos del hombre*. 4. ed. Madrid: Reus, 1992.

TRINDADE, Washington Luiz. A greve na atual Constituição brasileira. In: FRANCO FILHO, Georgenor de Sousa. *Curso de direito coletivo do trabalho*: estudos em homenagem ao Ministro Orlando Teixeira da Costa. São Paulo: LTr, 1997.

_____ . O declínio do assalariado e o trabalho cooperativado (Parecer). *Revista da Academia Nacional de Direito do Trabalho,* São Paulo: LTr, ano VII, n. 7, 1999.

TURIM, Sezione Lavoro, Tribunal Ordinário de Turim, *Proc. n. 198*, julgamento: 10.5.06, Rel. Paola Malllaneto. Disponível em: <http://www.fmb.unimore.it/online/Home/IndiceA-Z/articolo3658.html> Acesso em: 24 dez. 2007.

UBILLOS, Juan Maria Bilbao. En que medida vinculan a los particulares los derechos fundamentales? In: SARLET, Ingo Wolfgang (org.). *Constituição, direitos fundamentais e direito privado*. Porto Alegre: Livraria do Advogado, 2003.

_____ . *Livro verde da comissão europeia:* modernizar o direito do trabalho para enfrentar os desafios do século XXI. Disponível em: <http://europa.eu/documents/comm/green_papers/index_pt.htm> Acesso em: 21 jan. 2008.

_____ . *Carta de direitos fundamentais da União Europeia*. Disponível em: <www.europarl.europa.eu/charter/pdf/text_pt.pdf> Acesso em: 21 jan. 2008.

VILLALÓN, Jesus Cruz et al. Un estatuto para la promoción y tutela del trabajador autónomo. *Colección Economia y Sociologia del trabajo,* Madrid: Ministerio de Trabajo y Asuntos Sociales, n. 83, 2006.

WEISS, Manfred. The evolution of the concept of subordination: the german experience. *Evocati Revista,* Aracaju, n. 21, set. 2007. Disponível em: <http://www.evocati.com.br/evocati/artigos.wsp?tmp_codartigo=150> Acesso em: 2 set. 2007.

WILTHAGEN, Ton; TROS, Frank. *The concept of "flexicurity":* a new approach to regulating employment and labour markets. Dinamarca, 2003. Disponível em: <http://www.tilburguniversity.nl/flexicurity> Acesso em: 18 set. 2007.

WITZLEB, Normann et al. Comparative law and the *internet. Electronic Journal of Comparative Law,* v 3.2, out. 1999. Disponível em: <http://www.ejcl.org/32/art32-1.html> Acesso em: 7 out. 2006.

Produção Gráfica e Editoração Eletrônica: **R. P. TIEZZI**
Capa: **AGW** Internet
Impressão: **ASSAHI GRÁFICA E EDITORA**